철밥통 공기업

그 모순과 관행의 실체

| 강동원 지음 |

전직 감사가 손으로 눌러쓴
3년간의 감사일지

이 도서의 국립중앙도서관 출판시도서목록(CIP)은 e-CIP홈페이지(http://www.nl.go.kr/ecip)와 국가자료공동목록시스템(http://www.nl.go.kr/kolisnet)에서 이용하실 수 있습니다. (CIP제어번호 : CIP2011005491)

저자 서문

    참여정부 시절 공기업 감사로 부임해 쓴 3년간의 일기를 『공기업 판도라의 상자』라는 이름으로 출판한 지 2년이 지났다. 당시 나는 러시아 연해주 우수리스크에서 '통일한국의 식량문제 해결 방안'을 연구하고자 4천여 헥타르의 거대한 농지에 밀과 콩을 재배하느라 책을 출판하고도 별다른 감회가 없었다. 다만 이명박 정부와 국회, 언론계, 학계, 특히 감사원이 공기업 내부를 정확히 진단하고 대한민국 공기업을 혁신시키는 데 그 책이 조그마한 계기가 되길 기대했다.

    그러나 그러한 나의 기대는 여지없이 무너지고 말았다. 바다에서 산삼을 캐는 꿈을 꾼 걸까. 애당초 그런 희망을 걸었다는 것이 순진했다. 이명박 정부 집권 초기, 세상은 '고소영', '강부자' 내각이라며 인사 문제를 두고 혹평했다. 그러나 정권 말기인 지금은 어떤가? 소리 소문 없이, 쥐도 새도 모르게 공기업을 점령한 이른바 '스텔스 낙하산'이라는 신조어가 등장했다. 이는 전투적으로 은밀히 공기업을 점령한다는 말이다.

    노무현 정부 5년 내내 "공기업을 다 말아먹는다"며 '무능한 낙하산'으로 공기업 인사를 매도한 집단은 한나라당과 조·중·동 등 보수언론이었다. 그러나 '도덕적으로 완벽한 정권'이라 큰소리쳤던 이명박 정권의 실상은 어떠한가? 온 나라가 낙하산 지옥이다. 9·15 정전대란을 책임져야 할 한국

전력을 보라. 한전과 자회사의 감사 13명 중 2명은 포항 동지상고 출신이었고, 11명은 한나라당 출신이다. 가장 후안무치한 것은 한나라당 출신 11명 중 9명이 당직을 가진 채 감사로 근무했다는 것이다. 이처럼 이명박 정부의 '스텔스 낙하산'들은 눈치코치도 없고, 몰염치와 뻔뻔스러움이 극에 달한다. 그러나 보수언론은 모르쇠로 딴청을 부린다. 이러니 공기업이 제대로 굴러갈 리 없다.

내가 근무했던 농수산물유통공사의 경우도 예외는 아니다. 이명박 정권은 포항 출신의 기무사 김상인 준장을 낙하산 감사로 임명했고, 내가 그토록 피 터지게 싸워 증원시켰던 감사실 정원은 감축되고 말았다. 이것이 바로 이명박 정권이 부르짖던 '공기업 선진화'의 실체다.

그런가 하면 나의 공기업 혁신정책에 앞장서 반기를 들고 사사건건 중상모략을 일삼았던 마피아 감사부장은 기다렸다는 듯이 이권에 개입하다가 퇴출당했다. 이명박 정권 출범과 동시에 과거의 무사안일과 도덕불감증은 절이다 만 배추처럼 살아났고, 부정부패의 먹이사슬도 독버섯처럼 움터 자라났다.

천만다행으로 내가 공들여 개발해 특허를 취득했던 '전자감사시스템'은 정부기관과 공기업에서 앞다퉈 도입하고 있음이 확인되었다. 이것은 감사 직무평가에서 좋은 점수를 받기 위한 공공기관의 경쟁구도가 파생시킨 현상이다. 노무현 대통령이 모든 정부 조직에 도입하도록 행정자치부 장관에게 지시했고, 국가청렴위원회가 모든 공기업이 의무적으로 도입하도록 정책목표로 삼았던 전자감사시스템이 아니던가.

정치는 백성을 편안하게 해야 한다. 그러나 오늘의 정치는 국민에게 고통을 준다. 정치인은 권력을 남용하거나 위세를 부린다. 부도덕한 제왕적 대통령은 국민을 겁박하고, 무소불위의 국회의원은 선거구민에게 고통을 준다. 권불십년이라 했던가? 온 세상이 처절한 절망과 한숨뿐이다.

나는 지금 새로운 꿈을 꾸며, 새로운 도전을 하려고 한다. 2012년 4월 총선에서 국민을 우롱하고 무시한 국회의원들을 심판해야 하고, 12월 대통령 선거에서 반드시 정권교체를 이룩해야 한다. 그리하여 '반칙과 특권이 통하지 않는 사회', '사람이 사람답게 대접받는 사회', '정직하고 성실한 사람이 성공하는 사회'를 우리 손으로 반드시 만들어 민족의 소원인 평화통일의 길로 성큼 나아가야 한다.

두 권으로 출간했던 3년간의 감사일지를 추리고 정리해 한 권의 책으로 다시 펴낸다. 2005~2007년 당시에 내가 경험했던 공기업 내부의 반칙의 관행이 더욱더 강해지고 진화한 오늘날, 우리 사회의 환부를 직시하고 혁신의 필요성에 공감하는 독자들을 많이 만날 수 있기를 기대한다. 새 책으로 출간될 수 있도록 물심양면으로 애써준 도서출판 한울의 김종수 대표를 비롯한 모든 직원께 감사드린다.

2011년 11월
인왕산 기슭 서재에서 강 동 원

차 례

저자 서문_3

제1부 낙하산 감사 공기업에 들어가다

공기업의 놀라운 실태 ······· 10
'누이 좋고 매부 좋고', 허울뿐인 감사 ······· 16
관료주의와 권위주의만 존재하는 세상 ······· 22
부실한 감사, 안일한 대응 ······· 33
암울한 공기업의 현실, 감사 위에 사장 ······· 42
해외출장의 목적은? ······· 54
가재는 게 편인 세상 ······· 65
부정부패와의 싸움 ······· 74
원칙보다 반칙 ······· 83
골프 치러 가는 출장 ······· 91
뻔뻔한 종무식 ······· 100

제2부 사장은 부르주아, 감사는 프롤레타리아

새로워진 감사실 ······· 106
부끄러움을 모른다 ······· 112
감사일지 공개의 파장 ······· 117
언제 터질지 모르는 지뢰 ······· 134

경영철학 같은 건 기대할 수 없다 ································ 143

엉터리 보고, 엉터리 회의 ·· 155

제가 바로 무능한 낙하산입니다 ·································· 166

뇌물수수, 감사할 자격이 있는가? ······························ 175

입에 담기조차 부끄럽다 ·· 188

전자감사시스템 개발 ·· 200

제3부 도덕불감증에 중독된 사람들

도덕불감증에 걸린 공기업 ·· 208

한심한 감사원 특별조사본부 ·· 215

신이 내린 직장의 관습 ·· 229

감사를 잘하면 비리가 사라지나? ································· 238

이과수 외유 사건 ·· 248

'전자감사시스템' 특허를 받다 ······································ 254

건국 이래 최초의 한국 쌀 수출 쾌거 ··························· 258

부실하기 그지없는 출장보고서 ···································· 265

연해주를 돌아보며 ·· 272

제 식구 챙기기 ··· 279

미운털 박힌 감사의 이임식 ··· 285

제1부ㅣ 낙하산 감사
공기업에 들어가다

4월 13일, 중앙 일간지 대부분이 독일을 방문 중인 노무현 대통령에 대해 1면에 머리기사를 썼다. 그리고 바로 그 옆에 한나라당이 주장한 공공기관 임원의 "낙하산 인사 실태" 라며 "어긴인사 95명의 명단" 을 발표했다. 나의 이름도 예외 없이 앞머리에 실렸다.

기사에는 "전문성과 무관하게 진출해 대선 전리품으로 이용되고 있으며, 이러한 정실 인사가 공공기관의 부실경영과 허술한 자체감사를 부채질하고 있다는 비판이 어느 정도 타당함을 입증한 셈이다" 라는 사족이 달렸다. 한나라당은 "낙하산 인사", "코드인사"라고 주장하면서 "무능한 감사", "국민의 혈세나 축내는 놀고먹는 감사" 라고 수많은 공기업 임원에게 모멸감을 주었다. 또한 보수언론은 이를 여과 없이 보도하고 여론을 호도시켰다.

나는 '전문성이 없는 감사들'이라는 비판에 대해 절대 동의하지 않는다. 정치공세에 불과하기 때문이다. 우스운 사실은 과거 낙하산으로 공공기관에 근무했던 한나라당의 의원이 이런 정치공세에 앞장선다는 것이다. 참으로 어처구니없는 일이다. 자신들이 낙하산 출신이면서 누굴 비판하는가.

나는 스스로 낙하산임을 인정한다. 오늘로 낙하산 타고 온 지 115일째, 채 넉 달이 되지 않았다. 남들 눈에는 놀고먹는 것처럼 보일 지도 모르나 자체감사기능의 정상화를 위해 무던히 노력하고 있다. 낙하산 인사의 문제점이 무엇인지, 지역패권주의가 무엇인지를 틈틈이 정리하고 있다. 낙하산으로 낙인찍힌 나도 국민의 세금을 축내면서 자리나 지키고 있는 것은 아닌지 되돌아본다.

나의 직책이 결코 편하거나, 시간이 맣거나, 책임이 없는 것은 절대 아니다. 오히려 막중한 책임감과 사명감, 계속되는 도전과 시항으로 지치곤 한다. 하지만 감사의 도덕성과 전문성이 얼마나 중요한 것인지 모두가 공감할 수 있도록 내 자신이 솔선수범해야 한다고 오늘도 다짐한다.

공기업의 놀라운 실태

어색한 취임식

2004년 12월 20일, 취임식 시간에 맞춰 오전 9시 20분에 청운동 집을 나섰다. 감사실장은 취임사가 적힌 종이를 건네면서 취임식이 10시 30분에 열리며, 시작하기 10분 전에 회사에 도착할 거라고 말했다. 실장은 양재역 사거리를 지나면서 어디론가 전화를 걸더니 "5분 후에 도착하니 임원들은 현관 앞에서 대기하라"고 일렀다. 묵묵히 듣고 있던 나는 "모두 사무실로 들어가시도록 하라"면서 취임사를 돌려줬다. 유별나게 추운 겨울 날씨에 임원들을 밖에서 기다리게 하는 것은 나의 생각과 무관했기 때문이다.

나의 첫인상을 임직원들에게 어떻게 심어주느냐는 매우 중요한 일이라고 생각했다. 또한 취임식에서 감사로서의 강력한 의지, 꿈과 희망의 메시지를 전해야 한다고 여겼다. 그러나 실장이 준비한 취임사는 전임 감사들이 매번 써먹은 레코드판 메시지로 보였다.

10시 15분, 본사에 도착하자마자 실장은 나를 사장실로 안내했다. 그러나 나는 감사 집무실로 들어섰다. 내가 일하게 될 집무실을 먼저 확인하고 싶었다. 집무실은 한마디로 썰렁했다. 덩그러니 놓여 있는 나무 책상은 들여놓은 지 수십 년은 되어 보였고, 텅 빈 공간에는 적막감이 엄습했다. 곳곳에 먼지가 수북이 쌓여 있고 일했던 흔적이라고는 찾아볼 수가 없었다.

잠시 후 나는 사장실에서 경영진과 첫 상견례를 했다. 얼굴에 기름기가 반질반질한 사장의 얼굴을 마주하는 순간 나는 본능적으로 경계심이 들었다. 차 한잔 마실 여유도 없이 취임식장으로 직행했다. 전 직원이 부동자세로 도열해 있고 사장은 나의 약력을 소개하기 시작했다. 숨소리도 들리지 않는 고요함과 긴장감으로 압도된 분위기에서 사장은 군대 용어인 '쉬어'로 말을 마쳤다. 허스키하면서도 육중한 그의 목소리는 30년 만에 들어보는 틀림없는 중대장 목소리였다. 순간 묘하게도 답답했다. 이토록 무겁고 삭막한 분위기에서 무슨 말을 해야 할까, 갑자기 머리가 어지러웠다.

그래도 나는 희망을 노래해야 했다. 심호흡으로 숨을 고른 후 차분하게 말문을 열면서 감사의 역할과 책무에 대해 소신을 밝혔다.

"원칙과 신뢰 속에 공정하고 투명한 감사의 역할을 다해 개혁과 변화를 선도하겠습니다. 그리하여 참여정부가 추구하는 국정철학과 농업정책을 우리 공사가 성공적으로 수행하도록 헌신하겠습니다.

눈과 코와 입과 귀가 제 위치에서 제 역할을 다할 때 이목구비가 뚜렷하고 아름답습니다. 나는 여러분이 각자의 위치에서 직무를 성실하게 수행해 큰 성과를 올릴 수 있도록 돕겠습니다. 사장은 지휘자요, 여러분은 연주자로서 혼연일체가 되어 훌륭한 오케스트라를 연주하도록 저는 조율사가 되고 때로는 수리공이 되겠습니다."

나는 원고 없이 차분하게 말하면서 계속 직원들의 표정을 살폈다. 허점을 보이지 않으려는 듯 무표정하게 굳어 있는 얼굴들이 어색하기 짝이 없었다. 나의 볼멘소리가 공허한 메아리로 되돌아오는 느낌이었다.

그러한 직원들의 모습을 이해하는 데 그리 많은 시간이 필요치 않았다. 그들은 희망과 기대는커녕 내게 관심조차 없었다. 전직 감사들이 부임할 때마다 공사를 위해 열심히 일하겠다고 했지만 정작 세월만 보내다 떠나곤 했으니 무엇을 기대할 수 있었겠는가.

직원들과 일일이 악수를 나누며 눈웃음을 보냈지만 냉랭하고 어색한 분위기는 계속되었다. 취임식을 마친 후 임원들과 지하 식당에서 가볍게 점심식사를 했다. 분위기가 썰렁했던지 사장이 겸연쩍이 불쑥 말을 꺼냈다.

"사실 오늘 감사님 환영 오찬을 아주 좋은 한식집으로 예약했었는데 감사님이 워낙 청빈하고 강직하다는 말을 듣고 이곳으로 바꿨습니다. 다음에 좋은 곳으로 모시지요."

사장은 처음부터 나를 빈틈없이 관찰하고 있었다. 그에게서 순수성이란 찾아볼 수가 없었다. 말투는 빈정대는 듯했고 태도는 대단히 고압적이었다. 타고난 성품과 인격을 가늠하기 어려울 만큼 그 모습이 다양했다. 나는 사장의 의도가 무엇인지 곰곰이 살피면서 긴장감을 감추지 않았다. 무엇보다도 내게 닥칠 시련이 많을 것 같다는 예감을 떨쳐버릴 수 없었다.

그는 나보다 열 살이 많았고 대한무역투자진흥공사 본부장 출신이었다. 국민의 정부 시절 규모가 그리 크지 않은 서울시 지방공기업에서 기관장을 지내다가 이곳 농수산물유통공사의 사장으로 취임한 지 두 달도 안 되었다. 그는 정부 여당 실세와 사돈을 맺어 그 덕에 사장으로 부임한 낙하산이었다.

"감사실장이 하자는 대로 하면 됩니다"

취임식 날 오후 2시, 감사실장과 부장은 감사의 권한과 책무, 회의참석 범위 등에 대해 정부투자기관관리기본법과 정부투자기관감사직무규정, 정관에서 정한 감사직무에 대해 설명했다. 정확히 말하면 나를 교육시키고 있었다. 나는 감사실 업무보고를 먼저 듣겠다고 했다. 그러나 실장은 감사실 업무는 급할 것이 없다며 이렇게 대꾸했다.

"감사님은 대통령이 임명하신 어른입니다. 감사님은 저희에게 보고만 받으시면 됩니다."

"뭐요? 보고만 받으면 된다?"

"예. 감사실 업무는 걱정하지 마십시오. 저희가 알아서 처리하겠습니다."

걱정할 필요 없다는 황당한 말을 들은 나는 말문을 돌렸다.

"전임 감사의 인수인계서를 가져오세요."

"인수인계서는 없습니다. 지금까지 문서로 인수인계를 한 적이 없었습니다."

"그럼 내가 전임 감사에게 인계받을 업무가 무엇인지 어떻게 확인한단 말입니까?"

나는 납득할 수가 없어 되물었는데 실장은 황당하다는 표정으로 잠시 머뭇거리더니 말을 이었다.

"감사님! 정말 죄송합니다. 지금까지 문서로 인수인계한 경우는 없었고요, 전임 감사님들이 신임 감사님께 하신 덕담이 딱 한 가지 있습니다."

"그것이 무엇입니까?"

"예. '감사실장이 하자는 대로만 하면 된다'는 것입니다. 이것이 유일한 인수인계 사항입니다."

'뭐라고, 감사실장이 하자는 대로만 하면 된다!' 억장이 무너지는 듯해 순간 나도 모르게 신음소리가 나왔다. 나는 그들을 상대하기가 녹록치 않음을 직감했다. 나는 당장 내일부터 감사실과 기획실의 업무보고를 시작으로 매일 오전과 오후에 한 부서씩 돌아가며 보고를 받을 수 있도록 일정을 잡으라고 지시했다.

∘역대 감사들은 '감사히' 부임해 '무사히' 떠났습니다∘

취임 첫날부터 사사건건 통과의례의 장벽이 너무 두텁고 높아 매우 짜증스러웠다. 마치 별천지에 온 것처럼 혼란스럽게도 했다.

취임식 날 오후 3시경 예고 없이 노동조합을 방문했다. 감사가 부임하자마자 노동조합을 방문한 것은 처음 있는 일이라고 했다. 뜻밖의 방문에 노조는 술렁거렸다. 노조위원장을 비롯한 간부들은 취임을 환영한다며 빈정거리는 태도를 보였다.

"역대 감사들은 공통적으로 감사히 부임해서 무사히 떠나셨습니다. 마찬가지로 신임 감사님도 그렇게 잘 지내시길 바랍니다."

철밥통 공기업 그 모순과 관행의 실체

노조위원장의 말이 예사롭지 않았다. 완전히 나를 비웃고 있었다. 도대체 전임 감사들이 어떻게 일을 했기에 내가 이처럼 천덕꾸러기 취급을 받고 있는 것인지 의구심이 들었다. 취임 첫날부터 사장과 노조위원장에게 면박을 당해야 했던 나는 시종 웃음을 잃지 않으려 애썼지만 속으로는 착잡하고 괴로웠다.

오후 6시 30분, 회사 근처 식당에 감사실 직원이 모두 모였다. 내 눈치만 보는 경직된 분위기에 숨이 막혀왔다. 부동자세로 앉아 있는 그들의 모습에서 말할 수 없는 이질감 또한 느껴졌다. 분위기를 바꾸기 위해 소주를 한 잔씩 권하자 화기가 돌았다. 술잔이 두어 순배 돌자 처음보다 직원들의 표정이 상당히 부드러워졌다. 누군가의 말에 맞장구를 치기도 했다.

"오늘 감사님이 식사하자는 말을 듣고 깜짝 놀랐습니다. 감사님과 감사실 직원의 식사는 처음입니다."

나는 또 한 번 놀랐다. 마치 최면에 걸린 느낌이었다. 서로 분위기를 살펴가며 이구동성으로 털어놓은 말들을 들어보니 지난날의 분위기를 가늠하고도 남았다. 나는 앞으로 가슴을 열고 즐겁게 대화할 시간을 자주 갖겠다고 약속했다. 직원들과의 첫 만남은 그렇게 끝났다.

취임 첫날, 나는 생소한 정부 조직에 단신으로 뛰어들어 놀라운 체험을 했다. 상상할 수 없는, 이해할 수 없는, 믿기지 않은 일들과 마주하는 순간마다 한숨과 탄식이 나왔다. 설립 38년째인 정부투자기관이 이 정도 수준이라니, 대한민국의 공기업 실태를 한눈에 알 수 있을 것 같았다.

'누이 좋고 매부 좋고', 허울뿐인 감사

첫 번째 교감을 만들어낸 성탄축하 메일

12월 23일, 취임 4일째. 나는 바쁜 일과 속에서도 모든 직원에게 개별적으로 성탄축하 메일을 보냈다. 직원들과 소통할 수 있는 언로를 만들어 사내 분위기를 파악하기 위해서였다. 저들의 마음을 읽어야 나의 태도를 결정하는 기준과 잣대를 만들 수 있고, 감사복무 방침을 설정할 수 있다고 생각했다.

성탄축하 메일에 본사와 지사, 사업소, 해외지사에서 30여 명이 답장을 보내왔다. "임원의 메일을 처음 받아보았다", "농업을 이해하는 감사는 처음이다" 같은 소감이나 과거 감사들의 부정적 이미지에 대한 의견 등이 대부분이었는데, 기대가 크다는 희망적인 메시지였다.

며칠을 정신없이 보내면서 특이한 사실을 확인할 수 있었다. 사장의 집무실을 비롯해 모든 집행부의 사무실은 근무환경이 상당히 쾌적했다. 양재동 신축사옥으로 이전하면서 사무집기를 모두 교체했기 때문이다.

그런데 어찌된 일인지 감사 집무실은 예외였다. 고리타분한 1960년대식 낡은 나무 책상과 볼썽사나운 컴퓨터 모니터만 덩그렇게 놓여 있는 것이다. 역대 감사들의 역할과 위상을 짐작하고도 남았다. 나는 공사 창고에 있던 회의 테이블과 책상을 가져와 분위기를 새롭게 단장했다.

"감사님 주재회의가 처음입니다"

12월 27일 월요일 아침 9시, 감사실 직원 전원이 참석하는 첫 주례회의를 소집했다. 나는 지난주 진행사항과 금주 예정사항을 보고하라고 지시했다. 그러나 실장도 부장도 아무런 말이 없었다. 회의자료도 없었다. 새해 사업계획을 수립했는지 물었으나 역시 묵묵부답이었다. 그때 이광수 과장이 조심스레 말문을 열었다.

"감사님! 사실 지금까지 감사님께서 직접 주재하신 회의가 단 한 번도 없었습니다. 오늘이 처음입니다."

"뭐라고요. 아니 회의가 처음이란 말입니까?"

이게 무슨 청천벽력인가? 그동안 감사들은 도대체 무슨 일을 어떻게 해왔단 말인가? 세상에 이런 일도 있단 말인가? 나는 걷잡을 수 없는 충격으로 공황 상태에 빠져들었다. 이광수 과장은 그동안 단 한 번도 해보지 않은 회의를 하게 되어 직원들이 어쩔 줄 몰라 허둥댔다고 했다. 하지만 기본적인 회의자료도 없는 상태였으니 난감한 사람은 오히려 나였다. 그때 감사실에서만 14년째 근무하고 있다는 이원태 감사부장이 거들었다.

"감사님 주재회의는 오늘이 처음입니다. 역대 감사님들이 워낙 외부 일로 바쁘셨고 감사실 업무를 챙기는 일은 거의 없었습니다. 대부분 업무는 감사실장이 감사님께 보고하는 것으로 종결되었습니다."

나는 너무 당혹스럽고 놀라워 말문이 막혔다. 그러나 더욱더 이해하기 어려운 것은 감사실장과 부장의 태도였다. 감사실을 총괄하는 간부들은 올바른 자세로 감사를 제대로 보좌하기 위해 노력해야 마땅하다. 그런데 그들은 그 순간에도 마치 나를 떠보려는 듯 눈치만 슬슬 살폈다.

유능한 자질과 바른 사고의 소유자일수록 제 구실을 다하기 위해 최선을 다해야 한다는 나의 생각은 변함이 없다. 그런 의미에서 감사실장과 부장의 태도와 사고, 의식과 소양, 원칙과 실력을 빨리 파악하는 것이 중요하다고 판단했다. 도대체 이 사람들의 수준이 어느 정도이며 이들의 근무 태도가 어떠한지 궁금했다.

나는 마음을 가다듬고 감사실 운영에 대한 나의 철학과 사고, 감사인의 자세, 감사의 원칙 등에 대해 기본적인 소양을 제시했다. 그리고 감사실 운영방침을 밝히며 매주 월요일 정기 주례회의에서 모든 업무를 점검하고 추진하겠다고 밝혔다.

사장의 부속실이나 다름없는 감사실

취임 후 가장 놀라웠던 것이 감사실 정원이었다. 감사실 인력은 감사실장과 부장 그리고 차장 넷을 합쳐 모두 여섯 명이었다. 그중 실장과 부장은 간부 역할만 했으니 사실상 차장 네 명이 감사업무를 도맡아 하고 있었다. 이들 네 명이 본사의 3실 7처 9팀, 사업본부, 교육원, 10개의 국내지사, 8개의 해외지사를 자체감사하고 감사결과 보고와 평가분석, 공직기강 암행기동감찰반 운영, 대내외 민원업무 처리, 감사원 등 외부감사수감, 부패방지업무를 총괄하고 있었다. IMF 이전에는 노량진 수산시장, 한국냉장, 매일

우유 등 3개 자회사를 비롯한 해외현지법인이 4개나 더 있었는데도 이들 네 명이 이 모든 것을 감당했다는 사실이 도저히 믿겨지지 않았다.

정원 여섯 명으로는 감사실 업무를 정상적으로 집행할 수 없다. 인적, 시간적, 물리적으로 도저히 불가능하다. 나는 이 문제를 '연구 과제 1호'로 삼기로 했다. 네 명의 인력으로 감사 조직을 운영할 수밖에 없는 이면에는 뭔가 설명할 수 없는 불가항력적인 이유가 있을 것이다. 나는 도저히 상상할 수 없는, 말로 표현할 수 없는 뭔가가 지금의 공사를 지배하고 있음을 부임 후 며칠 동안의 경험을 통해 직감했다.

감사가 지휘 감독해야 하는 감사실이 지금은 사장의 부속기관에 지나지 않는다. 연도별 자체감사 실적을 분석한 결과, 본사 감사를 실사한 적은 거의 없었고 해외지사는 3년 주기, 국내지사는 2년 주기로 행해지고 있었다. 국내지사 감사 때는 향응을 받아 고스톱으로 놀다 왔고, 해외지사는 실장과 부장이 교대로 관광성 출장을 즐기는 행태였다. 그야말로 감사실의 역할과 기능이 유명무실했다.

또한 감사실 인사권을 사장이 갖고 있었다. 감사실 직원들은 인사권자인 사장의 비위를 건드려봤자 손해뿐이다. 동료 직원들에게도 인심을 잃을 필요가 없으니 온정주의가 준동한다. '누이 좋고 매부 좋다'는 식이다.

이것이 농수산물유통공사 창사 이래 38년간 변함없이 내려온 전통이자 관행이었다. 이 관행은 법과 규정을 무시한 채 확실하게 자리 잡고 있었다. 그러니 감사실이 독립된 기관으로서 집행부를 견제하고 감시하는 고유 기능을 찾아볼 수 없었던 것이다.

첫 이사회, "이의 없습니다"

취임 후 10일째, 처음 참석하는 이사회가 열렸다. 2005년도 예산(안)이 상정되었다. 감사실장은 부의안건에 대해 "의례적인 안건이니 아무런 문제가 없다"면서 말투까지 친절히 알려주었다. '감사실장이 하라는 대로만 하면 된다'는 공식이 어김없이 적용되고 있었다.

"사장님이 감사님께 '의견 있습니까?' 하고 물으면 '이의 없습니다'라고 하시면 됩니다."

나는 실장을 바라보면서 씩 웃었다. 이런 식으로 감사의 권한과 의무를 감사실장이 좌지우지했다니 참으로 대단한 실세였다. 도대체 감사실장은 얼마나 전문적인 식견을 갖고 있으며 얼마나 원칙을 지켜왔을까? 이것이 나의 수첩에 적힌 '연구 과제 2호'였다.

이사회에 참석해 사외이사들과 인사를 나눴다. 나를 바라보는 그들의 눈빛이 예사롭지 않았다. 임원들에게 신고식을 하는 순간이었다. 감사는 의결권이 없으나 발언권이 있다. 따라서 회의 진행사항을 면밀히 지켜보면서 위법 부당한 의결을 하거나 법적 하자가 있는지를 살펴보아야 했다.

2005년도 예산(안)은 이미 사외이사로 구성된 전문위원회의 예비심사를 마친 상태였다. 사장은 기획실장의 제안 설명이 끝나자마자 기다렸다는 듯이 나에게 의견을 물었다. 이 대목에서 실장의 말대로라면 '이의 없다'고 해야 했다. 지금까지 쭉 그래왔을 테니까.

"제가 취임한 지 오늘이 열흘째입니다. 본 예산안에 대해 정확한 진단을 하고 의견을 개진하기에는 무리가 있음을 양해 바랍니다. 각 처·실별로 업무보고를 받는 과정에서 2005년도에 반영된 예산과 관련해 느낀 점을 말씀드린다면 우리 공사의 미래에 대한 큰 그림을 먼저 그려봐야 된다, 다시 말해서 단기 또는 중장기 발전계획을 다시 한 번 점검해볼 시기가 아닌가 생각합니다. (중략)"

나는 원론적인 이야기를 할 수밖에 없었다. 그러면서도 사외이사들의 발언 내용을 귀담아 들었다. 특이한 것은 상임이사들은 한마디도 하지 않았다는 사실이다.

관료주의와 권위주의만 존재하는 세상

취임 14일째, 감사실 3명 증원

2005년 1월 4일, 새해의 첫 사업으로 감사실 증원 작업을 시도하기로 했다. 정확히 취임 14일 만에 시도하는 첫 사업이다. 그러기 위해 우선 사장을 만나 감사실의 기능과 역할, 감사실 활성화 방안을 신중하게 밝혔다. 그런데 관리이사가 감사실 증원 요구를 노골적으로 반대하고 나섰다. 노동조합과 직원들도 마찬가지였다. 감사실을 증원하면 부메랑이 되어 사장이 상처받는다는 논리였다. 관리이사는 지난 10년간 임원으로 장기 재임하면서 자신의 동향 출신과 대학 동문을 요직에 두루 배치하는 등 인사의 전횡을 일삼은 핵심 인물이다. 그 예로 감사실장과 감사부장 역시 그의 대학 후배와 고향 후배였다.

나는 감사기능을 정상화시켜 순기능을 하도록 해야 한다며 사장을 압박했다. 관리이사에게는 "감사실 직원의 보직 및 전보는 감사의 요청에 의해 투자기관의 장이 지체 없이 행한다"는 「정부투자기관 감사직무규정 제8조」의 규정을 제시하고 배수진을 쳤다.

감사실 증원을 요구한 나와 이를 극렬이 반대하는 관리이사, 노동조합과의 줄다리기도 계속되었다. 결국 2급, 3급, 4급 각 한 명씩 세 명을 증원하는 데 합의했다. 애초에 요구한 여섯 명 증원은 실패했지만 세 명을 증원하는 데 만족하기로 했다. 공사 창립 38년 만에 처음으로 감사실 직원을 증원했으니 이제 내 앞에는 실전을 통해 성과로 입증하는 일만 남았다.

감사 당부 사항 공개로 분위기 혁신

정신없이 업무에 몰두하다 보니 세월 가는 줄 몰랐다. 기획실을 비롯한 각 실·처 업무 관련 사항 72건, 감사실 관련 사항 9건 등 총 81건을 감사 당부사항으로 공개했다. 업무보고를 통해 간부들에게 지시한 사항을 전 직원에게 공개해 새로운 분위기를 유도할 목적이었다. 이 당부사항을 후일 집행부가 적극적으로 시행한 결과 상당한 성과를 거두었다. 대표적으로 지방자치단체와 양해각서 체결, 1사 1촌 운동 전개, 수출물류비 지원체계 혁신 등을 들 수 있다. 그러나 중국산 김치유통 문제의 심각성을 간과해 기생충 중국배추로 엄청난 파국을 겪은 것은 대단히 아쉬운 부분이었다. 이러한 나의 견해와 태도에 대해 인트라넷에 기고한 직원들의 의견은 대체로 긍정적이었다.

"신임 감사님이 업무보고에서 말씀하신 당부사항은 지금까지 전무후무했던 일로 매우 신선하며 희망적입니다. 평범한 직원의 단견이니 양해하시고 읽어주시기 바랍니다.

첫째, 공사의 복잡다기한 업무에 대한 깊은 이해와 확고한 농업철학을 보며 한국 농업에 대한 애정을 느꼈습니다. 둘째, 각 부서의 사안마다 단순한 지적사항이 아닌 신선한 시각으로 대안을 제시하셨다고 생각합니다. 셋째, 이 대안은 향후 적발위주가 아닌 정책감사의 큰 틀이 될 수 있다고 생각합니다. 넷째, 급여와 승진 등 인사 문제는 누구도 공개적으로 거론하지 않았던 민감한 부분으로 더욱 탁견이라 생각합니다. 따라서 신임 감사님의 여러 지적과 당부사항은 우리 모두에게 농업발전이라는 중책을 수행해 가기 위한 분발의 단초를 제공하기에 충분합니다. 침묵의 직원 다수는 감사님의 명철한 탁견에 기대를 걸고자 합니다."

감사실 직원 첫 내부공모

감사실 직원을 포함한 모든 직원의 인사명령권은 사장에게 있다. 때문에 감사의 의지와는 관계없이 사장이나 관리이사가 자신의 직계를 감사실장과 부장으로 배치했다. 그러나 감사실 직원의 보직 및 전보는 감사의 요청에 의해 사장이 지체 없이 행하도록 규정되어 있다. 그럼에도 그동안 감사가 인사요청권한을 활용한 전례는 단 한 번도 없었다고 한다. 적어도 감사가 자신의 직무규정을 한 번만 읽어보았더라도 허수아비는 되지 않았을 것이고, 감사실장에 의해 수렴청정 당하는 일은 없었을 것이다.

이에 나는 인트라넷에 '감사실 직원 내부공모'를 공지했다. 공모 직급은 1급부터 4급까지 전 직원 대상이었고 희망자는 감사실 근무지원서를 비롯한 신청서를 나의 핸디메일로 보안접수하도록 했는데, 이는 철저한 인사비밀을 지켜 잡음을 없애고 신뢰를 회복하기 위한 조치였다.

내부공모를 선택한 이유는 감사실장과 부장이 모두 관리이사 직계였기 때문이다. 내부공모에 대한 직원들의 반응은 민감했다. '감사실 직원 내부공모' 게시물은 검색 순위 1위였을 만큼 폭발적인 관심을 모았고, 소감을 올리는 직원들도 있었다.

"역대 감사님 모두 이구동성으로 '예전 감사들과는 달리 공사 발전을 위해 크게 기여하겠다'고 하셨지만 그 결과는 아무것도 없었습니다. 그러나 강동원 감사님은 공사와 농업에 대한 애정이 정말 많다고 느껴집니다. 감사실 직원 공모도 처음이지만 공모 서류를 직접 받으시겠다니 우리 공사도 이제 변화의 흐름을 타고 있다고 생각합니다. 사람에 의해 좌우되지 않고 시스템으로 추진되는 공사의 새로운 패러다임을 기대합니다."

나는 직원들에게 서서히 신뢰받는 과정에 놓여 있다고 생각했다. 밤잠을 설치며 고민했던 문제들의 방안을 하나씩 실행해가면서 직원들의 반응이 나타나기 시작하자 피곤한 줄 몰랐다. 무엇보다 중요한 것은 건전한 사고를 갖고 있는 말 없는 직원들이 관심을 보이기 시작했다는 사실이다. 감사실 지원자가 그리 많지 않아 기존 직원들을 재신임해 전원 유임시켰고, 지원자 가운데서 세 명을 전입했다. 나는 선택받지 못한 지원자들을 비롯한 모든 직원에게 감사와 위로의 글을 보내고 격려했다.

수출농업현장 방문, 민원도 천차만별

교육원을 시작으로 틈틈이 지사순방에 들어갔다. 추운 날씨로 수출농업현장을 방문하기란 고된 일이었으나 감사업무와 유관한 모든 곳을 가급적 두루두루 다녀보고 싶었다.

첫 방문지인 노량진의 경기지사에 도착하니 전 직원이 사무실 밖에 도열해 있었다. 여의도 강바람을 맞으며 눈발 속에서 추위에 떨고 있던 직원들에게 손을 내밀자니 나는 민망스럽고 마음이 불편했다. 감사의 권위가 과연 이런 것일까? 나는 앞으로 이런 의전은 일체 생략하라고 지시했다.

나는 각 사업소와 지사를 방문하면서 가장 먼저 청렴혁신교육을 실시하는 것으로 업무를 시작했다. 변화를 예고하는 분위기를 강하게 심어줘야 했고 그들 스스로 변화의 중심에 설 수 있도록 유도할 필요가 있었다. 고객 관리를 어떻게 하고 있는지 점검하기 위해 각 시도별 수출관련 기관, 단체, 업체, 생산자를 직접 찾아가 현장 확인도 했다. 그동안 지사 간부들이 현장 방문에 얼마나 충실했는지, 농업과 농촌과 농민의 애환을 얼마나 이해하면서 지원했는지 그 수준을 가늠하고 싶었기 때문이다.

경남 김해 대동화훼수출단지와 방울토마토 수출단지, 제주도 돈육 수출업체인 탐라유통, 한국공항 파프리카 수출단지, 전북 진안 홍삼 수출업체, 남원 운봉 춘향골 김치공장과 파프리카 생산농가, 김제 농산무역, 임실 오수 로즈피아 장미 수출업체, 전남 나주 김치 수출업체 삼진GF, 강진 파프리카 생산단지, 강원도 강릉 옥계영농조합법인, 거진 대진수산, 경기도 안성 배 수출단지, 화성 포도 수출단지, 충남 논산 딸기 생산단지, 충북 음성 야채 수경재배단지 등을 방문하고 현장을 확인했다.

그런데 현장 방문이 처음인 지사장도 있어 참 딱하다는 생각이 들었다. 고객의 생산 현장이 어디에 있는지도 모르고 우왕좌왕하고 있으니 답답하고 한심했다. 나는 그러한 무사안일한 태도를 질타하면서 현장 방문을 생활화하라고 지시했다.

본사 업무보고가 끝난 후 감사 당부사항을 내부 전산망에 공개했던 것처럼 지사업무에 대해서도 공개했다. 지사를 방문하면서 느낀 대표적인 소감

철밥통 공기업 그 모순과 관행의 실체

을 감사실 회의에서 밝혔다. 이 또한 모든 직원이 알아야 할 업무였다.

감사의 야근은 신기하다?

2005년 부패방지사업계획을 수립하도록 감사실장에게 지시했지만 진척이 없었다. 알고 보니 실장은 뒷전으로 미루었고 담당직원은 속수무책이었다. 답답한 나는 직접 나설 수밖에 없었다.

그리하여 반부패대책 연중계획서를 월별로 작성해 확정한 후 본격적으로 추진을 서두르기 시작했다. 감사를 단장으로 상임이사와 1급 주무 실·처장을 위원으로 위촉한 청렴혁신기획단을 구성했고, 제1차 회의를 소집해두었다. 또한 이 회의에서 의결해야 할 '청렴혁신기획단 운영지침(안)'과 '내부공익신고 및 신고자보호에 관한 지침(안)', '2005년도 사업계획(안)'을 직접 입안하고 회의자료도 챙겼다.

이런 과정에서 자연스레 야근이 시작되었다. 며칠째 야근이 계속되자 감사실장은 민망스러웠던지 "퇴근하시지요. 모두 차질 없이 준비하겠습니다"라고 말했다. 직원들도 눈치를 보면서 술렁였다. 모두 불편한 모습이었다. 나는 아랑곳하지 않고 철야를 대비해 나의 전매특허인 야전 침대를 구입했다. 이를 지켜보던 직원들이 여기저기서 수군거렸다. 자정이 가까워오자 청소하던 아주머니가 "감사가 매일 야근하는 모습을 처음 본다"며 친근감을 드러냈다. 허훈무 기획예산부장은 슬쩍 내 방 안을 훔쳐보다가 나와 눈이 마주치자 "감사님 야근하신다기에 구경 왔습니다. 웬만하시면 퇴근하시지요"라며 겸연쩍게 웃었다.

관료주의와 권위주의만 존재하는 세상

2005년 2월 14일 오전 8시30분, 관리본부 간부회의가 시작되었다. 이는 사장이 임원들과 함께 실·처장의 소관업무에 대해 보고를 받고 평가하는 회의다. 나는 이 회의에 처음으로 참석하게 되었다. 감사는 이 회의에서 논의된 현안들에 대해 의견을 개진할 수 있다.

그런데 깜짝 놀랄 일이 순식간에 벌어졌다. 감사실장이 감사실 업무를 사장에게 정식으로 보고하는 것이 아닌가. 네덜란드 로테르담 지사의 현지 감사 계획을 감사실장이 스스럼없이 사장에게 보고한 것이었다. 감사실장의 직속상관인 내가 참석한 공식회의에서, 내 고유업무이자 절대권한인 감사실 계획을 사장에게 보고하는 초유의 사태를 목격하는 순간, 나는 눈앞이 아찔했다. 이는 그동안 감사기능이 집행부에 농락당해왔다는 사실을 확실하게 입증하는 결정적인 증거였다. 그런데 기절초풍할 일이 사장과 감사실장 사이에서 계속되었다.

"감사실장, 로테르담에 가서 뭘 볼 겁니까? 감사 착안사항이 뭐예요?"

"예. 저희 감사반이 이미 착안사항을 모두 검토했습니다."

"그 착안사항이 뭔지 별도로 보고하세요."

"예. 알겠습니다."

"그런데 말이요. 만약 당신들 시원찮게 감사하면 앞으로 외국 안 보내겠어요. 확실하게 하세요. 알겠어요?"

"예."

사장은 다그치듯 감사실장을 호령했다. 나의 얼굴은 순식간에 일그러졌다. 눈을 천천히 감았다 떴다 하면서 연신 냉수를 들이켰다. 도대체 감사실장이 무슨 이유로 감사 계획을 보고했는지, 언제부터 보고를 했는지, 신기루 같은 이 현실의 끝이 어디까지인지 알 수 없었다.

상식적으로 있을 수 없는, 상상할 수 없는 일들이 일상화된 이 조직의 모습이 오늘날 정부투자기관의 실상이란 말인가. 법과 규정은 온데간데없고 최소한의 원칙도 지켜지지 않고 있다. 이곳에는 사장 중심의 상명하복에 의한 철저한 관료주의와 권위주의만 존재한다.

간부들의 보고가 모두 끝나자 사장은 내게 할 말이 있으면 하라고 했다. 나는 지금까지 세상을 살면서 원칙에 위배되거나 옳지 않은 일을 겪을 때마다 굽힘없이 대응해왔다. 그러나 이번에는 달랐다. 처음으로 참석한 공식 간부회의인 공개 석상에서 부하직원들이 모두 지켜보는 가운데 내가 사장과 정면충돌하는 것은 본질적으로 바람직하지 않다는 생각이 들었다. 그보다는 굴절된 현상들을 정확히 진단하고 파악하는 것이 더 중요한 일이었다. 나는 냉정하고도 차분한 억양으로 짧게 대응했다.

"감사인 제가 참석하는 간부회의에서 감사실장이 언제부터 사장께 감사실 업무보고를 하고, 또 지시를 받았는지 알 수 없으나 이 같은 일은 절대 있을 수 없는 중대한 사건입니다. 감사실장은 저의 지시를 받아 감사실을 총괄하는 간부로서 사장께서 주재하는 간부회의에 배석할 권한이 있습니다. 그러나 감사실장이 감사실 업무를 사장께 보고하거나 지시받을 의무는 없습니다. 다시 한 번 이러한 경우가 있을 경우 절대 묵과하지 않겠습니다."

사장에게 감사실 업무를 보고하지 말라

회의가 끝난 후 감사실장을 불러 언제부터 사장에게 감사실 업무를 보고했느냐고 물었다. 그러나 묵묵부답이었다. 보고하는 것이 감사실장의 권한이냐고 되물어도 대답이 없었다. 그는 자신의 행위에 대해 문제의식도 없었고 뭐가 잘못되었는지도 모르고 있었다.

"감사님 죄송합니다. 사실 오늘 사장님의 말씀이 좀 지나쳤습니다. 예전에는 이런 일이 없었습니다."

감사실장은 간부회의에서 자신이 한 행위가 잘못이라는 사실조차 모르고 있었다. 감사부장은 한술 더 떴다. "저도 이야기 듣고 깜짝 놀랐습니다. 그래도 감사님이 좀 양보하시고 참으셔야 합니다"라며 수작을 부렸다. 그들이 은근히 사장 편을 들고 있었다. 나는 앞으로 감사실 업무를 사장에게 보고하는 모든 행위를 중단하라고 지시했다.

그리고 집에 돌아온 나는 거의 뜬눈으로 밤을 샜다. 잠자리에 누웠지만 잠이 오지 않았다. 취임 첫날부터 지금까지 일어난 50여 일간의 일들을 곱씹어 보았다. 사장이 엘리트 의식과 우월감으로 나를 무시하고 제압하려한다면 차라리 내가 져주면 그만이다. 그러나 지금 나에게 가장 중요한 일은 감사실장과 부장의 의식을 어떻게 바꾸어놓을 것인지, 자체감사기능을 어떻게 되살려 놓을지, 사장과 관리이사로부터 감사실을 어떻게 독립시키고 어떻게 체질개선을 해야 할지 등의 문제다. 할 일은 산더미처럼 쌓여 있고 모두 미룰 수 없는 일이다.

실장 7년, 부장 14년 장기 근속이 망친다

나는 야근을 하면서 또 하나의 작업에 몰두했다. 감사실이 집행부의 하수인이 되어버린 원인과 이유를 알아야 했다.

과거에는 사장이 감사에게 용돈을 주며 회유하거나 의기투합해 동업자가 되기도 했다는 말이 세상에 회자되기도 했다. 사장이 감사실을 장악할 수 있는 가장 쉬운 방법은 인사권을 이용해 감사실장과 부장을 자신이나 관리이사 직계로 배치하는 것이다. 당연히 감사실장과 부장은 관리이사와 사장에게 충성을 맹세한다. 감사실의 중요한 정보는 사장에게 먼저 보고하고 감사에게는 사후에 보고를 하거나 아예 생략해 들러리로 만든다. 소위 감사를 물먹이는 것이다. 사정이 이러하니 본사의 주요 부서는 어김없이 자체감사에서 제외된다. 설사 인사 조치할 만한 징계사유가 있어도 온정주의가 발동되어 축소·은폐된다.

이러한 감사실 병폐에 대해 질타하고 채찍을 들어야 할 노동조합과 직원들도 마찬가지다. 노동조합은 감사실의 역할을 축소시키려 한다. 그들은 조합원인 직원들이 감사실로부터 자유로워야 한다고 여기며 감사업무를 속박이라고 생각한다.

그런데 나는 아주 중요한 사실을 확인했다. 나의 연구 과제 2호였던 감사실장의 실력을 알아낸 것이다. "감사는 감사실장이 하자는 대로만 하면 된다"고 말했던 감사실장은 '감사부장이 하자는 대로만 하는 사람'이었다. 감사실장은 인품도 훌륭하고 후덕해 한량없이 좋은 사람이지만, 업무 능력은 부장의 대역을 하는 정도였으니 조직 장악력과 위기관리 능력이 있을 리 없었다.

더욱더 놀라운 사실은 이들의 근속 기간이다. 자그마치 감사실장은 7년간, 부장은 14년간 감사실에서만 근무했다. 이 장구한 세월 이들이 감사실을 쥐락펴락하는 동안 어떤 일들이 벌어졌는가? 그리고 이들이 감사실에서 장기 근속할 수 있었던 배경은 무엇인가?

두 사람이 감사실을 책임지고 있었던 시기에 노량진수산시장, 한국냉장, 매일유업 등 자회사가 매각되었고 본사는 구조조정을 단행했다. 국민의 세금으로 운영되는 공사는 망해도 책임질 임원이 없다. 공사가 파산선고를 당한다 해도 책무를 다하지 못한 사람은 최고 수준의 월급을 받아 챙긴다. 그럼에도 대부분의 직원은 이 사실을 모르고 있다.

그들이 10년 넘게 장기 근속할 수 있었던 배경은 학연과 지연이었다. 감사실장은 관리이사의 대학 후배이고, 감사부장은 관리이사와 동향 출신이다. 이러한 사실을 직원들도 알고 있다. 감사실을 장악하고 무력화시키기 위한 관리이사의 의도된 술책의 결과였다.

부실경영의 책임을 감사실장이나 부장에게 전가할 수는 없다. 그러나 그들이 감사기능과 역할, 책임과 의무를 다했는지는 물을 수 있다. 자체감사를 통해 부실경영의 문제점을 적발하고 경영혁신을 유도했었더라면 파산이라는 최악의 심판은 피했거나 최소화했을 것이다.

감사부장은 세 개의 자회사 청산 과정에서 자신이 큰 역할을 했다며 무용담처럼 이야기했다. 그러나 병들어 쓰러지기 전에 진단하고 처방했어야 할 사람들이 시신 처리 잘했다고 자화자찬하는 것은 옳지 않다. 우리는 이렇게 비싼 대가를 치르고 여기까지 왔음을 알아야 한다. 더 이상 집안을 망하게 하는 어리석음은 피해야 한다.

부실한 감사, 안일한 대응

진안홍삼 수출간담회를 열고

2005년 3월 8일, 전북 진안의 군청 상황실에서 진안홍삼 수출간담회를 가졌다. 임수진 진안 군수의 요청에 의해 홍삼 가공업체 대표자, 진안인삼 조합장 등 30여 명이 참석해 진안군의 홍삼정책 추진현황과 홍삼 가공업체의 애로 및 건의사항을 청취했다.

첫 번째 문제로 거론된 것이 우리 공사에서 지원하는 홍삼과 백삼의 수출 물류비였다. 공사에서 지원하는 수출 물류비는 킬로그램당 홍삼의 뿌리삼은 5,305원, 제품류는 2,285원, 그리고 백삼의 뿌리삼은 1,327원, 제품류는 1,529원이었다. 수출 가격을 보면 600그램당 홍삼이 15만 원, 태극삼은 13만 원으로 큰 차이가 나지 않는다. 그런데 태극삼을 백삼으로 분류해 홍삼의 4분의 1 수준에 불과한 물류비를 지원하고 있으니, 이는 모순이라는 주장이 나왔다. 타당한 주장이었다.

그들은 수출규제정책의 일환으로 1970년에 제정된 인삼산업법 제17조를 보면, 수출검사 신청서에 계약서나 신용장 사본을 첨부하도록 규정되어 있는데 이것을 폐지해달라고 요구했다. 수출품 중 인삼만 신용장을 첨부하라고 되어 있으며, 이로 인해 수출가격 정보가 경쟁업체에 유출되어 거래에서 밀리거나 계약을 가로채이는 경우가 많다는 것이다.

실제로 60만 달러 상당의 진안 태극삼을 대만에 수출하기로 계약을 했는데, 수출가격 정보를 입수한 충남 금산의 경쟁업체가 대만 바이어에게 덤핑 가격을 제시해 계약이 파기되었던 사례가 있었다. 이 같은 국내업자들의 과당 경쟁으로 국제 시장에서의 경쟁력 약화는 물론 품질저하, 불공정 행위로 인한 국가신뢰도 하락이 일어나고 있다고도 했다.

인삼 품질검사도 문제였다. 과거에는 농산물품질관리원이 전국 산지에서 수시로 검사를 실시했으나, 지금은 충남 금산인삼조합 검사소에서 검사를 독점한다고 했다. 이에 경기도, 강원도 등 전국에서 금산조합으로 인삼을 운송해 검사를 하고 있는데, 이에 따른 인적·시간적·경제적 손실이 막대하다는 것이다. 따라서 검사기관을 농산물품질관리원으로 환원하고, 인삼조합별로 검사소를 각각 운영할 수 있도록 제도를 개선해달라는 주장이 나왔다.

또한 농수산물유통공사가 원료 수매자금을 대출하면서 5년간의 재무제표 제출을 요구해 신규 업체는 대출 신청이 불가능한데다, 담보 능력이 부족해 원료 구매에 어려움이 있다고 했다. 인삼 재배 기간이 최소한 6년이고 가공을 위한 숙성 기간이 1~2년임을 감안할 때, 대출 조건이 1년인 단기 자금으로는 자금 회전이 어려워 애로가 많다는 것이다. 특히 관내 홍삼 가공업체가 자금이 없어 진안에서 출하하는 6년생 인삼을 수매하지 못해 금산으로 싸게 팔린 후, 다시 금산에서 비싼 값에 진안 인삼을 사오는 악순환이 매년 반복된다는 대목을 말할 때는 거의 폭발 직전이었다.

전국 지방자치단체에서 유일하게 홍삼 전담조직인 홍삼계(紅蔘係)를 운영하고 있는 진안 군수는 고육지책으로 진안농협에서 연 11.5% 금리로 300

억을 융자해 관내 홍삼 가공업체에 연 5% 금리로 자금을 지원하고, 이자 차액은 진안군 재정으로 2차 보전하고 있는 실정이라고 했다. 그런데 이 같은 상황을 설명하며 농수산물유통공사 전북지사장에게 통사정을 했지만 거들떠보지도 않았다며 흥분했다.

두 시간 동안 진행된 간담회에서 그들은 지금까지 중앙에서 내려와 간담회를 개최한 것이 처음이며, 인삼의 특성도 모르는 사람들이 탁상행정을 하고 있다며 농림부를 비롯한 유관기관을 질타했다. 나는 이러한 내용을 모두 정리해 농림부에 정책 건의하도록 요청했다.

그 결과 농림부는 품질검사제도 개선을 단행했고, 농수산물유통공사는 물류비 지원제도와 홍삼원료 수매자금 지원제도를 개선해 시행하게 되었다. 이러한 나의 태도에 대해 어느 직원은 자성의 글을 인트라넷에 올리기도 했다.

"감사님께서 현장을 방문하면 문제점이나 개선점, 요구사항이 파악이 되는데, 해당 부서에서 방문하면 없다고 하니 안타깝습니다. 힘 있는 공사가 민원 청취를 게을리 한다면 우리의 발전은 없다고 생각합니다."

본질을 알면서도 핵심을 피해 가는 '부실 감사'

부임 이후 첫 번째 자체감사를 위해, 2월 25일부터 3월 9일까지 네덜란드 로테르담지사로 감사부장과 차장의 출장을 명령했다. 1996년에 제기되어 지금껏 10년째 재판을 진행하고 있는 국제소송의 실체에 접근하고 해결방안을 모색하기 위해서였다. 이 국제소송은 사건 당시의 임원들이 문제를 해결하지 않고 무책임하게 후임자에게 넘겼고, 후임자 역시 들춰보지 않고 덮어둔 대표적인 일이었다.

그런데 감사를 마치고 돌아온 감사부장에게 중간보고를 듣는 순간 예상했고 우려했던 일들이 현실로 나타났다. 그는 ─ 이미 내가 파악하고 있는 ─ 문제의 본질과 핵심을 슬쩍 건너뛰더니 두루뭉수리로 결론을 내리고 있었다. 말 그대로 부실 감사였다.

감사부장이 제법 노련하게 본질을 벗어난 보고를 하고 있는데도 실장은 옆에서 듣기만 했다. 부장 앞에 실장은 그저 허수아비나 다름없었다. 감사실 근무 14년 차인 베테랑으로 최고의 실력자라 자처했던 감사부장은 그렇게 문제의 핵심을 비켜가고 있었다. 나는 말문을 열었다.

"본질을 잘 알면서도 핵심을 의도적으로 회피하고 결론을 유추한다는 것은 있을 수 없어요. 다시 정리하세요."

"감사님. 그렇지 않습니다. 감사님이 뭔가 잘못 아시고 계십니다."

"뭐요! 내가 잘못 알고 있다고? 허 참, 이원태 부장! 거듭 말하는데 다시 보고서 작성하세요."

"감사님. 이제 종결해야 하는데 뭘 다시 하라는 말씀인지 모르겠습니다."

분위기는 험악한 상황으로 접어들었다. 부장은 어이없다는 표정을 지어 보였다. 고집스럽게 자신의 의견이 옳다면서 뜻을 굽히지 않았다. 마치 자신이 최고 실력자인데 누가 감히 대드느냐는 식이었다. 그러한 상황을 옆에서 보고도 감사실장은 말 한마디 없이 구경만 할 따름이었다.

그 순간 나는 감사실의 행태를 정확히 진단할 수 있는 절호의 기회라는 생각이 들었다. '감사부장이 실장을 컨트롤하고, 실장은 감사를 가지고 놀았다'는 결론이 나왔다. 두 사람은 이렇듯 손발을 맞춰 지난날에도 감사들을 농락했을 것이다. 나는 목소리가 커졌다.

"어허! 천하의 감사부장 실력이 고작 이거란 말이요. 내가 다 아는 사실을 당신이 모른다면 말이 안 되잖아!"

언성이 높이고 핏대를 세우니 조용해졌다. 나는 조목조목 문제점을 지적하면서 본질에 접근하도록 지시했고, 심지어 관련자들에 대해 조사할 내용과 방법까지도 모두 알려주었다. 그리하여 결국 만족하지는 못했지만 3월 하순에야 감사를 종결할 수 있었다.

감사의 역할과 수행 원칙을 제시하다

4월 1일, 감사 취임 100일을 맞아 감사실 직원을 비롯한 모든 임직원에게 전자편지를 보내고 업무공지를 해서 나의 생각을 전하기로 했다. 그리하여 "감사기능과 역할을 생각하면서"라는 제목의 글을 인트라넷에 올렸다. 총 24개 항으로 작성된 감사 역할의 강화방안, 내부감사 방향, 감사수행의 원칙, 감사의 사고변화, 경영진과의 협력방안도 제시했다.

"우리 공사는 윤리경영과 투명경영을 최우선 과제로 삼고 있습니다. 기본적으로 총체적인 국가 시스템의 키워드가 윤리경영과 투명경영이기 때문입니다. 지금 우리는 윤리경영과 투명경영을 이끄는 분위기를 창출해야 합니다. 이러한 분위기는 바로 원칙과 신뢰를 주는 감사, 공직 기강과 부패 추방을 주도하는 감사실이 창출해야 합니다.

실수는 용서할 수 있지만 직무유기, 직권남용, 근무태만은 용서할 수 없습니다. 저는 누구든 실수할 가능성이 있는 제도, 그리고 근본적으로 악용할 여지가 있는 규정을 개선하려고 합니다. 그래서 시스템 감사를 강조하는 것입니다. 우리는 조속히 시스템을 정비해야 합니다. 시스템 제도 정착은 곧 내부통제제도가 잘 되어 있는 것을 말합니다. 윤리경영과 투명경영의 평가는 내부통제제도의 평가입니다. 내부통제제도의 평가를 통해 조직이 살아 있는지 아닌지 가늠코자 합니다."

퇴직 이사를 위한 위인설관

수출기획팀장이 찾아와 '해외 지역본부장 제도 도입'에 대해 그 당위성을 주장했다. 이 계획은 이미 사장 결재까지 마쳤는데, 글로벌 마케팅의 역량을 집중하기 위해 수출 규모가 큰 일본과 중국에 지역본부장을 파견한다는 것이 주요 골자였다.

그런데 그 지역본부장 선발에 몇 가지 문제가 있었다. 지역총괄 관리능력과 폭넓은 사업 경험이 필요하기 때문에 내부공모로 한다는 원칙과, 1급 또는 퇴직 일 년 이내의 임원으로 응모자격이 국한되어 있었다. 또한 신분은 공사 정규 직원이지만 퇴직 임원의 경우는 전문경영 계약직이며 활동비, 복리후생비를 합한 연봉은 1억 원을 훌쩍 넘는 수준이었다.

나는 문제의 심각성이 크다는 것을 직감할 수 있었다. 최근 퇴직한 특정 임원에게 자리를 주기 위한 위인설관임이 분명했다. 나는 조목조목 부당성을 지적했다.

첫째, 내부공모의 대상은 현직 직원이다. 퇴직한 임원들은 이미 공사와 무관한 자연인이다. 내부공모 자격이 없는 그들에게 기회를 부여하는 것은 분명한 위인설관이다.

둘째, 신분 보장과 연봉 수준을 볼 때 상임이사 수준이다. 모든 포커스를 퇴직한 임원에 맞춘 것이 명확하다.

셋째, 언어소통도 못하는 퇴직 임원들을 지역본부장으로 보내면 현지 직원들은 그들의 비서로 전락되고 말 것이다.

시행문서까지 파기하고 은폐시키다니

나는 지역본부장 제도에 대해 그 취지는 동의하지만 퇴직 이사들에게 밥상을 차려주는 위인설관을 절대 수용할 수 없었다. 시행의 필요성이 있다면 1급 간부들을 보내면 될 것이라고 강조했다.

사장이 염두에 둔 퇴직 일 년 이내의 임원은 불과 며칠 전인 3월 15일자로 퇴직한 관리이사와 유통이사였다. 10년 동안이나 이사로 재직한 관리이사나 사장과 동향인 유통이사 모두 연임에 실패한 사람들이다. 그런데 채한 달이 지나기도 전에 사장은 이들을 다시 중국과 일본의 임원급 지역본부장으로 특채하겠다고 나선 것이다. 이것은 납득할 수 없는 사장의 독단이자 독선이며, 아집이었다. 이것이야말로 원칙도 없고 계획도 없는 즉흥적인 방만경영의 대표적 사례였다.

감사 하나 설득하지 못하느냐며 사장의 질책을 받았던 수출기획팀장은 여러 차례 내게 도움을 청했다. 나는 문서로 답을 할 테니 일상감사를 올리라고 했다. 그러나 일상감사는 올라오지 않았다. 결국 이 문제는 슬그머니 종적을 감춰버렸다. 나중에 확인된 일이지만 아예 문서를 파기해버렸다.

사장이 시행하려던 사업 계획에 대해 감사가 원칙적인 의견을 제시하면 수정·보완해서 시행하는 것이 마땅하다. 그러나 이를 감정적으로 대응하고 결국 생산된 계획 문서 자체를 파기한 것은 법과 상식을 떠나 후안무치와 몰상식의 극치가 아니고 무엇인가.

낙하산이라고 다 똑같은 낙하산인가

4월 13일, 중앙 일간지 대부분이 독일을 방문 중인 노무현 대통령에 대해 1면에 머리기사를 썼다. 그리고 바로 그 옆에 한나라당이 주장한 공공기관 임원의 "낙하산 인사 실태"라며 "여권인사 95명의 명단"을 발표했다. 나의 이름도 예외 없이 앞머리에 실렸다.

기사에는 "전문성과 무관하게 진출해 대선 전리품으로 이용되고 있으며, 이러한 정실 인사가 공공기관의 부실경영과 허술한 자체감사를 부채질하고 있다는 비판이 어느 정도 타당함을 입증한 셈이다"라는 사족이 달렸다. 한나라당은 "낙하산 인사", "코드인사"라고 주장하면서 "무능한 감사", "국민의 혈세나 축내는 놀고먹는 감사"라고 수많은 공기업 임원에게 모멸감을 주었다. 또한 보수언론은 이를 여과 없이 보도하고 여론을 호도시켰다.

나는 '전문성이 없는 감사들'이라는 비판에 대해 절대 동의하지 않는다. 정치공세에 불과하기 때문이다. 우스운 사실은 과거 낙하산으로 공공기관에 근무했던 한나라당의 의원이 이런 정치공세에 앞장선다는 것이다. 참으로 어처구니없는 일이다. 자신들이 낙하산 출신이면서 누굴 비판하는가.

나는 스스로 낙하산임을 인정한다. 오늘로 낙하산 타고 온 지 115일째, 채 넉 달이 되지 않았다. 남들 눈에는 놀고먹는 것처럼 보일지도 모르나 자체감사기능의 정상화를 위해 무던히 노력하고 있다. 낙하산 인사의 문제점이 무엇인지, 지역패권주의가 무엇인지를 틈틈이 정리하고 있다. 낙하산으로 낙인찍힌 나도 국민의 세금을 축내면서 자리나 지키고 있는 것은 아닌지 되돌아본다.

나의 직책이 결코 편하거나, 시간이 많거나, 책임이 없는 것은 절대 아니다. 오히려 막중한 책임감과 사명감, 계속되는 도전과 저항으로 지치곤 한다. 하지만 감사의 도덕성과 전문성이 얼마나 중요한 것인지 모두가 공감할 수 있도록 내 자신이 솔선수범해야 한다고 오늘도 다짐한다.

암울한 공기업의 현실, 감사 위에 사장

나의 의지를 꺾으려는 감사부장의 태도

4월 15일 오후 4시, 감사부장이 로테르담 감사 결과를 사장에게 보고하겠다고 나섰다. 실장을 동반하고 들어온 부장의 태도는 작심하고 나의 의지를 꺾겠다는 속셈으로 보였다. 나는 그들의 태도가 괘씸했다. 지난 2월 간부회의에서 실장이 사장에게 감사실 업무보고를 했던 일로 한바탕 소란이 있었기 때문이다.

나는 과거의 관행을 뿌리 뽑아야 한다는 생각에 변함이 없었고, 특히 부장의 항명을 수용할 수 없어 사장에게 보고하지 말라고 했다. 그러나 부장은 그동안 사장에게 보고를 해왔는데 어떻게 이제 와 하지 않을 수 있느냐고 반문했다. 나는 대단히 예민해졌다. 그동안 감사실을 좌지우지했던 이들이 이런 수법으로 역대 감사들을 얼마나 농락했을까 생각하니 가증스럽기 짝이 없었다.

"감사 처분 결과를 집행부에 보내면 결재 과정에서 이사와 사장에게 보고하는 절차가 있으니 걱정 마세요."

"그래도 어떻게 사장님께 보고를 안 합니까."

"당신이 신경 쓸 일이 아니에요."

"감사님, 정말 이러시면 안 됩니다."

감사부장은 안경 속 실눈으로 나를 지긋이 바라보면서 내 말을 비웃기라도 하듯 계속 보고하겠다고 나섰다. 순간 나는 참았던 분노가 폭발하고 말았다. 자리에서 벌떡 일어나 책상을 내리치면서 벼락같은 고함을 쳤다.

"뭐가 어쩌고 어째! 한 번 하지 말라고 했으면 하지 말아야지 당신이 감사야, 뭐야!"

6층 전체에 내 목소리가 쩌렁쩌렁 울렸다. 그 순간 감사실과 그 옆의 기획실까지 긴장감이 흘렀다. 말 한마디 없이 지켜보고 있던 실장이 슬그머니 부장을 데리고 나가버렸다. 순식간의 일이었다.

골리앗과 다윗의 싸움은 계속되고

그렇게 한바탕 찬바람이 불고 난 후, 나는 내 자신이 초라하고 참담했다. 자제하지 못한 내가 부끄러웠다. 나는 황망하게 사무실을 나와 청계산으로 갔다. 등산객이 많은 시각, 홀로 정장 차림에 잔뜩 상기된 얼굴로 등산로 벤치에 앉아 심호흡을 하고 있는 내 자신이 너무도 처량하게 느껴졌다.

나는 그들의 수법을 다 알고 있는데 그들은 나를 너무 모른다. 그들은 그동안 저질러왔던 과오를 반성하기는커녕, 그 알량한 기득권과 반칙으로 계속 나에게 도전하며 나를 길들이려고 한다. 나와 그들 사이의 벽은

철옹성이라도 되는 것인가? 너무 높고 두텁다. 혁신이란 이토록 힘들고 어렵단 말인가? 별의별 생각을 다하며 분을 삭여 보았지만 좀처럼 풀리지 않았다.

청계산을 내려와 헌릉으로 갔다. 봄기운이 기지개를 펴고 있는 산 끝자락의 헌릉은 날이 어둑어둑해지자 쓸쓸하고 적막했다. 한 시대를 호령했던 군왕도 결국 한 줌의 흙으로 돌아가는 것을, 나는 왜 이렇게 험한 인생을 살아야 하는지 지나온 족적이 하나하나 떠올랐다.

헌릉을 사방으로 에워싸고 있는 늙은 낙락장송들이 거대한 봉분을 향해 쓰러질 듯 비스듬하게 서 있었다. 마치 세인의 추앙을 받고 있는 원로 재상들이 태종과 원경왕후를 향해 예를 갖춰 감싸고 있는 듯한 모습이었다. 저 소나무들도 "충신은 두 임금을 섬기지 않는다"는 충절의 진리를 알고 있는 걸까.

이내 캄캄해졌다. 나는 사무실로 발길을 돌렸다. 나와 마찬가지로 그들도 큰 상처를 받았을 것이라는 생각이 들었다. 사무실에서 마주친 감사실장이 "그동안 부장에게 몇 차례 주의를 주었는데도 이런 일이 발생했습니다. 저에게 모든 것을 맡겨 주십시오. 앞으로 절대 이러한 일이 없도록 하겠습니다"라고 말했다.

나는 힘들고 지쳐 쓰러지더라도 이를 감수하자고 다짐했다. 14년 동안 감사실을 장악하고 좌지우지했던 두 사람의 비밀스러운 행보의 종착역이 과연 어디인지 끝장을 보고야 말리라. 고무줄처럼 당기면 끌려가는 척하다가 간혹 멈춰 끈을 당겨보며 그들의 반응을 살펴보고 싶었다.

감사의 정상업무가 '사장의 권한' 침해라고?

4월 18일 월요일 오전 9시, 모든 실장과 팀장 그리고 전국의 각 지사장이 참석한 확대간부회의가 열렸다. 여느 때와 마찬가지로 일사천리로 보고가 끝난 후 임원들의 발언 기회가 주어졌다. 부사장, 상임이사들의 발언이 있은 후 사장은 나에게 발언 기회를 주었다.

나는 회의자료를 검토하면서 고민을 하지 않을 수 없었다. 분기별로 열리는 확대간부회의가 너무 비생산적이고 형식적이기 때문이다. 4월 11일에 있었던 '뉴 비전 선포식'은 사장 취임 후 6개월 만에 치른 행사였지만 납득하기 어려웠다. 총리실과 농림부, 균형발전위원회에서 공사의 지방 이전에 대한 우리 공사의 입장을 정리하는 과정에서도 문제가 있었다. 그러나 이러한 사항은 보고서 어디에도 없었다.

나는 감사업무인 자체감사, 감사원 감사, 부패방지위원회 업무에 대해 진행사항을 설명하고 협조를 당부하면서 민감한 이야기를 쏟아냈다.

"요즘 여러분은 과거 관행과 전례를 들먹이면서 '사장이 둘이니 괴롭다', '감사가 경영권을 침해하고 있다'고 저를 비난하고 있습니다. 그러나 저는 감사에게 주어진 권한과 책무를 원칙대로 행사하고 있다는 사실을 분명하게 밝힙니다. 여러분이 정당한 방법으로 문제제기를 한다면 언제든지 공개토론을 할 용의가 있습니다. 그러나 터무니없는 여론재판으로 나를 음해한다면 절대 용납하지 않을 것입니다."

나는 조목조목 나의 생각을 밝혔다. 관리본부 소관으로 정관개정 없이 집행한 일의 사례, 기금운용 문제, 예산운용 문제, 인사 문제, 문서이관 문제를 거론하면서 꺼내고자 마음먹었던 이야기를 계속했다.

"여러분은 다양한 행사를 하고 있습니다. 그런데 모든 행사는 사후평가 없이 종결되고 맙니다. 모든 사업은 계획과 추진 과정 못지않게 사후평가가 중요합니다. '뉴 비전 선포식'이 끝난 후 자체평가한 사실이 있습니까? 잘된 점은 무엇이고 미흡한 점은 무엇입니까?

'뉴 비전 선포식'의 주체는 우리 임직원입니다. 우리 공사가 새로운 비전을 제시하고 새로운 도약을 위해 전사적으로 단결하고 의지를 모으자는 각오를 대내외에 과시하는 행사였습니다. 그런데 대다수의 직원은 행사에 관심조차 없었고 외면했습니다. 우리가 잔칫상을 차려놓고 누굴 상대로 선포식을 한다는 말입니까?

우리는 장관, 국회의원을 비롯한 귀빈들에게만 관심을 보였고 가장 중요한 고객들에게는 무관심했습니다. 우리가 제시한 새로운 비전의 주인은 고객입니다. 우리의 주된 고객인 생산자, 가공업자, 수출업자 중에서 참석한 사람이 단 한 사람이라도 있었습니까? 1억 원이 넘는 예산을 물 쓰듯 하면서 이렇게 전시 효과적인 행사를 과연 했어야 하는지 반문하지 않을 수 없습니다."

거 누구야! 어떤 놈이 떠들고 있어

내가 발언하는 동안 회의장은 적막강산이었다. 누가 숨이나 크게 쉴 수 있었겠는가. 이윽고 사장이 말문을 열었다. 나의 발언이 상당히 거슬렸던 모양이다. 내가 지적한 사항을 사장이 하나하나 나름대로 설명하고 있는데 어느 본부장이 몸을 틀어 뒷좌석을 바라보면서 작은 소리로 뭔가 이야기했다. 그러자 사장은 그만 격앙된 목소리로 버럭 고함을 쳤다.

"거 누구야! 어떤 놈이 떠들고 있어."
"예. 제가 그랬습니다."
"어른이 이야기하고 있는데 무슨 짓거리야 지금. 버르장머리 없이."

부릅뜬 눈에 벌겋게 달아오른 얼굴이 마치 동쪽에서 뺨 맞고 서쪽에서 화풀이하는 모양새였다. 엉뚱하게도 불똥이 간부에게 떨어지고 말았다. 공개회의에서 사장의 반말 투의 막말은 계속되었다.

"취임 후 6개월이 지났습니다. 뉴 비전 선포식은 형식에 치우친 행사가 아니라 우리의 결의를 확고히 하고 널리 알리기 위한 행사였어. 앞으로 사장이 의욕적으로 일을 하려고 하는데 감사가 깝죽대지 않았으면 좋겠어."

감사가 깝죽대지 않았으면 좋겠다고 막말하는 사장

사장이 감사에게 반말로 깝죽대지 말라고 막말을 하다니. 그 순간 회의실은 쥐 죽은 듯이 고요했다. 숨소리도 들리지 않았다. 그러한 광경을 목격하고 있는 간부들은 얼마나 흥미로울까. 하지만 나는 사장의 몰상식에 어안이 벙벙했다.

공식회의나 이사회에서 동문서답을 일삼는 그가 농업의 '농'자도 모르는 사람이라는 것은 천하가 다 알고 있다. 그러나 그는 정부의 농업기관을 마음대로 주무르고 있다. 이것이 오늘날 공기업의 현실이니 암울하기만 하다. 그리고 그런 사장을 파트너로 삼고 있는 내 모습이 참으로 처량했다.

그는 별을 사랑하지 않으면서도 별을 사랑한다고 거짓말을 한다. 이것은 감언이설이다. 밤하늘의 별을 바라보는 일상을 살지 않았으면서도 별을 동경한다고 고백한다. 이것은 사탕발림이다. 직원을 사랑하지 않으면서도, 직원에게 마음을 열지 않으면서도, 오로지 권위와 허세만 부린다. 그러나 공개적으로 그를 탓하거나 원망하는 직원은 아무도 없다. 직원들의 무관심이 얼마나 냉혹하고 놀랍고 무서운가.

그런데 38년 만에 처음으로 감사인 내가 정면으로 사장을 비판하고 나섰다. 돌발 상황이니 충돌하는 것은 당연했다. 이를 두고 직원들은 사장이 둘이라고 비난했다. 또한 내가 사장의 권한을 침해했다고 공격했다. 잘 훈련된 직원은 모두 사장 편이다. 나는 오로지 혼자다. 정말 힘들고 고독하다.

나는 이 일로 사장과 날카롭게 대립했다. 물러서거나 양보할 수 없었다. 나의 권한과 의무, 책임 완수에 대한 중대한 문제였기 때문이다. 며칠이 지난 후 사장은 차 한잔 하자며 내게 화해의 제스처를 보내왔다. 나는 대꾸도 하지 않았다. 사장은 사태의 심각성을 알았는지 결국 내 방으로 찾아왔다.

"제가 평소 생각 없이 불쑥불쑥 말하는 버릇이 있어요. 그놈의 자존심이 뭔지 자존심 때문에 예의를 갖추지 못했습니다. 매번 후회하고 있지만 저도 잘 안 돼요. 제 말투에 어떤 의도가 있는 것은 아니니 오해를 푸시지요."

사장은 내 시선을 피해가며 대단히 자기중심적인 사고로 가볍게 변명을 했다. 나는 대꾸했다.

"저를 가볍게 보지 마세요. 예전 감사들처럼 얼렁뚱땅 넘어가지 못합니다. 제발 착각하지 마세요. 사장님의 일방적인 독단과 독선, 반칙과 아집을 간부들은 거역하지 못합니다. 그 결과가 우리 조직에 얼마나 큰 상처를 주는지 아십니까?"

나는 트러블 메이커가 아니라 사장을 도우려는 사람이라고 분명하게 말했다. 나의 지적사항이나 조언에 대해 사사건건 막말로 대응한다면 앞으로 모든 회의에 불참하겠다고 말했다. 이에 사장은 직원들이 더 이상하게 생각지 않겠느냐며 회의는 꼭 참석해달라고 간청했다.

"감사 때문에 예산 다 깎인다"

내가 농림부의 비위를 건드려 2006년도 예산 확보에 비상이 걸렸다면서 직원들이 여론재판으로 나를 공격했다. 솔직히 뒤통수를 맞은 기분이었다. 나를 코너에 몰아넣으려는 불순한 간부들의 움직임이 감지되었다. 심지어 박홍수 농림부 장관이 퇴임한 이사들을 해외본부장으로 보내려 했는데 그것조차 내가 막아 몹시 화를 냈다는 말도 들렸다. 나는 이 해괴망측한 소문의 진원지가 어딘지 확인하고 싶었다.

나는 농림부 이준영 유통국장을 찾아가 단도직입적으로 물었다. 이천 비축기지 도로 건으로 불쾌했는지, 그리고 퇴직한 이사들을 해외지역 본부장으로 기용하려는 것을 내가 막아 장관이 화를 냈고 그 이유로 예산이 삭감되었느냐고 따져 물었다. 공사를 감독하는 담당국장에게 감사가 대들 듯 따지고 있으니 그도 당황한 기색이었다. 철저한 계급사회인 이곳에서 관료들의 주종관계가 파괴되고 있는 순간이었다. 중앙 부처 6급 주사가 공기업 임원들을 떡 주무르듯 주무르는 판에, 감사가 담당국장에게 대드는 것은 상상할 수 없는 일이다.

그러나 이 국장의 답변은 명확했다. "해외지역에 본부장을 파견하려면 예산이 있어야 하는데 농수산물유통공사는 농림부에 예산 요구도 없었다. 이천 비축기지 도로 문제와 해외지역 본부장 문제를 연계해 예산을 삭감한다는 것은 터무니없다"고 펄쩍 뛰었다. 나는 이명수 차관과 이준영 국장을 통해 왜 농림부가 우리 공사의 예산과 사업계획에 불만이 있는지 알게 되었다. 박홍수 장관이 천방지축인 윤 사장에게 세 차례나 구두로 경고를 했다는 사실도 알았다.

권위는 신분이나 직위에 있는 것이 아니다. 얼마나 정의롭게 원칙을 지키며 바르게 살고 있는지에 따라 얻어지는 것이다. 같은 지붕 밑에서 근무하는 동료를 모함하면서 그 알량한 권위를 세우려 한다면, 비록 순간은 성공할지 모르지만 머지않아 사필귀정이라는 덫에 걸리고 만다.

"감사 결과를 이사회에 보고하면 큰일 납니다"

정부투자기관관리기본법 제13조 5항은 「감사는 투자기관의 업무와 회계를 감사하고 그 의견을 이사회에 제출한다」고 규정하고 있다. 그러나 우리 공사는 자체감사 결과를 이사회에 제출한 경우가 38년간 단 한 번도 없었던 것이 확인되었다.

이는 감사의 직무유기로 볼 수 있다. 그러나 알고 보면 사장이 감사의 권한을 철저히 유린한 결과였다. 반칙이 원칙처럼 자리 잡고 있는 것이다. 나는 감사실장에게 감사 결과를 이사회에 제출할 수 있도록 준비하라고 지시했다. 그러나 실장은 깜짝 놀라면서 정색을 했다.

"감사님! 그건 절대 안 됩니다. 큰일 납니다. 왜 남들 앞에서 우리의 치부를 드러내야 합니까?"

실장은 지금까지 자체감사 결과를 이사회에 제출한 전례가 없고, 사회이사들이 알게 되면 비밀이 새어나간다고 주장했다. 그는 단호하고도 필사적이었다. 마치 이것을 막지 못하면 문책을 당할 것이라는 위기의식을 느끼는 듯했다. 나는 실장에게 반문했다.

"이것은 법에 규정되어 있는 나의 권한이자 책무입니다. 과거 감사들이 고문관 노릇을 했다고 내가 덩달아 광대 노릇을 할 순 없잖아요?"

실장은 나에게 엄포를 놓듯 단호하게 굴다가도 마치 애원하듯 설득을 했다. 입씨름을 한 지 한 시간쯤 지난 후 실장은 또다시 찾아와 집요하게 불가함을 주장했다. 눈치를 보니 사장과 조율을 하고 온 모양이었다.

"경영공시에 공개하면 더 큰 문제입니다"

나는 실장에게 4월 25일에 열리는 이사회에서 감사 결과를 공개하겠다고 거듭 밝혔다. 이번 기회에 확실하게 해야 모든 문제를 잠재울 수 있다고 생각했다. 이와 함께 감사 결과를 경영공시에 즉각 공개하라고 지시했다. 그런데 감사실장은 또다시 이를 거부했다.

"감사님! 경영공시에 공개하는 것은 더 큰 문제입니다. 인터넷에 접속하는 모든 외부 사람에게 우리 공사의 부끄러운 부분을 발가벗겨 놓으면 우리는 치명적인 상처를 입습니다. 제발 고려해주십시오."

농수산물유통공사 홈페이지는 감사원 감사 결과와 국정감사 결과를 경영공시를 통해 모두 공개하고 있다. 그런데 자체감사 결과만 공개하지 않고 있다. 자체감사 결과를 모두 국회에 제출하면서도 경영공시는 안 된다는 것은 궤변이다. 감사 결과를 공개하는 일에 그토록 집착하는 이유가 무엇일까. 감사부장도 같은 논리로 나를 설득하려고 했다. 그러나 나의 입장은 단호했다. 이 문제로 정확히 사흘 동안 실장과 입씨름했다.

그리고 4월 25일 이사회가 열렸다. 나는 당당하게 말했다. 자체감사 결과를 감사가 이사회에 제출하도록 관계법에 규정되어 있음에도 공사가 창립한 지 38년이 지났지만 지금까지 단 한 차례도 이사회에 보고하거나 설명하지 않았음을 밝혔다.

　사외이사들도 어리둥절한 표정으로 고개를 끄떡였다. 이후 감사 결과를 이사회에 제출하고 자체감사 결과를 경영공시에 공개하는 것을 완전히 정착시켰다. 그뿐만 아니라 감사 결과를 피감기관에만 서면 통보하던 관행을 바꿔 내부 전산망을 통해 전 직원에게 공개하도록 했다. 감사의 지적사항을 모든 기관에 즉시 반영시켜, 신속하고 정확한 업무 처리를 통해 고객 서비스의 질적 향상 효과를 노리기 위한 조치였다.

해외출장의 목적은?

부패 위험이 가장 높은 지위는 임원

공사를 혁신하기 위해서는 임직원의 청렴성을 진단하는 일이 매우 중요하다. 나는 직원들의 부패의식을 진단하고 청렴환경이 얼마나 성숙되어 있는지 진단하기 위해 자체 청렴도 설문조사에 착수했다. 이에 5월 2일부터 열흘간 공사 전 임직원을 대상으로 내부 전산망을 이용해 리서치를 시작했다.

설문 결과를 분석해보니 예상했던 답들이 나왔다. "부조리가 음성적으로 이루어지고 있다"는 응답이 27.7%였는데, 응답자의 67%가 3급 이하 하부직원의 의견임을 감안하면 관리자급에서 음성적인 부조리가 있다는 해석이 가능하다.

"부조리 가능성이 농후한 분야"는 계약구매 27.4%, 비축물자판매 20.0%, 인사 16.9%, 기금융자 11%로 나타났다. 인사 부조리에 대한 직원들의 반응은 예상외로 심각했다. 특정 학연과 지연의 실체가 존재하고 있음이 입증된 결과였다. 또한 "부조리 현장을 목격한 경험이 있다"는 응답은 9.8%였는데, 그중 2급 이상 관리자의 응답이 21%임을 감안하면 고위층의 부조리 실태를 가늠할 수 있었다. 특히 "상사로부터 부당한 지시를 받은 경험이 있다"고 답한 응답자는 13.5%였는데, 그중 2급 이상 관리자의 답이 36%였다.

그리고 "부패발생 위험이 가장 높은 직위"는 임원 35.5%, 1~2급 관리자

41.5%로, 전체 응답자 중 77%가 임원 및 1~2급 간부의 부패발생 위험이 가장 높다고 응답했다. 임원과 간부의 부패지수를 한눈에 읽을 수 있는 대목이다.

분위기 파악을 했으니 이젠 이를 바로잡을 정책을 결정하고 행동으로 옮겨야 했다. 관리자에게 가장 중요한 덕목이 도덕성과 청렴성인데, 그 실태가 얼마나 심각했으면 응답자의 77%가 1~2급 이상 고위관리자와 임원의 부패발생 위험이 가장 높다고 응답했겠는가. 장기적인 예방대책을 세우기보다는 당장 응급조치를 시행해 분위기를 혁신시키고 그 심각성을 스스로 깨우치도록 특별 처방책이 필요했다.

정부투자기관 최초 청렴생활실천서약 시행

본사 1급 이상 간부와 국내지사장, 해외지사장을 대상으로 청렴생활실천서약을 받고, 모든 직원이 참석한 가운데 청렴생활실천 강령선포식을 준비했다. 전 직원을 대상으로 청렴생활실천서약을 받을 생각도 했지만 그보다는 임원과 1급 간부가 더 시급했다.

5월 24일 대회의실에 전 직원을 소집한 가운데 고위관리자 청렴생활실천서약식과 강령선포식을 단행했다. 2급 이하 전 직원이 지켜보는 가운데 1급 간부들을 연단 앞에 세웠다. 가장 먼저 사장과 내가 모든 임직원 앞에서 서약서에 서명하고 서약서를 맞교환했다. 사장은 나를, 나는 사장을 향해 상호 청렴의지를 밝히면서 솔선수범하는 모습을 직원들 앞에서 보여준 것이다.

나는 이 선언을 통해 사장과 임원들, 1급 간부들이 상호 감시기능을 갖도록 유도해 모든 직원에게 확산시키고자 했다. 1급 간부는 서약서 2부를 작성해 하나는 사장에게 제출하고, 다른 하나는 집무실에 비치해 부정부패를 척결하고 청렴한 생활을 몸소 실천하도록 했다. 이와 같은 청렴생활실천서약과 강령선포식은 정부투자기관 중 최초였다.

서약식이 끝난 후 나는 임직원 앞에서 소신을 밝혔다. 그동안 추진해왔던 청렴혁신업무에 대해 설명하면서 고객제도개선청구 제도와 고객감사청구 제도, 부패영향평가운영 제도를 도입할 예정이라고 밝혔다. 또한 특혜와 특권을 행사하는 모든 불공정 시스템을 발본색원하겠다고 선언했다.

내가 사장과 임원들을 앉혀놓고 일장 훈시를 했으니 사장의 자존심이 상했을 듯싶었다. 그러나 자존심이 밥 먹여주는 것도 아니고, 자존심이 부패를 추방하는 것은 더더욱 아니다. 선포식이 끝난 후 본사와 지사의 팀장 전원을 소집해 강도 높은 청렴혁신교육을 다시 실시했다.

본사 수출본부 38년 만에 첫 감사

2주 동안 진행하는 수출본부 자체감사를 공사 창설 이후 처음 실시했다. 그동안 본사의 힘 있는 부서는 거의 감사를 안 했다니 놀랍기만 하다.

전열을 가다듬고 사전 검토를 하고 있는 감사실이나 피감기관인 수출본부나 긴장하긴 매한가지였다. 나는 감사실 회의를 소집하고 감사 방향, 감사 방법, 감사 기법을 상세히 제시했다. 또한 감사실과는 별도로 수출본부에 자료를 요구했다. 특히 내가 요구한 자료는 직접 검토할 테니 일절 손대지 말라고 지시했다.

그런데 내가 자료를 요구한 데에 대해 감사실과 수출본부 직원들의 불만이 터져 나왔다. 국정감사도 아닌데 감사가 1백여 건이 넘는 방대한 자료를 왜 요구하느냐는 것이다. 그들의 입장을 이해하지 못할 내가 아니다. 그래서 감사실 직원들에게 나의 의지를 확실히 해두기로 했다. 창사 이래 처음 실시하는 자체감사임을 감안해 정확한 진단과 처방이 필요하다는 사실과, 특히 감사실 직원들의 감사 수준을 확인하려는 목적임을 분명히 밝혔다. 내가 알아야 제대로 감사했는지, 부실감사를 했는지를 평가할 것 아니냐고 반문했다.

수출본부 직원들도 마찬가지다. 과거에 전례가 없었던 일인데다 자료 정리가 만만치 않았고, 평상시 업무도 처리해야 하니 분명 짜증스러울 일이었다. 그러나 물러설 내가 아니었다. 나는 팀별 자료를 하나하나 놓치지 않고 검토했다.

검토분석이 끝난 후 수출본부 팀장을 차례차례 불렀다. 팀장의 업무 이해도를 측정하기 위해 단둘이 앉아 면담을 시작했다. 사안마다 진행 사항을 확인하고 문제점에 대해 진솔하게 토론하는 방식이었다. 더러는 나의 의견에 반론을 제기하기도 했지만, 전적으로 동감하고 있다는 반응도 보였고 방책이 묘연하다는 어려움도 토로했다.

팀장들은 분명히 개선해야 할 사항인데도 눈치를 살피느라 소신껏 추진하지 못했거나, 상관에게 거부당했던 일도 있었다며 경험담을 털어놓기도 했다. 그러면서 이번 기회에 밀어붙여 보겠다는 의지를 보이기도 했다. 그들에게 감사 지적사항이라는 명분 외에 더 강한 명분이 어디 있겠는가.

이 과정을 통해 어느 팀장은 내게 질책을 받기도 했지만 어느 팀장은 격려를 받기도 했다. 특히 제도개선을 위해 별도의 T/F팀을 구성해 제반 문제점을 검토하고 대안을 제시했던 이종건 팀장의 헌신적인 자세를 높게 평가하고 격려했다.

이러한 일들로 인해 감사실의 분위기에서 심상찮은 변화가 감지되었다. 내가 직접 수출본부 팀장들을 만나 진지하게 대화를 나누며 검토한 내용을 가지고 면담을 하고 있으니 그들이 긴장하는 것은 당연한 일 아니겠는가. 그러나 들끓었던 수출본부와 감사실 분위기를 제압할 수 있었던 것은 중국 상하이의 현장 확인을 하고 난 직후였다.

"만리장성과 자금성은 꼭 보셔야 합니다"

자료를 검토하다가 해외수출 판매촉진행사 현장에서 확인해야 할 결정적인 사안을 발견했다. 수출 마케팅의 일환으로 외국의 대형유통업체와 연계한 수입유통업체의 판촉활동 지원이 석연찮았다.

수출본부의 일은 대개 해외 현장에서 수출박람회를 비롯한 판촉활동을 지원하는 것인데 행사가 끝나면 그만이었다. 그동안 해외 현지 행사와 관련해 감사실은 현지 감사한 일이 전혀 없었고 현장 검증도 하지 않았다. 그러면서 무엇을 어떻게 평가했다는 것인지 그저 놀라울 뿐이었다.

자료에 의하면 2003년 중국에서 총 9회의 판촉행사가 진행되었는데, 수출본부는 그중 대형유통업체 '까르푸'에서 '상해한식'이라는 바이어를 7회나 지원했다. 지원금은 4억 원이었다. 그리고 이 판촉활동에 대한 비계량

성과로 2003년에 12억 원, 2004년에는 95억 원의 간접수출에 기여했다고 평가했다. 나는 도무지 이 같은 상황을 이해할 수 없었다. 바이어는 수출입 대행이 전문인데 그들을 통해 판매촉진을 한다는 자체가 의문이었고, 9회 중 7회를 상해한식이라는 특정 바이어에게 독점권을 준 것은 분명한 특혜였다.

그런데 때마침 상하이에서 상해한식이 까르푸를 통해 똑같은 방식의 판촉행사를 하고 있었다. 나는 이 기회를 놓칠 수 없었다. 상하이와 베이징 지사의 업무를 파악하고, 판매촉진 행사장을 직접 확인하고자 은밀하게 출장 계획을 수립했다. 감사실 직원들을 보낼 생각도 했지만 수출본부 예비감사에서도 이 문제를 파악하지 못하고 있는 그들을 신뢰할 수 없었다.

그런데 비밀은 없었다. 사장이 나의 출장 계획을 알게 된 것이었다. 공교롭게도 이 무렵 사장과 수출이사가 일주일 간격으로 상하이와 베이징의 까르푸 특판행사를 다녀왔다. 그 뒤를 이어서 내가 상하이 현장을 간다고 하니 누구보다 사장이 긴장했다. 감사가 사장 뒤를 아가서 무얼 조사하겠다는 것이냐는 반응이었다.

그런데 3년간 베이징 지사장으로 근무했던 정운용 팀장이 중국에 대해 도움말을 주겠다며 내게 점심식사를 하자고 청했다. 그는 상하이 까르푸 판촉행사를 주관했던 사람이었다. 그런 그가 나에게 조언하겠다니 만나지 않을 이유가 없었다. 점심식사를 하면서 그는 아무 말도 하지 않고 엉뚱한 바람만 잡더니 나의 눈치를 슬슬 살폈다. 그 역시 나의 속내를 알고 싶었던 모양이었다. 나는 참고할 내용이 뭐냐고 물었다.

"감사님, 중국에 처음 가시죠? 상하이에 가시면 상해임시정부를 보셔야 하고, 베이징에서는 만리장성과 자금성을 꼭 보셔야 합니다. 못 보고 오시면 후회합니다."

조언이라는 것이 어이없게도 중국 구경을 잘해야 한다는 내용이었다. 참으로 기가 막혔다. 사람은 누구나 자기만의 독특한 후각이 있다. 그가 나에게 무엇을 느꼈을까. 나는 그에게서 묘한 여운과 개운치 못한 여러 정서를 동시에 느꼈다.

상하이 판촉전, 김치는 없고 기무치만 있어

6월 20일 오전 9시, 인천공항을 출발해 상하이에 도착하자마자 가장 먼저 유통업체를 방문했다. 한국인이 경영하는 '화개장터'라는 슈퍼마켓이었다. 한글로 쓴 화개장터 간판을 보며 안으로 들어서니 영락없는 서울의 동네 슈퍼마켓 풍경이 나타났다. 잡화상처럼 없는 것이 없고, 진열대에 빼곡히 진열된 상품의 특성도 금방 알 수 있었다. 상품 대개가 거의 경상남도에서 생산한 식품이었고, 한국을 대표하는 국내 유명식품은 거의 눈에 띄지 않았다. 관리인에게 물어봤더니 사장이 경남 출신이어서 경남 지역 특산품을 가져온다고 했다.

다음으로 상하이에서 가장 크다는 까르푸 매장의 판촉행사 현장으로 갔다. 1층 매장 한쪽에 진열된 행사장은 한마디로 바겐세일 코너였다. 진열대에는 조금 전 화개장터에서 보았던 품목이 빼곡히 놓여 있었다. 알고 보니 우리 공사의 지원을 받고 있는 바이어 상해한식과 화개장터는 사장이 같았다. 판촉행사장의 직원도 화개장터 직원이었고 상품도 그들의 것이었다.

이렇게 수입업과 판매업을 겸업하는 동일인에게 수출 판촉행사를 구실로 2년간 4억 원을 지원했던 것이다. 이 지원금으로 상해한식은 1년 중 131일 동안 판촉행사를 했다. 결국 정부 예산으로 특정 업자의 장사를 시켜준 꼴이었다.

더욱 놀라운 사실은 수출전략 상품으로 심혈을 기울였던 김치는 매장에 없다는 것이었다. 한국의 대표적인 식품이라 하면 홍삼과 김치를 꼽는데 매장에 김치가 없는 이유가 무엇인지 궁금했다. 그러나 그 답을 금방 찾을 수 있었다. 냉장고에 병에 담긴 김치가 두어 개 있었는데 일본 상표가 붙은 '기무치'였다. 나는 상해한식 관리인을 불러 이곳에 왜 일본 기무치를 진열했느냐고 다그쳤다. 그는 그런 나를 멀뚱멀뚱 쳐다보기만 했다. 수행했던 상하이 지사장도 부임한 지 채 3개월이 지나지 않아 제대로 답변할 처지가 아니었다. 명색이 농수산물유통공사 사장과 수출담당 이사라는 인물들이 이 행사장을 불과 1~2주 전에 다녀갔는데, 불행하게도 그들은 이 사실을 전혀 파악하지 못했다.

상해한식은 이 판촉행사를 통해 영업 특수를 노리고 있었다. 하지만 상해한식 사장은 자리를 피하고 없었다. 상해한식의 물건을 진열하고 판매하기 위해 임대료와 인건비, 광고비를 지원하는 곳이 우리인데도 말이다. 이는 상해한식과 분명히 커넥션이 있음을 보여주는 것이다.

차마 눈 뜨고 볼 수 없는 광경을 보고야 만 나는 얼굴이 확 달아올랐다. 황당하기 그지없었다. 이 현장을 감사원이나 국정감사에서 발견했다면 관런자는 모조리 징계감이다. 이것이 오늘날 수출전선의 최일선에서 벌어지고 있는 현상이다.

감사님! 중국 구경은 잘하셨습니까?

귀국 비행기를 타고 나니 상해임시정부와 자금성, 만리장성을 꼭 보고 오라던 정운용 팀장의 말이 떠올랐다. 아니나 다를까 본사 승강기 안에서 나와 딱 마주친 그는 "감사님, 중국 구경은 잘하셨습니까?" 하고 너스레를 떨었다. 순간 참을 수 없는 분노와 역겨움이 끓어올랐다. 이 사람은 자녀들을 중국에 유학시켰고 지금도 자녀가 중국에 있다.

나는 감사실 회의를 소집하고 상하이에서 파악한 사실들에 대해 증거 사진들을 제시하면서 철저히 감사하도록 주문했다. 또한 이미 자료검토 과정에서 예견되었던 문제였음을 강조하면서 감사인의 자세가 얼마나 중요한지를 또다시 강조하고 엄중한 처분을 요구했다.

사장과 수출이사에게도 이 문제를 설명했다. 나는 사장에게 7월 8일 예정된 수출본부 간부회의에서 이 건에 대해 집중적으로 거론하겠다고 말했다. 이에 사장과 수출이사는 정중하게 사과했다. 현장을 확인했으면서도 기무치를 발견하지 못했고 생각이 짧았다면서 즉시 시정하겠다고 밝혔다.

노동조합, 중국 갔다 오더니 또 놀러 가느냐?

얼마 전 인천항의 미국 콩 보관사일로를 점검하면서 미국 콩 도입과정의 문제점을 확인하기 위해 미국 현지출장 계획을 수립하도록 지시한 바 있었다. 그런데 엉뚱하게 노조가 극렬이 막고 나섰다. 중국에 갔다 온 지 며칠이나 되었다고 또 미국에 놀러 가느냐는 것이다. 급기야 노조위원장이 감사실에 찾아와 나의 해외출장에 항의하는 초유의 사태가 발생했다. 나는 참을 수 없는 모욕감을 느꼈다.

나는 노조위원장의 그 같은 행위에 어떤 배경이 있는지 궁금했다. 그리하여 노조부위원장인 감사실 이은석 차장에게 그 배경과 경위를 물었다. 그런데 뜻밖에도 충격적인 사실을 확인할 수 있었다.

"그동안 감사님들은 할 일 없이 해외출장을 다녔거든요. 때문에 감사님들이 해외출장을 가려면 노조위원장의 양해가 있어야 가능했습니다."

순간 눈앞이 캄캄했다. 정말이지 졸도할 지경이었다. 그러니까 노조위원장이 감사실에 찾아온 것은 내가 해외출장을 가면서 미리 노조위원장에게 양해를 구하지 않은 것을 항의하기 위해서였다. 노조의 입장도 이해할 수 없지만 노조위원장이 나를 욕보이는 행위는 절대 용납할 수 없었다.

나는 예고 없이 노동조합을 방문했다. 감사의 해외출장 문제, 감사실 증원 문제에 대해 노조와 단판 승부할 생각이었다. 나는 노조간부들에게 수출본부를 자체감사하면서 알게 된 상하이 현지사항 등을 소상하게 설명했다. 노조위원장은 처음 듣는 이야기라며 그런 일이 있었느냐고 반문했다.

이필형 노조위원장은 감사가 직접 자료를 요구한 사례는 전무후무한 일이며 직원들을 괴롭히지 말라고 요구했다. 직원들의 불만이 극심하다고 것이다. 이에 나는 과거의 감사가 아님을 강조하고 결코 목적 없는 자료 요청과 목적 없는 해외출장은 하지 않는다는 사실을 분명히 밝혔다. 특히 나의 해외출장에 대해 앞으로 노조에서 왈가왈부하지 말 것을 요청했다.

그리고 감사실 증원 문제를 다시 언급했다. 그러나 노조위원장은 감사실이 이미 세 명을 증원해 조합원들의 불만이 많으며, 또다시 증원하는 것은 있을 수 없는 일이라며 '결사 반대'의 뜻을 분명하게 밝혔다. 이에 나는 노동조합의 동의를 구하는 것이 아니라 사전 통보하는 것이라고 분명하게 선을 그었다.

그리고 7월 11일. 38년간 여섯 명이던 감사실이 열한 명으로 증원되었다. 나는 어수선한 분위기 속에서도 사장과 독대를 통해 감사실 상반기 운영실적과 하반기 목표에 대해 설명하면서 증원의 필요성을 재차 역설했다. 집행부의 주무팀별 정원과 감사실 정원을 비교하면서 현재의 감사실 인력을 풀가동해도 일을 감당하기에는 역부족임을 내세워 다섯 명의 증원을 요청했다.

결국 3급·4급 각 한 명씩 두 명이 추가 증원되었고, 청렴혁신부를 신설했다. 나는 사장에게 감사의 뜻을 전하면서 열심히 일해 임직원에게 보답하겠다고 화답했다. 아무튼 38년 동안 여섯 명으로 운영되던 감사실이 열한 명으로 증원되었으니 실로 혁명적인 변화였다.

가재는 게 편인 세상

너무나 잔인했던 길고 긴 하루

7월 20일 하루는 지루하고 짜증스럽고 착잡하고 슬펐다. 이렇게 하루 종일 당해본 적도 없다. 나의 모든 것을 한꺼번에 잃어버린 느낌이었다. 모든 조직이 입체적으로 나를 협공했다. 아침에는 메일로 저질스럽게 중상모략하고, 한낮에는 노조가 "감사는 각성하라" 하고, 저녁에는 농림부가 "네 탓이다"라고 했다.

출근하자마자 신원불상의 직원이 보낸 메일을 열어 보았다. "우리 공사를 생각하며"라는 제목이지만, 이번 정기인사에서 감사실 이광수 차장의 부장 진급을 빗대 나를 중상모략하는 내용이었다. 그의 승진 배경을 두고 나에게 술과 밥을 접대한 결과라고 주장하는 것이었다. 내가 야근을 하면서 식사 당번을 운영했다고 험담을 하기도 했다. 또한 내가 직원들을 못살게 하고 있다며 정말 떳떳하냐고 비아냥거렸다.

참으로 어처구니가 없었다. 인사권은 사장에게 있고, 이광수 부장의 승진은 내가 감사로 부임하기 이전에 이미 사장이 진급심사 과정을 통해 내정한 것이었다. 더욱이 도시락 먹고 야근하는 나에게 식사 당번 운운하며 인격적 모독을 퍼붓는 대목에선 참을 수 없는 분노를 느꼈다. 피가 거꾸로 솟는 느낌이었다. 일일이 대꾸를 해야 할지, 메일을 보낸 주인공이 누구인지 밝혀내야 할지, 이 가증스럽고 통탄스러운 일을 어떻게 극복하고 나아가야 할지 암담했다. 나는 메일을 보낸 직원에게 점잖은 문투로 충고의 답신을 보냈다.

"당신처럼 그릇된 사람은 어디에 있건, 무슨 일을 하건 그릇된 생각과 그릇된 행동을 할 수밖에 없다. 당신은 먼저 스스로 당당해야 하고 정의로워야 하며 도덕적이어야 한다. 당신이 스스로 바뀌지 않는 한, 당신은 무슨 일을 하건 값진 일을 할 수 없음을 알라. 중요한 것은 자리도 아니고 일도 아니다. 중요한 것은 바로 당신의 자세와 마음씨다."

그런데 얼마 지나지 않아 오후에 노동조합이 "임원진의 각성을 촉구한다"는 제목의 성명서를 내부 전산망에 발표했다. 아침에 받은 메일로 기분이 상해 있던 내게 이번에는 노조가 들고 일어난 것이었다. 참으로 맥 빠지는 하루였다.

노조는 감사실 증원을 문제 삼았다. 감사실에서 추가로 증원을 요구하는 것은 노동생산성과 조합원의 근로조건에 중대한 문제를 초래할 가능성이 농후하다는 것이다. 말도 안 되는 주장이었다. 또한 그들은 내가 부임한 이후 수개월 동안 개선된 실적이 무엇인지 밝히라고 윽박질렀다. 조합원의 여론을 무시하고 업무의 집행이 비효율적일 경우 언제라도 개선과 시정을 촉구하겠다고 엄포도 놓았다.

노동조합의 성명서는 이미 인사명령이 끝난 감사실 증원 문제에 대해 집중 거론하고 있었다. 조합원들의 여론을 무마하기 위한 것일까? 그렇다면 조합원들의 의도는 무엇일까?

"조합원의 근로조건에 중대한 문제를 초래할 가능성이 농후하다"는 것은 억지 주장이다. "감사의 역할과 한계를 분명히 해줄 것"을 요구한 노동조합의 태도는 더욱 가관이다. 그들은 아직도 감사의 법적 지위와 권한, 책임과 의무에 대해 정확히 인식하지 못하고 있다. 감사의 혁신을 적극적으로 협조해야 할 노동조합이 감사의 발목을 잡아 어쩌자는 것인지 참으로 한심하다. 설상가상으로 노조의 성명에 맞장구치면서 고무, 격려하는 간부가 있었으니 역시 '가재는 게 편'이었다.

저녁 7시, 양재동의 음식점에 농림부 박 차관과 이 국장이 참석한 가운데 임원들과 함께 자리했다. 후덕한 성품의 박 차관이 반주를 권하면서 어색한 분위기를 반전시키려고 애썼다. "오랜만에 정담이나 나누자고 만든 자리니 서로 좋은 이야기나 나누자"고 했다.

농림부에서도 내가 공격을 당하고 있다는 것을 감지하고 있었다. 감사가 사장과 사사건건 충돌하고 있어 바람 잘 날이 없다는 것이다. 급기야 박홍수 장관이 차관과 담당국장에게 우려를 나타냈고, 후속 조치로 차관이 임원들과의 저녁식사 자리를 마련했다는 것이다. 서로 협력하고 화해하자는 뜻이라지만 순전히 나를 겨냥한 자리였다.

반주가 몇 순배 돌았지만 분위기는 말이 아니었다. 아침에는 직원이 모략을 하고, 점심에는 노조가 협박을 하더니, 저녁에는 장관이 경고를 한다. 내 속은 하루 종일 부글부글 끓었다. 어색한 분위기를 참다못해 나는 먼저 말문을 열었다.

"차관님, 즉 들리는 말로는 공사 분위기가 흉흉하다, 감사가 사장에게 사사건건 시비를 건다, 이 문제를 장관이 심각하게 우려하고 있다 이거죠. 분명한 것은 저는 감사로서 책임과 의무를 충실히 수행하고 있습니다. 감사가 업무수행 과정에서 정당한 의견을 제시하는 것은 기본입니다. 그런데 예전 감사들은 그렇지 않았으니 당신도 가만히 있어라, 그런 말이지요? 차관님! 제가 가만히 있으면 모든 일이 만사 오케이입니까? 정말 농림부 입장이 그런 것입니까? 그러나 저는 그렇게 못합니다. 정말 그러면 곤란하지요. 뭐, 감사가 사장한테 대든다, 사장이 둘이다, 감사 때문에 못해먹겠다. 모두 이런 식으로 저를 헐뜯고 비방하고 있는데 저는 용납할 수 없어요."

박 차관은 예기치 못한 나의 발언에 정색을 했다. "오늘 모임은 강 감사님과는 아무런 관계가 없습니다. 오랜만에 정담이나 나누자는 것이니 절대 오해하면 안 돼요. 자, 자, 그러지 말고 한잔씩 듭시다"라고 하면서 애를 쓰지만 어색한 분위기는 쉽게 바뀌지 않았다.

흔히 자리가 사람을 만든다고 한다. 모자란 사람도 자리에 따라 그 자리에 걸맞은 사람으로 품새가 바뀐다. 하지만 이처럼 잘못된 말도 없다. 책임 있는 자리에 앉은 사람이 그 직분을 다하기보다 사리사욕에 눈이 멀어 분별을 하지 못한다면 그 조직은 망하고 만다. 모략을 즐기는 사람은 비열하게 상대를 짓밟고 살아온 변종인지 모른다. 동서고금을 막론하고 간사한 무리의 공통점이다.

오늘의 나는 죄인이란 굴레를 씌워져 있다. 멀쩡한 사람 바보 만들기는 식은 죽 먹기다. 여기저기서 잡담거리로 씹으면 그만이다. 임직원들의 다양한 속성들이 여기저기서 불거지면서 나를 괴롭힌다. 나는 철학가도 사상가도 아니다. 문제의 보따리가 궁금해 헤집고 풀어놓았으니 이를 다시 묶어버릴 수도 없다. 이 난국을 어떻게 헤쳐 나갈 것인가.

공기업 고객감사청구제도 최초 도입

지난 7월 25일 청렴혁신추진기획단 회의에서 의결했던 '고객감사 청구제도'와 '고객제도개선 청구제도'를 8월 1일부터 시행하도록 공포했다. 이는 정부투자기관 중 최초 도입한 제도였다. 고객감사 청구제도는 불편부당한 일에 대해 고객이 직접 감사를 청구하는 제도다. 고객제도개선 청구제도는 잘못된 규정이나 제도에 대해 고객이 직접 감사에게 제도개선을 청구하는 제도를 말한다.

나는 우리의 현실과 조화를 이루는 이 제도를 직접 연구 · 검토해 실무자에게 넘겨주고, 여러 차례 자체 토론을 거쳐 두 달 만에 완성했다. 또한 '청렴심사이행 평가제도'를 도입, 자체 청렴도조사 결과에 따른 대책, 국가청렴위원회 종합평가, 부패유발제도개선(안)에 대해 심도 있게 토론했다.

우리는 지금 위험사회라 불리는 세상을 살고 있다. 상호 긴밀히 연결되어 있는 시스템 한구석에서 오작동이 발생하면 시스템 전체의 실패로 이어지고, 그 파급 효과가 일파만파 퍼지며 사회 전체를 파국으로 몰고 가는 결과를 불러일으킬 수 있다. 그 위험성을 지금 우리 공사가 안고 있는 것이다.

실패의 가장 중요한 요인은 방심 또는 의도된 실수다. 배임, 직무유기, 직무태만, 월권, 토착비리를 실수로 위장한 의도된 부패는 용서할 수 없다. 의도된 실수는 위험이 더 크고 파장이 길다. 실수의 비중이 커지는 것은 무의식적으로 저질러진 관행의 영향이며, 그 결과는 부패와 필연적인 연결 고리를 형성하게 된다.

이런 실수와 부패의 고리를 차단하기 위해서는 시스템 운용과 예방을 위한 매뉴얼이 필수적이다. 그리고 반사적으로 대응할 수 있도록 끊임없이 반복 교육을 시켜야 한다. 시스템은 이런 위험요소의 사전 통제에서 출발한다. 시스템은 요란한 구호에서 시작되는 것이 아니라 작은 실천으로 시작되며 일상에서 완성된다. 전자감사시스템 개발, 이것이 나에게 주어진 또 하나의 과제였다.

인사가 만사

8월은 휴가철로 한산하다. 며칠간 휴가를 다녀온 나는 공사 창립 이래 처음으로 감사하게 될 인사복리후생 분야를 깊이 분석하는 작업에 들어갔다. 이미 감사실에서 자체 청렴도 설문조사를 한 결과, '인사부조리 개연성'이 16.9%나 나왔고, 기획실에서 실시한 윤리의식 설문결과에서도 '인사청탁'이 32.4%로 가장 높게 나타났다. 그동안 인사병폐가 얼마나 심했는지 그 수준을 알 수 있다.

이렇듯 인사 분야의 감사는 대단히 중요한 의미를 갖고 있다. 때문에 더욱 정확한 현상 진단이 필요했다. 기본적으로 직원들이 알고 있는 인사부조리 개연성의 유형과 인사청탁에 의한 피해 정도를 파악하기 위한 의식조사가 불가피했다. 이와 함께 인사제도, 보직관리와 관련된 18개항의 설문을 확정해 8월 25일부터 일주일간 사내 설문조사를 실시했다. 그 결과를 분석해보니 핵심 내용이 두드러졌다.

- 2급 이상 승진사유 공개방안 78.9% 찬성
- 여직원 승진비율 부여방안 여직원 80.9% 찬성
- 6단계 직급체계를 9단계로 개편방안 74.9% 찬성
- 개인별 기본연봉 확정근거 공개방안 79.8% 찬성
- 직원들이 제시한 인사부조리 척결방안
  - 지연·학연 등 연고주의 타파
  - 밀실 승진대상자 결정 폐지, 승진사유 공개
  - 인사부서 정기적 감사실시
  - 간부의 내부공모제 실시
  - 비인기 부서 직원 승진기회 부여
  - 보직 없는 관리자의 연봉동결 요구
  - 직급 간 연봉 역전현상 타개책 강구

설문 결과를 토대로 8월 29일부터 15일간 인사와 복리후생 분야의 감사를 실시하고 제도개선 과제 30여 건을 발굴했다. 38년간 관행처럼 특권을 누렸던 소수의 특정 지역, 특정 학맥의 연고주의가 실력 있는 다수의 성실한 직원들에게 상실감과 피해의식을 뿌리 깊게 심어준 결과였다. 이것은 인사의 난맥상들이 도처에 드러나고 있음을 반증한 것이다.

인사는 만사다. 전 직원들이 감사 결과를 주시하고 있는 상황에서 쉽게

결론을 내릴 수 없었다. 나는 압축된 문제들에 대해 사안별 감사실 자체 토론을 벌여 대안을 모은 후 인사팀과 토론을 했다. 최대공약수를 찾기 위해서였다. 그리고 인사팀과의 토론을 통해 걸러진 의견들을 다시 노동조합과 토론했다. 인사 문제는 노동조합과 협상해야 할 부분도 있었다. 그래야만 집행부나 노동조합이나 이의가 없을 것이라 믿었다.

이렇게 두 달 동안 토론을 통해 노사의 의견을 수렴하고 결정한 처분사항은 모두 26건이었다. 시정·주의 1건, 권고 9건, 통보 16건으로 모두 시정 조치하도록 조치했다. 2급 이상 승진사유 공개, 인사규정 개정, 상여금 지급기준 개선, 경력·보직관리 방안강구, 기술직·여직원 승진확대 방안강구, 특별승진제도 이행, 불합리한 주택자금 융자업무개선 등 주요 감사 처분사항을 전 직원에게 공개했다.

감사 결과에 대한 반응은 비교적 차분했고 의외로 담담했다. 직원들의 반응을 조사해보니 감사 결과가 너무 뜻밖이라고 했다. 감사 결과에서 지적한 문제 중 직원들에게 생소한 것들이 많았다고 했다. 정말 어처구니없는 일이었다.

나는 충격적이었다. 인사정책에 어떤 문제가 있는지 구체적인 사실을 알고 있어야 할 당사자들이 문제점의 실체를 정확히 알지 못하고 있다는 사실을 납득할 수 없었다. 직원들이 단순히 급여인상과 진급 등 본인과 직접 이해가 있는 문제에만 관심을 가진 결과가 아닐까. 따지고 보면 직원들의 반응이 새삼스럽진 않다. 감사실조차 감사 과정에서 새로운 사실을 알아냈을 정도였으니 말이다.

감사는 각성하라니 도대체 무슨 말인지

9월 13일 오전 10시경, 뜬금없이 감사는 각성하라고 주장하는 글이 인트라넷에 올랐다. 도대체 무엇을 각성하라는 말인가. 여름이 지나 이젠 좀 조용하나 싶었는데 이름도 없고 실체도 없는 메아리가 또 울린다.

밑도 끝도 없이 공사의 주인이 누군지 알 수 없단다. 시도 때도 없이 나를 공격하는 이 직원은 도대체 누굴까. 그 배경은 무엇일까. 글의 수준으로 보아 간부는 아닌 것 같았다. 다만 그 배후에 누군가 있으리라 짐작될 뿐이다.

오후 1시 감사실 이은석 차장이 그 글에 조목조목 반박하고 나섰다. 이은석 차장은 감사와 감사실은 독립된 기관임을 강조하고, 집행부를 견제 · 감시하는 기능을 하다 보니 사장 권한을 침해하고 월권한다는 오해의 여지를 전제한다고 했다. 또한 과거의 감사들과 달리 지금의 감사는 원칙대로 철저하게 많은 일을 추진하고 있다고 밝혔다. 그러면서 사장의 권한을 침해했거나 월권한 사실이 있다면 그 내용을 밝히라고 항변했다.

나는 이 차장이 감사담당 직원으로서 당당히 소신을 밝혔다는 사실만으로 무척 큰 위로를 받았다. 그런데 뜻밖에도 이 차장은 감사실장에게 심한 질책을 받았고 실장은 그 사실을 나에게 보고했다. 나는 황당했다. 실장이 해야 할 일을 부하직원이 대신했으니 칭찬할 일인데도 도리어 꾸중을 하다니 참 한심스러웠다. 나는 이 차장을 조용히 불렀다. 긴장하고 있는 그에게 칭찬을 아끼지 않으면서 더 열심히 일하자고 격려했다.

부정부패와의 싸움

금품수수 제보, 놀라운 변화의 조짐

9월 14일 아침, 나는 출근하자마자 긴장을 하지 않을 수 없었다. 누군가 내게 금품수수 내용을 제보해온 것이다. 나는 평소 금품수수 가능성은 크지 않을 것이라 판단했었다. 그러나 설마설마했던 일이 현실로 나타났다.

존경하는 감사님께!

감사님은 공사에 만연한 부정부패를 일소하기 위해 골리앗과 싸우는 다윗처럼 고군분투하고 계십니다. 그럼에도 가명으로 말씀 드리는 저를 용서하시기 바랍니다.

공사 홈페이지에는 부패제보 게시판이 있습니다. 그러나 사내에는 비밀이 없습니다. 게시판에 공개적으로 신고하면 아마 저를 끝까지 찾아내 공사를 관두게 만들고 죽일 놈으로 만들 것입니다. 부패방지위원회와 농림부 민원실, 청와대 신문고를 두드려볼까 고심했지만, 역시 우리 감사님이라면 믿을 수 있다고 생각했습니다. (중략)

잘나가는 어느 팀이 있습니다. 그 팀장에게 민원이 제기되었다면 10년 이상 근무한 직원들은 그가 누군지 짐작할 것입니다. 그 팀장은 정도가 너무 심해 감사님이 아니면 아무도 해결할 수 없다고 생각합니다. (중략)

최근 추석을 앞두고 이 팀장의 지시로 팀원이 본사 지하 3층 주차장에서 인쇄업자로부터 100만 원을 받았습니다. 저도 이 사실을 어떻게 증명할까 고민했습니다. 서로 안 받고 안 줬다고 오리발을 내밀면 물증이 없으니 곤란하겠지요. 하지만 감사님이 조사하시면 반드시 잡아낼 것으로 믿습니다. (중략)

제보 내용은 상당히 구체적이었다. 나는 사안의 중요성을 감안해 원칙을 정했다. 첫째, 감사실 누구에게도 사전에 알리지 않는다. 사전에 은밀히 내사해 사실 관계를 확인한다. 둘째, 9월 17일부터 추석연휴가 시작됨에 따라 연휴가 끝나는 9월 20일부터 본격적인 조사를 시작하되 속전속결한다. 셋째, 금품수수가 사실로 입증되면 규정에 의해 엄중히 문책한다.

금품수수, 사실로 밝혀지다

나는 감사실에도 금품수수 제보 사실을 일체 알리지 않은 채, 사건 접수 당일부터 내규 검토와 함께 은밀히 내사에 들어갔다. 그 결과 상당한 근거를 포착했다.

추석 연휴가 끝난 오늘 오전 8시, 이은석 차장을 은밀히 불러 내사 자료를 넘겨주고 극비에 인쇄업자를 면담조사하도록 지시했다. 인쇄업자가 사실대로 진술해 문제는 아주 쉽게 풀렸다.

오전 9시, 감사부장과 청렴혁신부장을 불러 관련자 두 직원을 즉시 각각 다른 장소로 불러 조사하도록 지시했다. 모든 조사는 일사천리로 진행되었다. 그러나 감사실 최고 실력자라 자칭하던 이원태 부장의 조사결과는 역시 문제였다. 1차 조사의 내용은 실망스러울 정도로 형식적이었다. 핵심에 접근하지 못하고 언저리만 맴돈 이유는 바로 온정주의 때문이었다. 나는 감사부장에게 추가 조사하라고 지시했지만 본질적인 알맹이는 역시 빠져 있었다. 참다못한 나는 필수적인 심문 내용을 직접 알려주고 다시 심문하라고 했다.

이 사건은 '청렴의무 위반', '부당이득 수수금지', '금품 수수금지'를 위반한 비위 사실로 중징계에 해당된다. 특히 직무와 관련한 금품수수 행위 자체는 중점정화 대상으로 엄중 문책사항에 해당되며 정상참작이나 감경의 겯이 불가하다. 그럼에도 감사부장은 의례적인 금품수수 행위라며 감경이 가능하고, 수수한 금품으로 팀원들을 격려한 정상을 참작해 경징계를 해야 한다며 '견책' 의견을 제시했다. 그는 속된 말로 '저승사자' 역할을 피하려 온갖 감언이설로 감경조치를 하려 했다. 그의 태도를 볼 때마다 역겨웠다. 따라서 모든 일을 내가 직접 마무리해야 했다.

"저는 저승사잔데 감사님은 염라대왕입니다"

나는 더 이상 이 사건을 감사부장에게 맡기지 않았다. 징계의결 요구서도 내가 작성했다. 그런데 비위유형과 징계사유를 적시한 후 징계의결 요구 기준을 자필로 기록하려는 순간, 그들과 또다시 의견충돌이 발생했다. 내가 '정직 4월'과 '감봉 12월'을 쓰려고 하는데 이광수 부장이 갑자기 나선 것이다.

"감사님! 그렇게 하시면 안 됩니다. '정직'과 '감봉'이라고만 기록하셔야 합니다. 몇 개월을 정직시킬 것인지, 몇 개월을 감봉시킬 것인지는 사장 권한입니다."

"아니, 이게 또 무슨 해괴망측한 말입니까? 누가 그런 말을 합디까?"

"감사부장이 꼭 그렇게 해야 한다고 했습니다."

역시 이원태 부장의 농간이었다. 감사가 사장에게 징계를 요구할 때는 징계양정 기준에 의해 징계수위를 통보한다. 그런데 '정직'이나 '감봉'만 요구하고 몇 개월을 정직시키고, 몇 개월을 감봉시킬 것인지는 사장의 권한이라고 주장했다. 그것이 원칙이고 관례라는 것이다. 이 부장은 사사건건 말도 안 되는 괴변으로 나를 기만하고 있다. 도대체 나를 언제까지 고문관 취급하려 하는가? 나는 감사실장과 부장을 불렀다.

"이원태 부장! 당신 지금부터 내 말 잘 듣고 답하세요. 감사가 징계수위를 사장에게 요구하는 것은 엄연한 법체계이자 감사의 절대적인 권한입니다. 인정합니까?"

"예, 잘 알고 있습니다."

"감사가 사장에게 징계를 요구하는 것은 검사가 판사에게 구형하는 것과 같은 이치입니다. 이것도 인정합니까?"

"예, 옳은 말씀입니다."

"그렇다면 법정에서 검사가 피고에게 '징역 1년'을 구형하고자 할 때 '징역 1년'이라고 하지 그냥 '징역'이라고 구형합니까? 또 '벌금 100만원'을 구형할 때 그냥 '벌금'이라고 구형하느냔 말입니다."

"감사님. 그래도 과거의 감사님들은 그냥 '감봉', '정직' 이렇게만 요구했습니다."

"여보쇼. 그땐 당신들이 감사를 꼭두각시처럼 가지고 놀았던 때 아닙니까? 그 따위로 했으니까 지금 이 지경 아닙니까? 이 부장! 당신 똑바로 하세요. 말도 안 되는 괴변은 집어치우라 이 말입니다."

입이 열 개라도 할 말이 없던 감사부장은 슬슬 눈치를 보더니 "제 별명은 저승사잔데 감사님은 염라대왕이십니다"라며 능구렁이처럼 슬쩍 넘어갔다. 감사실 간부들의 태도가 아직도 변하지 않았다는 것이 한심스럽기도 했지만 그들에게 핏대를 내는 것조차 지쳤다. 핏대를 올리면 나만 손해다.

조사를 시작한 지 열흘 만에 징계의결 요구서를 사장에게 이첩시켰다. 인사위원장인 부사장은 원안대로 각각 중징계를 결정하고 인사 조치했다. 그러나 나는 검찰고발은 하지 않았다. 이 사건으로 '기관경고'와 팀원 전원이 '중징계' 또는 '경징계'를 받았기 때문이다. 금품을 제공한 인쇄업체도 불공정 업체임을 정부에 통보하고 모든 관급거래를 중지시켰다.

추석선물 신고 13건으로 늘어나

요즘 공기업마다 업무와 관련해 금품, 선물, 향응을 받았을 때 클린신고센터에 신고하고 제공자에게 다시 돌려줘 청렴생활을 실천하는 것이 대세다. 나는 클린신고센터를 순수한 우리말인 '청백리마당'으로 명칭을 바꾸고, 청백리마당을 통해 청렴생활을 실천하자고 그간 여러 차례 강조해왔다.

그런데 인천의 수입콩 정선업체였던 '선광'에서 우리 집에 택배를 보내왔다. 뜯어볼 수 없어 내용을 확인할 순 없었지만 공사 임원들과 관련 직원들에게도 보냈을 것으로 추정되었다. 나는 감사실장에게 반송 조치하도록 지시하고 청백리마당에 신고했다. 그리고 앞으로 그 어떤 선물도 보내지 말 것을 요청하는 편지를 보냈다.

청백리마당은 신고자의 신상을 공개하지 않기 때문에 비밀이 보장된다. 나의 첫 신고를 계기로 직원들의 신고가 접수되기 시작했다. 추석 선물을 되돌려 주거나 사회복지시설에 기탁한 사례가 4건 접수되었다. 고대했던 일이 현실로 나타나자 나는 무척 고무되었다. 직원들이 떳떳하게 변화의 큰 흐름을 타고 있다.

가장 중요한 것은 직원들이 청렴혁신업무에 능동적으로 참여하기 시작했다는 사실이다. 이 일은 누가 먼저 테이프를 끊어주느냐가 중요한 관건이었는데, 나의 신고를 시작으로 연말까지 접수된 신고가 13건으로 늘어났다. 20만 원 상당의 선물부터 현금 5만 원 제공에 이르기까지 그 내용도 다양했다.

제공자는 대부분 민원인으로 도와준 직원들에 대해 고마움의 정표로 선물과 현금을 준 것이었다. 하지만 의례적인 감사 인사 없이도 정직하고 친절하게 봉사하는 곳이 바로 우리 공사라는 것을 고객들에게 확실히 인식시켜야 한다. 그러기 위해서는 임직원들의 청백리 자세가 무엇보다도 중요하며, 받은 금품을 되돌려주는 것을 생활화해야 한다.

생일 축하 메시지에 마음을 활짝 열다

추석을 전후로 한고비를 넘은 듯했다. 나는 고삐를 늦추지 않고 직원들에게 동기 부여를 해야 했다. 우리는 기쁨을 얻고 고통을 피하기 위해 살아간다. 누군가에게 즐거움을 주는 일은 간단하지 않지만 기쁨을 선사해 마음을 열도록 하는 것은 대단히 중요한 일이다.

긍정적인 직장생활을 할 수 있도록 격려하고 위로하면서 조직과 스스로의 발전을 위해 창의적인 마인드를 구축하게 해야 한다. 내가 시도하고 있는 내부혁신을 통해 직원들이 새로운 질서와 문화를 창조하는 데 적극 동참하도록 유도해야 한다. 그래서 나는 직원 개개인의 생일날 축하 메시지를 보내는 방법을 택했다. 하루도 거르지 않고 예쁜 그림과 함께 생일 축하 메시지를 보내기로 한 것이다. 생일날 출근하자마자 축하 메일을 확인하는 직원들이 기분이 어떨까 생각해보았다. 그리고 그들의 답장을 읽는 순간은 정말 기쁘고 행복했다. 대부분 답장을 보내왔으며 더러는 수차 메일을 주고받기도 했다.

"생일날 아침에 생각지도 못했던 감사님 축하 편지를 받고 무척 행복했습니다. 감사님의 축복을 받으면서 이웃에게 기쁨이 되고 힘이 되는 귀한 존재가 되자고 다짐했습니다."

나는 젊은 직원들의 결혼 청첩이 있을 때도 같은 방법으로 축하 메시지를 보냈다. 그러나 마음만으로 축하한다는 것이 얼마나 미안한지 모른다. 그보다 더 죄인의 심정으로 가슴을 조아리는 경우는 부음을 들을 때다. 사장은 회사 돈으로 조화와 부의금을 전달하지만 나는 속수무책이다. 나는 항상 죄인의 심정이었다.

국감에서 감사에게 망신을 주며 희열을 느끼는 국회의원들

9월 26일 오전 9시 본사에서 국회 국정감사가 열렸다. 국정감사는 일반적으로 사장을 비롯한 경영진을 대상으로 경영 전반에 관해 실시된다. 그러나 나는 예상한 일이긴 했지만 몇몇 한나라당 의원에게 심한 모욕을 당했다. "낙하산 인사가 공기업을 다 말아먹고 있다"면서 나의 거취에 대해 심각하게 고민하라고 했다. 물론 변명이나 답변할 기회는 주지 않았다. 다음은 국회 속기록이다.

이방호 위원 : 감사! 일어나 보세요. 공사는 전문경영인이 들어와야 되는 데입니다. 그리고 감사는 사장보다 더 전문능력이 있어야 된다고 봐야 논리상 맞지요?

강동원 감사 : 예. 그렇습니다.

이방호 위원 : 사장의 경력을 보면 제대로 된 사람 같고, 부사장, 이사도 다 전문성 있는 사람들입니다. 감사는 공사 전반에 대해 제대로 하는지 감사해야 되는 자리 아닙니까? 감사의 경력이 전부 다 삭발하는 거, 국민의 무슨 투쟁위원장, 무슨 공동의장 비서, 기독교환경운동연대 운영위원, 정치개혁포럼 이사장…… 이게 감사 자격 있는 사람입니까? 사장, 감사는 어떻게 임명하는 거예요?

정귀래 사장 : 기획예산처에서 추천해서 대통령이 임명하는 걸로 되어 있습니다.

이방호 위원 : 주는 대로 받을 수밖에 없지요?

정귀래 사장 : 예.

이방호 위원 : 여보세요, 감사! 당신 경력을 보니까 '노무현 대통령 조직특보'라고 되어
있는데 스스로 이런 것을 감추면서 대통령한테 누가 안 되도록 해야 될
거 아니에요! 이게 자랑이에요? 많은 경력 중에서 하나 대표적으로 내놓
은 게 노무현 대통령 조직특보인데 이건 스스로 기를 죽이고 엎드려 가
면서 숨겨야 될 경력 아니에요? 당신, 자격 있는 사람이에요? 윗사람한
테 누가 되는 것은 안 해야지, 지금 낙하산 인사가 공기업 전부 다 말아
먹고 있잖아요. 이래서 되겠어요? 공사에서 전문 일을 하고 오랫동안
있던 사람이 감사로 나와야 공사가 제대로 되는지 안 되는지 알 거 아니
에요! 앞으로 본인의 거취에 대해서 심각하게 고민 좀 해보세요. 들어가
세요.

그들은 일방적으로 내게 망신을 주고 답변할 기회는 주지 않았다. 사실
낙하산에 대해서는 나도 할 말이 많다. 전문성에 대해 말하라면 당당히 밝힐
수 있다. 감사로서의 능력과 자질 문제로 질책을 당하는 것이라면 얼마든지
감수할 수 있다. 그러나 일방적인 정치공세와 인격모독은 참을 수 없다.

1981년 국회의원 보좌관으로 정치를 시작한 내 자신이 맥없이 초라해 보
였다. 내게 망신을 주었던 이방호 의원은 과거 수협중앙회장 시절 외환금
융사고의 책임을 지고 물러난 사람이다. 그런 그가 감사를 망신 주고 희롱
하는 세상, 정말 웃기는 세상이다.

원칙보다 반칙

전 직원과의 대화, 38년 만에 처음

10월 4일 오전 9시, 전 직원이 3층 대회의실에 모였다. 거창한 구호를 외치기보다는 현실적인 문제를 하나하나 살펴보고 점검하면서 그들과 소통하기 위한 자리였다. 그동안 혹독한 대가를 치르며 여기까지 왔는데 중도 정차는 있을 수 없었다.

일제히 자리에 앉아 있는 직원들의 모습에 사뭇 긴장되었다. 지금까지 전 직원이 모인 적은 사장 훈시를 할 때 정도였고 감사와 함께하는 시간은 이번이 처음이었다. 더욱이 그간 감사 특별교육은 물론 감사와 대화 한 번 없던 터라 직원들의 의견도 분분했다. 그러니 서로 긴장할 수밖에 없었다.

"존경하고 사랑하는 임직원 여러분! 그동안 국정감사로 고생 많았습니다. 언로개색(言路開塞)이면 흥망소계(興亡所係)라는 말이 있습니다. 언로가 열렸느냐 막혔느냐에 따라 흥하고 망하느냐가 달려 있다는 말입니다. 그런데 여러분과 저 사이의 언로는 과연 열렸을까요, 막혔을까요? 여러분 생각은 어떻습니까? (중략)

소통장애는 오해를 낳고 오해는 비난을 낳고 비난은 집단 따돌림으로 나타납니다. 제가 하는 일을 제대로 이해하지 못하고 오해하기 때문에 여러분이 저를 비난합니다. (중략) 먼저 창립과 동시에 입사해 38년 동안 근무하고 계신 최고참 간부이신 경기지사장님께 물어보겠습니다. 장 지사장님! 입사하신 지 38년째인데 그동안 감사가 오늘처럼 여러분과 직접 대화한 사실이 있습니까?"

"없습니다. 오늘이 처음입니다."

"그렇다면 여러분과 대화가 필요할까요, 불필요할까요?"

"필요합니다. 상호 간에 많은 도움이 될 것입니다."

"여러분! 모두 들으셨죠? 여러분과 감사가 만나는 데 공식적으로 38년이 걸렸습니다. 그러나 여러분 중에는 못마땅하게 생각하는 분이 틀림없이 있습니다. 예전 감사들이 하지 않았던 일들을 하며 왜 설치냐고 합니다. 사장이 할 일을 왜 감사가 나서서 차치고 포치고 난리냐고 합니다. (중략)

여러분! 원칙은 무엇입니까? 우리는 다툼이 있을 때 '원칙대로 하라', '법대로 하라'는 말을 자주 합니다. 제가 주장하는 바도 '원칙대로 하자'는 것입니다. 그러면 원칙의 반대는 무엇입니까? 바로 반칙입니다. 반칙은 위법입니다. 위법은 법과 규정을 지키지 않는 것을 말합니다. 여러분은 지금 원칙을 지키고 있습니까? (중략)"

원칙을 지키겠다는데 왜 반칙하라고 합니까?

"지난 7월 승진 인사가 있었습니다. 그때 여러분은 뭐라고 주장했습니까? 사장은 승진 원칙을 밝혀라, 원칙도 없이 왜 승진시키느냐고 했습니다. 여러분이 사장에게 인사 원칙을 지키라고 주장했습니다. 바로 그런 여러분에게 감사인 제가 그 원칙을 지켜나가자고 하는데, 그 원칙을 지키겠다고 하는데, 왜 반대를 하십니까? 왜 사장에게는 원칙을 요구하면서 저에게는 반칙을 요구합니까? 왜 원칙을 지키겠다는 감사를 헐뜯고 중상모략합니까? (중략)

여러분! 저는 분명한 낙하산입니다. 그러나 낙하산이라고 다 같은 낙하산인 줄 아십니까? 저를 과거의 낙하산으로 착각하지 마세요. 누가 뭐라 해도 저는 제 본분을 다하고 저에게 주어진 책임과 권한을 절대 침해받지 않을 겁니다. (중략)

그동안 감사는 스스로 권한을 포기한 채 직무유기를 했고, 겉으로 잔뜩 권위를 세우며 무위도식했습니다. 그러니까 세상 사람들은 감사 자리를 편하고, 시간 많고, 책임도 없는 아주 좋은 자리라고 말합니다. 이렇게 감사가 제 구실을 못하니까 사장이 무책임하게 부실경영하다가 알토란같은 자회사를 다 팔아넘긴 것 아닙니까? (중략)

저는 '남자를 여자로 바꾸는 일' 말고 모두 다 바꾸겠습니다. 우리 공사는 새롭게 제2의 창립 선언을 해야 합니다. 그런데 여러분은 저더러 뭐라 했습니까! 각성하라고요? 왜 사장에게 덤비느냐고요? 야근을 하니까 뭐 식사 당번을 운영한다고요? (중략)

먼저 간부회의나 일상감사에서 사사건건 사장을 간섭하고 견제한다고 주장합니다. 여러분이 보기에는 제가 괜히 사장하는 일을 간섭하고 견제합디까? 그렇다면 그 사례를 정확하게 말해보세요. 거듭 말씀드리지만 사장을 견제하고 간섭하는 것이 아니라 감사의 직분을 충실하게 행사할 뿐입니다. 아시겠어요? (중략)**

썩은 내가 나는데 덮어둔다고 냄새 안 납니까?

"인사권은 사장 고유권한인데 감사가 무슨 자격으로 인사업무를 감사하느냐, 그런 문제는 사장과 노조에 맡기고 감사실 인원이나 감축하라고 합니다. 여러분! 인사 문제가 얼마나 심각한지 여러분이 더 잘 알고 있습니다. 어떤 사람은 2급 진급 16년 차인데도 공대 건축과 출신이라는 이유만으로 1급 진급을 못하고 있어요. 공사 사옥신축 땐 실컷 부려먹고 정작 진급 때는 찬밥입니다. 과거에 관리이사가 고향 후배 진급시키려고 일 년에 두 번이나 시험제도를 바꾼 일도 있었고, 5급에서 3급으로 건너뛰어 진급시키는 경우도 있었어요. 지금 인사팀장은 이런 사실조차 모르고 있어요. 내가 와서 찾아낸 거예요. (중략)

여러분! 사장은 분명 인사권을 갖고 있습니다. 그러나 인사권을 잘 행사하고 있는지는 분명한 감사 대상입니다. 이 문제는 감사가 아니면 아무도 접근하지 못합니다. 아니 감사 결과에 대해 여러분 얼마나 좋아했습니까? 그런데 감사를 반대한 사람들의 정체는 도대체 뭡니까? (중략)

그리고 별 일도 아닌 것을 감사가 일을 만들어서 시끄럽게 한다고 저를 헐뜯습니다. 로테르담 지사감사, 이천비축기지 도로문제, 이사회에 자체감사결과 제출, 경영공시에 공개하는 것은 모두 합법적인 집행이었습니다. 로테르담 건은 지난 십 년 동안 계속 덮어뒀습니다. 여러분! 썩은 냄새가 나는데도 이것을 덮어둔다고 냄새가 안 납니까? (중략)

제가 수입콩 문제로 미국 현지조사를 하려니까 중국 갔다 온 지 며칠이나 되었다고 또 놀러 가느냐고 노동조합에서 항의하더군요. 2004년에 여러분 중 478명이 해외출장을 다녀왔습니다. 그렇다면 여러분도 놀러 다녔습

철밥통 공기업 그 모순과 관행의 실체

니까? 사장이나 이사가 출장가면 조용합니다. 그런데 감사가 공무로 해외 출장가면 놀러 간다고 야단법석입니다. 도대체 그 이유가 뭡니까? (중략)"

제 양심이 항상 깨어 있도록 기도해주세요

"여러분! 진취적이고 생산적인 사고, 그리고 혁신적인 사고를 가져야 합니다. 그러한 때만이 긍정적일 수 있고 행복감과 만족감, 기대감과 즐거움을 느낄 수 있습니다. 반개혁적이며 수구적인 사고를 가질 때는 어김없이 불행하게 느껴지고 불평불만과 실망감, 괴로움을 갖게 될 것입니다. 선배들은 후배들을 잘 설득하고 동참할 수 있도록 도와주세요. 특히 간부들이 후배들 앞에서 감사 때문에 못해먹겠다고 푸념하고 욕하고 불만을 터뜨린다면 부하직원들이 이 사람을 어떻게 생각하겠습니까? 만약 그 경우를 신입사원들이 경험한다면 스펀지가 맑은 물과 썩은 물을 구별하지 않고 마구 흡수하듯이 간부들의 시각을 그대로 인식하게 된다는 사실을 꼭 기억하시기 바랍니다. (중략)

여러분! 마지막으로 간곡히 당부 드립니다. 제 양심이 항상 깨어 있도록, 제 용기가 꺾어지지 않도록, 절제하고 인내할 수 있도록 여러분이 기도해주세요. 힘들고 어려운 여러분과 같이 흘려줄 눈물도 준비하고 있습니다. 기쁨을 누릴 때는 같이 웃어줄 마음도 준비하고 있습니다. (중략)"

가슴 뭉클했던 1시간 20분, 친근감이 물씬 나다

1시간 20분간의 열정적인 대화를 마치고 마지막에 모두 일어나 서로에게 격려의 박수를 보내던 모습은 정말 아름다웠다. 환한 미소로 서로 마주보면서 의미심장한 눈빛을 주고받는 그들의 모습에서 나는 우리의 밝은 미래를 확신할 수 있었다. 참으로 감동스러웠다.

남의 꿈이 이루어지도록 도와야 자신의 꿈도 이룰 수 있다는 진리를 다시금 새겼다. 가장 중요한 일은 나와 그들의 가슴이 열리게 되었다는 사실이다. 열린 마음의 징표가 바로 나타났다. 직원들이 보내온 메일은 나에게 큰 기쁨과 위로가 되었다.

"감사님께 솔로몬의 지혜와 명철, 다윗왕의 용맹이 있기를 기도합니다. 지금까지 감사님에 대해 여러 직원이 잘못 알고 있었거나 오해한 부분이 많았습니다. 그러나 감사님의 말씀을 듣고 직원들의 표정이 달라졌으며, 서로 대화를 나누는 과정에서 이해하는 바가 커서 더없이 기뻤습니다."

"감사님의 사고와 판단은 정확합니다. 대다수 직원이 침묵으로 일관하지만 사실 감사님의 리더십을 신뢰하고 있습니다. 감사님의 진솔한 대화는 지금까지 임원들에게서 볼 수 없었던 큰 변화의 출발을 입증하신 것입니다. 후배들에게는 희망과 보람을, 선배들에게는 자부심으로 가득한 공사가 되도록 감사님께서 많이 힘써 주시기 바랍니다."

확실히 대화가 있은 후부터 직원들의 표정이 달라졌다. 마주치는 직원들에게서 친근감을 물씬 느낄 수 있었고, 상냥한 모습으로 서로 인사할 수 있게 되었으니 얼마나 감사할 일인지 모른다.

대화 이후로 직원들에게 더욱 가까이 다가서려는 나의 노력은 계속되었다. 10월 13일부터 2박 3일간 2급 이상 간부급 '청렴교육'에 피교육생으로 용인의 현대연수원에 들어갔다. 감사가 교육에 들어간 것도 처음이라지만, 숙소로 찾아온 간부들과 함께 밤새 대화할 수 있었던 것만으로도 큰 보람을 느낄 수 있었다.

청렴이행 심사평가제 도입

10월 5일, 제4차 청렴혁신기획단 회의를 열고 '청렴이행 심사평가(안)'을 의결했다. 이 제도는 국가청렴위원회에서 2006년부터 시행 예정인 '부패영향평가제도'를 벤치마킹한 것으로, 모든 규정과 제도를 시행하는 데에 부패 개연성이 있는지 여부를 검토·분석해 이에 대한 대책을 강구하기 위한 것이다.

현재는 규정이나 지침, 주요 사업계획에 대해 관련 법규의 적정성과 타당성만 검토해 일상감사를 하고 있다. 하지만 일상감사 누락사례가 다수 있는 데다 부패 개연성에 대해서는 검토할 장치가 없다. 특히 부패 요인에 대한 사전 점검이 없어 사고 발생 이후 사후약방문식 감사에 그치고 있다.

따라서 이 제도의 입법 취지는 규정의 제정과 개정, 신규사업계획 수립, 5천만 원 이상 예산이 수반되는 사업계획 수립, 허가·등록·계약 등의 모든 업무에서 주무부서가 스스로 청렴이행 리스트를 작성해 감사실에 심사를 요청하고, 감사실은 사전 심사를 통해 부패유발 요인을 제거하는

데 있다.

청렴이행 점검리스트는 원칙상 전자문서로 작성해 기본사업계획서를 첨부해 감사실로 온라인을 통해 제출하도록 했다. 그래야 그동안 사각지대였던 사업소와 지사의 업무의 부패유발 요인도 감사실이 철절히 검증할 수 있기 때문이다.

골프 치러 가는 출장

꿈에 그리던 평양, 대동강 물맛을 보다

10월 22일부터 3박 4일간 평양과 묘향산에 다녀왔다. 지난봄 평양 시내 아파트 도장용 페인트를 보냈는데 공식적인 목적은 '평양 관광환경개선 외장재 지원물자사용 확인'이었다. 일행은 모두 133명이었는데 기획예산처·통일부·문화관광부 등 정부 인사와 교수·변호사·직능단체 대표·신문방송 기자단으로 구성되었다.

평양의 거리를 두루두루 다니면서 만경대, 개선문, 주체사상탑, 만수대창작사, 인민대학습당, 역사박물관, 청소년문화궁전, 동명왕릉을 방문했으며 '아리랑 공연'과 '청소년예술 공연', '평양교예단 공연'도 관람했다.

북측 민족경제협력위원회가 주최한 환영만찬과 우리의 답례만찬도 있었으며, 묘향산 국제친선전람관을 방문한 후 묘향산 만폭대 등산과 보현사를 관람했다. 평양에서는 대동강 섬에 있는 양각도호텔, 묘향산에서는 향산호텔에서 묵었다.

나는 직원들에게 더욱 가까이 다가서야 한다는 사명감으로 평양기행문을 썼다. 그리하여 수첩에 빼곡하게 메모했던 기록을 상세하게 풀어쓴 기행문을 공개했다. 기행문을 읽은 직원이 2백여 명은 되었는데, 그 내용을 두고 대화를 나누기도 했다. 마치 자신들이 평양을 다녀온 느낌이 든다면서 재미있는 이야기가 이어졌다.

서강대 정외과 김영수는 나의 기행문을 강의 자료로 활용하면서 전자출판을 권하기도 했다. 나의 기행문이 별것 아닐 성싶었지만 읽는 이들에게 뭔가를 남겨줄 수 있다는 가능성을 확인했다.

북한과 콩 계약재배로 식량문제 해결해야

나는 북한을 방문하면서 보고 듣고 느낀 바를 토대로 우리가 해야 할 일이 무엇인지 고민했다. 북한에서 자유롭게 많은 곳을 보지는 못했다. 그들의 통제를 따라야 했고 일정에 따라 단체로 움직여야 했다.

하지만 나는 관심을 갖기에 충분한 문제들을 놓치지 않고 살폈다. 그것은 남북이 상생할 수 있는 전략을 통해 농업교류협력을 증진시키는 방안이었다. 남과 북의 경지면적, 자연적 특성, 기후와 토양, 농업기술 등을 고려할 때 우리가 당장 접근해야 할 부분은 '콩 계약재배'라고 생각했다.

우리는 연간 30여 만 톤의 콩을 미국에서 수입하고 있다. 주 경작지는 미시시피 강 상류지역인 일리노이 주다. 미시시피 강 상류의 리버엘리베이터 (river-elevator)에서 바지선에 콩을 싣고 뉴올리언스 벌크항구까지 26일, 이곳에서 다시 파나마 운하와 태평양을 건너 인천항에 도착하는 데 3개월이 걸린다.

우리 민족의 주식은 쌀이다. 북한은 밭과 논의 비율이 7대 3인 반면 남한은 3대 7이다. 따라서 북한은 쌀이 부족하고 남한은 쌀이 남아돈다. 북한은 강냉이를 40년 넘게 경작해왔다. 그러나 강냉이로 식량문제를 해결하는 데 실패하자 1998년부터 감자로 작목을 변경했다. 하지만 식량문제를 해결하는 데 실패했다.

남한에서 절대적으로 부족한 콩을 북한에서 가져오고, 남한에서 남아도는 쌀을 북한에 줘야 한다. 그러면 북한은 심각한 식량문제를 해결할 수 있고, 남한은 쌀 과잉생산에 대한 농민의 시름을 덜 수 있다. 이것은 남북이 서로 이기는 전략이다.

남한은 쌀 소비량이 둔화되는 반면 생산량이 늘어나 쌀 잉여로 골머리를 앓고 있다. 정부는 궁여지책으로 자급률이 10% 수준에 머물고 있는 콩을 증산하기 위해 논에 쌀 대신 콩을 심도록 유도하고 있다. 이러한 남북 간의 양극화 현상을 극복할 수 있는 유일한 길은 북한과의 콩 계약재배라고 확신한다. 북한 농지의 지력증진을 위해서도 매우 바람직하다.

강냉이를 연작할 경우 지력이 고갈되어 농토가 황폐해진다. 40년 넘게 강냉이만 심어온 북한 전역의 모든 밭은 거의 산성화되어 있다. 그렇다면 지력을 증진시킬 수 있는 방안은 무엇인가? 대안은 바로 콩이다. 콩 재배를 통해 콩의 뿌리혹박테리아로 지력을 회복시킬 수 있다. 미국의 콩 생산농가에서도 한 해는 콩, 한 해는 옥수수를 심으며 윤작하고 있다.

미국콩 현지조사를 가로막고 나선 사장

11월 24일 미국에서 수입한 두부콩에 대한 중대한 민원이 발생했다. 우리가 수입한 Non-GMO 콩의 GMO(유전자변형농산물) 혼합허용비율은 3%인데 7%로 초과된 일이 발생했다. 또한 두부 품질에 이상이 있다며 손해배상 청구소송도 제기되었다. 이런 일의 의문점을 풀기 위해 미국 현지조사 계획을 세웠으나 그동안 두 차례나 연기되었다.

나는 미국 Non-GMO 콩의 생산과정과 유통과정을 종합적으로 조사하기 위해 현지조사팀을 구성했다. 생산지에서 선적지까지의 유통경로, 콩의 성분검사·품위검사 현장을 모두 점검하는 출장이다. 품질관리팀 김진석 차장, 수출기획팀 고혁성 대리, 무역정보팀 오숙현 대리, 감사실 이은석 차장과 통역으로 뉴욕지사 백은주 과장을 선발했다. 조사팀은 각자의 맡은 역할에 따라 빈틈없이 준비를 끝냈다.

그러나 사장이 이 현지조사를 방해하고 나섰다. 나는 며칠 전 미국을 다녀온 사장에게 출장 계획을 설명했다. 그러자 사장은 담당이사를 불러 질책하면서 출장을 취소하라고 명령했다. 보고도 없이 어떻게 직원들을 감사와 함께 보낼 수 있느냐는 것이었다. 출장 계획이 무산되는 순간이었다.

나는 대단히 불쾌했다. 내가 말할 때는 묵묵부답하더니 결국 뒤통수를 쳤다. 나는 정면으로 대응했다. 나의 정당한 공무집행에 대해 사장이 출장 취소 명령을 내린 법적 근거를 문서로 작성해 공식 통보하라고 요구했다. 결국 하루 만에 사장이 없었던 일로 하자고 했다. 사장의 즉흥적이며 감정적인 경영이야말로 공사를 말아먹고 있다. 정말 피곤하고 한심하다.

미국의 곡물생산단지 일리노이 현장조사

11월 28일 새벽 인천공항을 출발, 뉴욕을 경유해 시카고에 도착했다. 세계적인 곡물선물시장인 '시카고상품거래소(CBOT)' 방문을 시작으로 5박 6

일간의 일리노이 농촌현장 일정을 시작했다. 광활하고 기름진 미시시피 강 유역의 농경지를 살펴보았다. 세계적인 곡물가공 · 유통업체인 ADM(아처 다니엘스)의 쿠클린 이사가 현장을 안내했다.

미시시피 강가의 모리스와 오타와에 도착해 ADM의 엘리베이터 작업현장을 점검했다. 생산농장에서 트럭으로 운송된 콩은 연방곡물검사소(FGIS)에서 Non-GMO 검사와 품위검사를 거치는데, 이 중 합격품만 바지선에 선적해 뉴올리언스 벌크항으로 운송한다. 마침 일본으로 수출하기 위해 양질의 콩을 엄격히 정선해 50킬로그램 단위로 소포장을 하고 있었다.

스프링밸리 마을에선 Non-GMO 콩 생산농가를 방문해 종자 구입과정과 사일로의 콩 저장관리 실태를 점검했다. 콩과 옥수수를 윤작하고 있었는데, 단독으로 지어진 농가 창고에선 각종 총기류가 벽에 걸려 있어 이색적이었다. 끝없이 펼쳐진 밭을 보며 두세 시간 거리에 이웃집이 있다는 말이 실감나지 않았다. 이 지역은 콩과 옥수수의 집단 생산지였다.

리랜드 마을에는 생산자 조합이 있었다. 한국식 영농조합이었다. 조합은 ADM과 Non-GMO 콩을 계약재배를 하고 있었고, 마을에는 10만 톤의 초대형 사일로가 공장의 굴뚝처럼 서 있었다. 또한 마을을 지나는 철도를 이용해 곡물을 운송할 수 있도록 별도의 철도엘리베이터가 있었다.

내 돈 주면서 미국 상인에게 종속되는 것은 말도 안 돼

일리노이에서의 마지막 일정은 작은 도시 데카터에 있는 ADM 본사 방문이었다. 이른 새벽, 눈이 하얗게 쌓였는데도 본사 앞에는 십여 대의 관광

버스에 많은 사람들이 오르고 있었다. 회사에서 온천관광을 보내주는 콩 생산농민들이었다. ADM은 농민들에게 이처럼 다양한 이벤트는 물론이고 생산보조금도 지급하고 있다고 했다.

로버트 B. 쿡 수석부사장과 프룸프 곡물담당 이사, 쿠클린 이사와의 미팅이 시작되었다. 세계 제2의 곡물회사인 ADM 본사는 거대한 공업단지를 연상케 할 만큼 규모가 컸다. 약 한 시간가량 대화를 나누는 동안 나는 그들에게 우리의 입장을 당당히 밝혔다.

"우리는 구매자다. 귀사는 구매자인 우리의 요구조건을 충족시켜줄 의무가 있다. 귀사는 팔 때는 셀러즈 마켓이고 살 때는 바이어즈 마켓이라는 이중적 사고를 가지고 있는데, 우리는 이러한 태도를 납득할 수 없다. 세크라멘토의 칼로스 쌀 생산과 판매 과정에서 교훈을 얻어야 한다. 그들은 바이어즈 마켓 방식으로 팔고 있다. 그런데 ADM은 배짱을 부린다. 살 테면 사고 말 테면 말라는 식의 셀러즈 마켓을 하고 있다. 이에 관한 시정을 요구한다."

나는 2005년 4월에 공급한 콩의 GMO 혼합비율에서 기준치 3%를 초과한 7% 혼합 콩이 발견된 것과 제조한 두부가 변색된 것을 설명했다. 또한 ADM이 문제의 콩에 대해 원인을 규명해야 하며, 경우에 따라서는 손해배상도 해야 한다고 주장했다.

이에 대해 로버트 B. 쿡 수석부사장은 GMO 콩 과다혼입 사실은 아주 심각한 문제라면서 왜 즉시 연락하지 않았느냐고 반문했다. 콩을 운송한 모선 이름을 알려달라며 자체조사를 철저히 하겠다고 했다.

나는 ADM 본사 임원들과 대화하면서 우리의 입장을 확실하게 전달했다. 그동안 우리는 수동적이고 저자세로 이들과 거래를 해왔다. 내가 내 돈 주고 물건 사는데 파는 사람의 종속적 위치가 되어버린다면 문제가 심각하다. 구매자인 우리의 태도를 당당하게 변화하게 하는 것, 이것은 또 하나의 과제였다.

뉴올리언스항의 거대한 사일로와 벌크선

미국 땅이 워낙 넓어 우리 일행은 보통 새벽 5시에 일어나 출발해야 했고, 느끼한 음식만 먹어서 속도 편치 않았다. 오전 11시 ADM 본사에서 출발한 우리는 승합차로 4시간을 달려 세인트루이스공항에 도착했다. 세인트루이스공항을 출발, 애틀랜타를 경유해 뉴올리언스에 도착하니 밤 9시였다.

지난여름 허리케인 카트레나 때문에 뉴올리언스는 도시 전체가 폐허 같았다. 물이 차 있던 흔적으로 녹색 띠가 선명하게 도로 벽과 호텔로비 벽에 남아 있었는데 얼마나 피해가 컸는지 짐작할 수 있었다.

항구에 있는 ADM의 벌크선적 엘리베이터를 살펴보았다. 우리는 이틀 동안 검사기관 세 곳을 모두 방문해 검사과정과 그 결과를 확인했고, 때마침 한국으로 운송될 5만 톤급 벌크화물선에 올라가 선적과정도 확인했다. 세계 곡물시장을 석권하고 있는 곡물회사의 실상을 체감할 수 있었다.

나는 일행들에게 정말 고맙고 미안했다. 새벽부터 농촌지역을 강행군하기란 쉽지 않다. 이구동성으로 이런 출장은 난생 처음이라고 했다. 하지만 지치고 피곤한 만큼 과연 무엇이 국익에 도움이 되는지 느꼈을 것이다.

사장의 미국 출장, 알고 보니 뉴욕에서 골프만 즐겨

뉴올리언스에서 모든 일정을 마친 일행은 서울로, 뉴욕으로 원대 복귀했다. 그리고 이은석 차장과 나는 로스앤젤레스지사의 자체감사와 캘리포니아 새크라멘토의 칼로스 쌀 가공업체에 방문하기 위해 로스앤젤레스로 건너갔다.

로스앤젤레스에서 승용차로 2박 3일간 새크라멘토를 다녀오면서 나는 홍주식 지사장에게 무척 미안했다. 그는 정확히 새벽 5시부터 새벽길을 달려야 했고, 광활한 쌀 생산지를 돌아보기 위해 꼬박 1,300마일(2,100킬로미터)을 운행했다. 평생 이런 고생도 처음이었지만 무척 유익한 여행이었다.

새크라멘토를 출발해 로스앤젤레스에 도착한 나는 지사 직원들과 만나 미주시장 공략에 대해 집약된 여러 현상들을 검토하고 정리했다. 그런데 뜻밖에도 윤 사장이 우리의 미국 출장을 무산시키려 했던 저의가 무엇인지 알게 되었다. 사장이 6박 7일간 출장을 떠난 목적은 뉴욕과 로스앤젤레스지사의 업무현황을 청취하는 것이었다. 그러나 그는 뉴욕에서 5일간 머물었고, 로스앤젤레스는 토요일 오후에 도착해 다음날인 일요일 아침에 한국으로 돌아왔다. 직원들과의 대화도 없었고 업무현황 청취도 생략했다.

그렇다면 사장은 미국에 왜 왔을까? 그는 뉴욕에서 골프를 즐겼다. 사장이 해외출장 중 골프를 즐긴다는 소문은 사실이었다. 결국 사장은 지난봄 중국 출장 때도 그랬듯이 내가 자신의 떳떳치 못한 행위를 알게 될까 봐, 그로 인해 자신의 행위가 사람들에게 드러나는 게 두려워서 우리 일행의 미국 출장에 민감하게 반응했던 것이다.

나는 12월12일에 귀국해 임원들에게 미국 현장점검 결과를 모두 설명했다. 그때 사장은 벌겋게 상기된 얼굴로 연신 내 표정만 살폈다. 그는 내가 자신의 행위를 알고 있음을 눈치채고 있었다. 솔직히 모든 것을 드러내 소리내기 시작하면 일은 걷잡을 수 없게 된다. 파장이 클 수밖에 없는 사장 문제는 일단 덮어두기로 했다.

나는 Non-GMO 콩의 생산단지와 유통경로, 콩의 성분검사와 품위검사, ADM 본사 방문, 뉴올리언스 사일로 시설과 벌크선 선적과정에 대한 조사결과 보고서를 작성했다. 새크라멘토 쌀 가공공장과 난(蘭) 농장 방문결과 보고서도 작성했다. 모두 67쪽 분량이었다. 나는 이것을 전 직원들에게 공개했다. 공사의 중요한 정보로서, 출장 보고서가 얼마나 중요한지 직원들에게 깨우쳐줘야 한다고 생각했다.

사장이 문제의식이나 현실감각을 갖추지 못했어도 기본적으로 성실했으면 좋겠다. 그러나 그는 공무에 관심도 없고 열정도 없다. 눈치 없이 마냥 즐기기만 하는 태도는 공직자로서의 자질을 의심하게 한다. 몰상식과 이기주의의 극치다.

제1부 | 낙하산 감사 공기업에 들어가다

뻔뻔한 종무식

스스로 변하지 않으면 조직의 미래는 없다

12월 20일, 오늘로서 감사로 부임한 지 일 년이 되었다. 정신없이 보낸 한 해였다. 이제 2년 차를 준비해야 한다. 감사 취임 1주년을 맞아 나는 임직원들에게 감사의 메시지를 보냈다.

"제가 여러분과 인연을 맺은 지 오늘이 365일째 되는 날입니다. 세월은 쏜 화살처럼 빠르다고 했는데 저는 화살보다도 더 빠른 세월을 체험했습니다. 저는 지금 지난 1년간 무슨 일을 어떻게 했는지 회상하고 있습니다. 그 기초는 저 스스로 당당했느냐는 물음입니다.

저는 여러분을 마음에 담고서 스스로 다짐하고 결심한 바가 있습니다. 그것은 '나 자신이 스스로 혁신하지 않으면 조직의 미래는 없다'는 것이었습니다. 제 역할을 다하는 일이 무엇보다도 화급하고 중요했습니다. 그래서 저는 감사의 역할과 책임과 의무에 충실하려고 부단히 노력했습니다.

그 과정에서 여러분이 힘들어하는 모습을 보았습니다. 혹독한 비판도 받았습니다. 무시를 당하고 빈정거림도 받았습니다. 하지만 이것은 감사기능의 정상화 과정에서 피할 수 없는 과도기적 현상이었고 조직의 변화 과정이었다고 평가합니다.

저는 오늘 여러분께 진심으로 감사의 말씀을 드립니다. 이제 저의 진정성을 이해하는 분위기가 확산되고 있기 때문입니다. 저의 소신에 대해 격려의 글을 보내주신 많은 분이 계셔서 저는 행복합니다. 저는 원칙과 신뢰, 명쾌한 업무처리를 통해 여러분의 업무에 도움을 주는 새로운 문화를 정착시키기 위해 지속적인 노력을 전개할 것입니다."

2005년도 국가청렴도 1위 달성

국가청렴위원회가 2005년도 청렴도 측정결과를 발표했다. 우리는 10점 만점에 8.90점으로 325개 공공기관 중에서 당당히 1위를 했다. 올해 첫 평가를 받았던 우리는 4년 전부터 평가를 받아온 한국전력을 비롯한 모든 투자기관을 앞질렀다.

이 얼마나 값진 성과인가. 나의 감회는 남달랐다. 얼마나 힘들게 쌓아온 성과인가. 생각할수록 값진 결과였다. 나를 힘들게 했던 반대세력을 잠재울 수 있는 명분도 확보했다. 나는 담당직원의 얼굴을 하나하나 떠올리며 소임을 다해준 그들에게 한없는 감사와 존경심을 보냈다.

농림부의 2005년도 부패방지 실적평가에서도 당연히 우리가 1위를 했다. 객관적으로 우리가 일한 성과를 인정받기에 충분한 결과였다. 임직원 모두 1위 소식에 기뻐했다. 직원들은 메일로 축하와 감사함을 전해왔다. 본사 사옥 외벽에 대형 현수막을 걸고 대외홍보도 시작했다.

'수고했다'는 격려 한마디 없는 종무식

그러나 기쁨도 잠시였다. 사장은 내심 좋아하는 기색이 아니었다. 나를 험담하던 직원들도 마찬가지였다. 감사실 직원들의 노력에 대한 정당한 평가와 사장의 격려를 기대했던 나의 생각은 여지없이 빗나갔다.

종무식에서 2005년도 정부시책유공자 포상이 있었다. 정부경영평가를 비롯한 내부 특별성과 포상금으로 1억 원을 연말포상으로 지급했다. 별의별 시상이 많았지만 가장 큰 업적으로 평가된 감사실의 청렴도 1위 달성에 대해선 아무런 평가도 시상도 없다. 사장은 철저하게 감사실을 외면했다. 사장은 자기 부하들에게는 지난 1년간 수고했다는 말로 칭찬을 아끼지 않았다. 그러나 감사실 직원들에게는 말 한마디 없었다.

"여러분! 저는 경영혁신과 고객만족에 대한 노력도 게을리 하지 않았습니다. 현대 기업들이 갖추어야 할 기업경쟁력으로 대두되고 있는 윤리경영에 있어서도 최근 국가청렴위원회의 청렴도조사에서 1위라는 놀라운 성과를 거두었습니다."

뻔뻔스러운 사장의 공식적인 말이었다. 과연 '청렴도 1위 달성'을 위해 그가 무슨 노력을 했단 말인가? 윤리경영은 기획예산처의 지휘를 받아 사장이 감독하는 기획실 업무다. 그러나 청렴혁신은 국가청렴위원회의 지휘를 받아 감사가 감독하는 감사실 업무다. 그런데 사장은 슬쩍 말장난을 하면서 감사실 공적을 가로챘다.

공 있는 사람이 상을 받는 신상필벌의 윤리경영 철학은 어디에 있는가?

철밥통 공기업 그 모순과 관행의 실체

조직원은 사기를 먹고 산다. 사기가 충천해야 기강도 바로 선다. 열심히 노력해 얻은 성과를 가로챈다면 그 조직은 오합지졸에 불과하다. 공직기강도 없다. 그는 정의도, 윤리도, 최소한의 예의도 없었다.

　나는 감사실 직원들에게 격려와 칭찬을 아끼지 않았다. 그들은 사장과 나의 갈등구조가 현 상황의 원인이라는 것을 알고 있었다. 감사실 직원들과 종파티를 했다. 수고한 직원들에게 내가 구입한 문화상품권을 선물했다. 이렇게 2005년의 저문 해를 보내면서 아쉬움을 달랬다.

제2부 | 사장은 부르주아, 감사는 프롤레타리아

나의 역할이 확대되고 감사실을 향한 적대적 분위기가 호의적으로 변하자 기득권을 누렸던 일부 간부들이 준동했다. 나의 집무실에 어떤 직원들이 출입하는지 감시해서 사장에게 일러바치기도 했다. 편 가르기 현상이 나타난 것이다. 아니 편 가르기를 부추기고 있었다. 그들은 기득권을 누려왔던 특정 지역 출신의 간부들이었다.

그들 뒤에는 어김없이 사장이 있었다. 윤 사장은 간부회의 때 노골적으로 "어떤 놈이 감사한테 정보를 주느냐"고 힐난했고, 누가 나와 가깝게 지내는지 조사하고 있었다. 특히 그는 감사실장에게 섭섭한 감정을 감추지 않았다. 나를 감시하고 철저하게 자신의 편에 서주기 바랐는데 그새 나에게 물들었다고 간부들 앞에서 탄식했다는 소문이 파다했다.

우리는 언제나 하나만을 선택해야 하는 기로에 서게 되고 고민에 빠진다. 둘 다 가질 수 있거나 아무것도 가지지 않아도 된다면 오히려 편하다. 지금 우리 공사에는 두 부류가 있다. 바로 사장과 나였다. 두 사람은 태생적 환경과 성향이 달랐다. 이런 관계를 임호 부사장은 이렇게 평가했다.

"사장은 부르주아, 감사는 프롤레타리아"

나는 직원들에게 물었다. 당신은 어느 쪽이냐고. 이에 누구를 선택하더라도 별다를 바 없는 복불복이라는 측과, 누구를 택하느냐에 따라 결과가 완전히 달라질 수 있다고 하는 두 부류로 나뉜다. 전자는 주로 간부들이고 후자는 새내기를 비롯한 젊은 직원들이다. 전자는 힘 있는 사장에게 맹종하고 후자는 변화를 바라는 열망으로 나를 응원한다. 나는 간부들에게 묻는다. 인생에 있어서 당신의 선택은 무엇이었냐고. 당신들은 무엇을 남기려 하느냐고.

새로워진 감사실

올해는 정착단계로 진입해야 한다

2006년 1월 3일, 올해 첫 출근이다. 올해는 힘들고 어려웠던 지난해를 반면교사로 삼아 새로운 일들을 시작해야 한다. 지난 일 년간 감사실의 구조적 문제와 공사 전체의 분위기를 철저하게 검증한 만큼 이제는 한 단계 성숙한 실행단계로 진입해야 한다. 지난해가 검증단계였다면 올해는 정착단계여야 하며, 내년에는 성과단계여야 한다.

인사팀장은 내가 요청한 감사실장과 부장의 내부공모를 공지했다. 그러나 응모자는 없었다. 예전 같았으면 사장이나 관리이사 배경으로 올 수 있었던 감사실이 이제는 완전히 기피부서로 낙인찍혔다. 나는 은밀히 대상자들을 직접 검증했다. 직원들은 감사실의 인적 쇄신이 중요하다고 주장했다. 옳은 말이다. 나는 새롭게 출발하는 감사실의 조직을 감사부와 청렴혁신부로 개편했다.

나는 감사의 권한인 보직인사권을 최대한 활용했다. 삼고초려 끝에 새로운 감사실장과 부장, 차장들을 최종 선발했다. 모두 사십 대로 강력한 추진력과 도덕성, 청렴성을 고루 갖춘 참신한 인재들이다. 무릇 능력과 자질이 출중하다 해도 감사실 적임자라 단정할 수 없다. 청렴성과 도덕성이 최고의 가치여야 하고 원칙과 소신, 굽힘 없는 추진력, 강력한 리더십은 절실히 요구되는 덕목이다.

교체 대상자를 감사실장과 부장 세 명, 차장 한 명, 모두 다섯 명으로 확정하고 부장급 이상 전입대상자 명단을 인사팀에 통보했다. 그러자 사장은 내가 요청한 감사실장에 대해 "내가 필요해 진급시킨 내 사람"이라며 거부했다. 사장이 수출본부 간부를 지목하자 이번에는 수출이사가 펄쩍 뛰었다. 이들의 자중지란으로 결국 내가 요청한 사람이 감사실장 자리로 왔다. 그러나 이원태 부장은 유별나게 떠나지 않으려 애를 썼다. 14년간 감사실에 군림했고 지난 일 년 내내 나를 힘들게 괴롭혔던 그는 자신이 꼭 남아야 한다며 나를 설득했다. 그는 "제가 남아 있어야 감사님을 잘 모실 수 있습니다. 감사원 관계도 중요한데 저를 보내시면 어떻게 합니까?"라고 했다. 참으로 가소로웠다. 나는 단호하게 거절했다.

새 감사실장의 일사불란한 지휘체계

새롭게 진용을 갖춘 감사실은 감동적인 꿈을 실현하기 위해 힘차게 출발했다. 감사부에 여섯 명, 청렴혁신부에 일곱 명을 배치했다. 전 직원에게 2006년도 감사실 사업계획도 공지했다.

2006년도의 사업계획은 전자감사시스템 개발, 감사연보 제작, 감사 패러다임 변화에 따른 성과분석, 감사직무규정 개정, 국가청렴도 2년 연속 1위 달성, 청렴이행심사평가제 도입, 청렴혁신기획단 정착화, 자체교육 강화를 주요 신규과제로 설정했다.

그러나 쉬운 일이 아니었다. 직원들이 전자감사시스템의 개발 취지는 이해하지만 그 방법을 몰라 고개를 갸우뚱했고, 감사연보 제작도 처음으로 시도하는 일이어서 부담스러워했다. 특히 내가 부임한 이후 변화된 감사 패러다임에 대해 성과분석을 하자는 과제에 관해서는 은근히 불만을 내비치기도 했다. 그러나 중단 없이 과업을 수행해야 한다는 데 이의를 제기하는 직원은 없었다.

유충식 실장은 기획예산 전문가로 2급 선두주자였는데 진급과 동시에 감사실장으로 선발한 자타가 인정하는 인재였다. 뜻밖에도 그는 실장 취임 보름 만에 나에게 감사실 근무 소감을 밝혔다. 감사실 정서와 업무를 완전히 파악하기에는 시간적으로 무리라고 판단했었는데 벌써 그 분위기를 살펴 대처했던 것이다.

"감사님! 지난 일 년 동안 그토록 힘겨워하시면서도 왜 물러서지 않고 끝까지 밀고 오셨는지 그 충정을 이제야 알았습니다. 저는 지금까지 사장님의 명을 받아왔던 간부로서 솔직히 감사님을 이해하지 못했습니다. 감사님이 사장님을 비판했을 때도 직원들이 일방적으로 감사님을 욕하고 비난했을 때도 저는 관심이 없었습니다.

그러나 감사실장으로서 내부를 들여다보며 제 자신이 얼마나 부끄러운 존재인지 알았습니다. 임원들의 업무 스타일과 직원들의 능력도 알 수 있었습니다. 특히 그동안 전혀 의식하지 못했던 규정위반이 얼마나 심각한지도 알게 되었습니다. 과연 우리에게 미래는 있는지, 희망은 있는지 반성했습니다. 감사님, 제가 무슨 역할을 어떻게 해야 할지 걱정도 많이 되지만 감사님의 뜻에 부응하기 위해 열심히 노력하겠습니다."

정말 그랬다. 새로운 감사실장 체제는 이처럼 달랐다. 감사실 분위기가 순식간에 바뀌었다. 실장 중심의 감사실 지휘체계는 일사불란했다. 예전처럼 사장의 눈치를 보면서 얼렁뚱땅 적당히 넘어가는 것을 용납하지 않았다.

사업의 타당성, 예산의 적정성, 사업추진의 시의성, 성과분석 등을 철저하게 검증하기 시작했다. 부장들과 직원들이 업무분석을 소홀히 하면 유 실장은 어김없이 질타와 재검토를 지시했다. 그는 개인적인 역량도 탁월했지만 무엇보다도 나의 의중을 정확히 읽고 실행했다.

나는 유 실장에게 무한한 신뢰와 격려를 보냈다. 그를 통해 조직은 급속도로 안정되었다. 유 실장 체제가 출범한 지 채 한 달도 되지 않았는데 감사실은 제 모습을 보여주기 시작했다. 그 여파는 집행부의 태도 변화로 이어졌다. 감사실에서 상당수의 업무에 제동을 거니 실무자들은 긴장했다. 기획단계부터 감사실을 찾아와 자문을 요청하는 경우도 빈번했다. 미리 자문을 요청하고 검토를 받으면 오히려 편하다는 것이 실무자들의 공통된 견해였다.

나는 때를 놓치지 않고 감사실의 월간계획과 주간계획, 그 진행사항까지 매주 월요일 인트라넷에 공개하라고 지시했다. 또한 공사 홈페이지와 인트라넷에 혼재되어 있던 감사실 관련 업무의 메뉴를 통합해 인트라넷에 감사실 창을 신설했다. 감사실의 문서 수발은 물론 주간계획, 제도개선 건의, 내부공익 신고센터, 청백리마당, Q&A 창을 신설했다.

사장은 부르주아, 감사는 프롤레타리아

그러나 호사다마라고 했던가. 나의 역할이 확대되고 감사실을 향한 적대적 분위기가 호의적으로 변하자 기득권을 누렸던 일부 간부들이 준동했다. 나의 집무실에 어떤 직원들이 출입하는지 감시해서 사장에게 일러바치기도 했다. 편 가르기 현상이 나타난 것이다. 아니 편 가르기를 부추기고 있었다. 그들은 기득권을 누려왔던 특정 지역 출신의 간부들이었다.

그들 뒤에는 어김없이 사장이 있었다. 윤 사장은 간부회의 때 노골적으로 "어떤 놈이 감사한테 정보를 주느냐"고 힐난했고, 누가 나와 가깝게 지내는지 조사하고 있었다. 특히 그는 감사실장에게 섭섭한 감정을 감추지 않았다. 나를 감시하고 철저하게 자신의 편에 서주기 바랐는데 그새 나에게 물들었다고 간부들 앞에서 탄식했다는 소문이 파다했다.

"자식, 내가 진급시켜 감사실장으로 보냈더니 벌써 감사 똘마니가 다 되어버렸어."

심지어 몇몇 간부들은 사장에게 불려가 "왜 감사 방에 갔느냐, 감사와 무슨 말을 했느냐"며 추궁을 당하고 혼쭐이 나기도 했다. 사장의 태도는 유치했다. 그 효과는 즉각 나타났다. 간부들의 출입이 뚝 그쳤다. 나는 이 사실을 일절 모르는 체했다. 나에게 직언했던 간부들을 보호해야 했기 때문이다. 그러나 나는 간부들과 지속적으로 의견을 나눴다.

우리는 언제나 하나만을 선택해야 하는 기로에 서게 되고 고민에 빠진다. 둘 다 가질 수 있거나 아무것도 가지지 않아도 된다면 오히려 편하다.

지금 우리 공사에는 두 부류가 있다. 바로 사장과 나였다. 두 사람은 태생적 환경과 성향이 달랐다. 이런 관계를 임호 부사장은 이렇게 평가했다.

"사장은 부르주아, 감사는 프롤레타리아"

나는 직원들에게 물었다. 당신은 어느 쪽이냐고. 이에 누구를 선택하더라도 별다를 바 없는 복불복이라는 측과, 누구를 택하느냐에 따라 결과가 완전히 달라질 수 있다고 하는 두 부류로 나뉜다. 전자는 주로 간부들이고 후자는 새내기를 비롯한 젊은 직원들이다. 전자는 힘 있는 사장에게 맹종하고 후자는 변화를 바라는 열망으로 나를 응원한다. 나는 간부들에게 묻는다. 인생에 있어서 당신의 선택은 무엇이었냐고. 당신들은 후배들에게 무엇을 남겨주려 하느냐고.

부끄러움을 모른다

노조의 경영 간섭, 업무평가도 편파적

2월 10일, 사장이 2005년도 하반기 경영혁신실적 평가결과를 발표했다. 그런데 국가청렴위원회 선정 국가청렴도 1위를 달성했던 감사실은 2등이었다. 1등은 자체예산으로 품질경영시스템을 구축한 교육원이었고, 3등은 관광공사와 업무협약을 체결했던 팀이 선정되었다. 그야말로 전형적인 '나눠 먹기식' 평가였다.

평가위원으로 참여한 이사들과 기획실장은 감사실을 1등으로 평가했지만 노조가 감사실을 깎아내렸다는 후문이 들렸다. 이로써 노조의 안티감사라는 사실이 입증되었지만, 노조가 불법으로 경영에 깊숙이 개입하고 있다는 사실도 확인되었다. 노조는 있을 수 없는 반칙의 전횡을 일삼고 있었다.

나는 사장에게 2위 평가를 정식으로 반납했다. 대통령 직속기관인 국가청렴위원회에서 1위로 평가받은 업적을 2위로 평가 절하했고, 노조가 불법 참여해 원칙과 기준을 무시하면서 감정적으로 평가했음을 적시했다. 그러나 사장은 아무 대꾸도 없었다.

성과관리의 핵심은 포상이다. 신상필벌은 공명정대해야 한다. 피차 돌아가며 나눠 먹는 평가, 노조의 생색내기 평가는 도덕불감증의 대표적 사례에 불과하다. 다산의 "경세유표" 제11권은 '고적지법'으로 채워져 있다. 고적

(考績)이란 무엇인가? 공직자들의 업적을 평가하는 것으로, 요즘 말로 성과관리를 말한다. 다산은 고위공직자들의 업적을 제대로 평가해 신상필벌을 원칙대로 처리하기만 한다면 세상은 반드시 요순시대가 될 것이라 여겼다.

직원들의 뇌물수수 사건

2월 27일 오늘은 공사 39년 역사상 가장 부끄러운 날이다. KBS, MBC, SBS, YTN, MBN 등 공중파를 비롯한 중앙지, 포털뉴스에서 우리 직원들의 뇌물수수 관련 뉴스가 전국으로 전파되고 말았다. 서울지방경찰청이 밝힌 바에 의하면, 우리 직원들이 농수산물 가공업체로부터 한국전통식품 선발대회에서 대통령상을 받을 수 있도록 도와달라는 청탁과 함께 돈을 받아 챙겼다는 것이다.

서울지방경찰청은 지난 1월 19일 우리 직원 네 명을 불구속 입건하고, 참고인 세 명을 소환조사를 하고 있었다. 나는 부끄럽게도 이 사건을 뒤늦게 알았다. 경찰의 조사가 진행되고 있음에도 사장은 함구령을 내렸고, 가장 먼저 알았어야 할 나는 바보가 되고 말았다. 사장은 뇌물수수 간부들의 거짓 보고와 변명만을 믿고 뒷수습이 잘되길 기대하고 있었다는 것이다.

나는 즉시 감사실 회의를 소집하고 자체진상조사에 착수했다. 그 결과 1월 19일 조 부장이 경찰에 출석해 수차례 조사를 받았고, 관련 문서를 경찰청에 제출했으며, 담당이사는 팀장의 보고를 받아 정확한 수사상황을 알고 있었다. 문제의 심각성을 직감한 나는 감사원과 국가청렴위원회, 농림부에 범죄사실을 통보하고 대책수립에 착수했다.

정의가 죽은 사회는 백성이 피해자

3월 6일 오전 9시. 모든 임직원을 3층 대강당으로 집결시켜 강도 높은 청렴혁신교육과 함께 '자정결의대회'를 실시했다. 뒤숭숭한 공사 분위기를 일신하고 느슨해진 공직기강을 바로잡아야 할 필요성을 절실히 느꼈다. 나는 교육을 통해 사태의 심각성을 직원들에게 강조했다.

"정의가 죽은 사회는 백성이 피해자입니다. 지금 우리 공사는 정의가 살아 있습니까? 아니면 실종되었습니까. 무엇이 선이고 무엇이 악인지, 무엇이 진실이고 무엇이 거짓인지, 무엇이 반칙이고 무엇이 원칙인지 분별하지 못한다면 그 피해는 바로 여러분에게 돌아갑니다. 이번 사건은 몰지각한 간부들의 배신행위이자 우리 공사의 청렴성과 공신력을 하루아침에 짓밟아버린 패륜행위입니다."

나의 강도 높은 교육은 30분 동안 계속되었다. 그리고 이어 자정결의대회를 하면서 모든 임직원이 공개적으로 작성한 청렴서약서를 직접 사장에게 제출했고, 사장과 나는 모든 임직원 앞에서 청렴서약서를 맞교환했다.

평소 부적절한 언행과 업무처리를 일삼아 통제가 어려웠던 사장이 직원들 앞에서 공개적으로 청렴서약을 함으로써 자성하기를 바랐다. 그러나 그것은 그저 나의 희망사항이자, 요원한 꿈이라는 사실이 즉석에서 확인되었다.

철밥통 공기업 그 모순과 관행의 실체

유통공사는 물 좋기로 소문나?

자정결의대회를 마치고 마지막으로 사장의 훈시가 있었다. 행사장은 매우 침통했고 엄숙했다. 그런데 참으로 어처구니없게도 설마설마했던 일이 현실로 나타났다. 윤 사장은 도덕성과 윤리경영에 대해 단 한마디도 언급하지 않았다. 경영자로서 혁신의 중심에 있어야 할 그는 횡설수설로 일관하더니 급기야 대단히 위험하고도 적절치 못한 말을 여과 없이 쏟아냈다.

"여러분, 내가 유통공사 사장으로 오니까 가까운 친구들이 나한테 이렇게 말해요. 야, 유통공사가 물 좋기로 소문난 곳인데 거길 어떻게 갔느냐, 그러면서 나를 부러워해요. 솔직히 말해서 나도 여기 오기 전에는 물 좋은 곳인 줄 알았어요. 그런데 막상 여기 와서 보니까 전혀 그게 아니었어요.

나는 그동안 여러 사람에게 은행, 광고, 입찰, 인쇄, 국영무역 등 다양한 청탁을 받았어요. 솔직히 CEO로서 마냥 거절할 수도 없고 또 더러는 도와줄 필요도 있어서 담당직원을 불러 '이것 좀 검토해보라'고 지시하면 되는 일이 하나도 없어! 온갖 핑계와 구실을 다 대면서 안 된다 이거야. 그래서 그 원인을 생각해보니 그동안 업자들과 직원들 사이에 네트워크가 형성되어서 먹이사슬로 연결되어 있어. 그걸 깰 수가 없다 이 말이야. 그러니 사장이 아무것도 할 수가 없어. 직원들이 업자와 그동안 짜고 해먹었는데 내가 말한다고 되겠어. 그래서 그 관계는 떼려야 뗄 수 없는 것입니다."

순간 나의 얼굴은 허옇게 일그러졌다. 긴장감이 고조되었던 분위기는 순식간에 느슨해졌다. 그는 행사를 망쳐버렸다. 오늘만큼은 사장의 강도 높게 질타가 있으리라 기대했다. 강력한 의지로 혁신을 주도해야 할 사장이 하필이면 부패를 척결하자고 외치는 자리에서 스스로 부끄러운 사실을 거리낌 없이 털어놓은 것이다.

　사실 윤 사장이 노골적으로 이권에 개입하고 있다는 소문은 은밀하게 나돌고 있었고, 노조에서도 자료를 취합하고 있다는 입소문이 파다했다. 가장 도덕적이고 청렴해야 할 사장이 전 직원 앞에서 부끄러운 줄도 모르고 막말하는 현실, 바로 이것이 오늘날 우리 공사의 모습이다.

철밥통 공기업 그 모순과 관행의 실체

감사일지 공개의 파장

잔칫집 주인이 손님 외면하고 관광성 외유

3월 14일부터 4일간 일본 도쿄에서 열리는 국제식품박람회에 우리 공사도 참여하게 되었다. 올해에는 440평에 160개 부스를 설치하고, 92개의 신선 농산물, 김치, 인삼, 육류, 장류, 음료, 주류 수출업체가 참여한다. 우리는 김치홍보관, 궁중요리관을 설치해 김치퓨전요리, 궁중음식, 임금님 수라상 시식행사를 통해 한류열풍을 확산하려는 계획을 세웠다.

이 행사에는 국회 농림해양수산위원회 위원들과 농림부장관이 참석할 예정이다. 그리고 드라마 〈대장금〉의 양미경 씨가 김치홍보대사로 참여하고, 일본에서 인기 있는 K-1 최홍만 선수의 팬 사인회를 여는 등 다채로운 이벤트가 펼쳐질 계획이다. 이 행사에 윤 사장은 주관자로서 반드시 참가해야 한다.

현지 행사 준비는 완벽했다. 그런데 갑자기 변고가 생기고 말았다. 행사 일주일을 앞둔 오늘, 갑자기 윤 사장이 일본 출장을 취소했다. 이유는 유치했다. 농림부장관이 참석하지 않은 행사에 사장이 갈 필요가 없다는 것이다. 평소 알량한 자존심이 강하기로 유명한 윤 사장은 "장관도 없는데 상전인 국회의원들 치다꺼리를 내가 왜 하느냐"고 항변했다.

그러더니 뜬금없이 박람회 기간인 3월 13일부터 19일까지 일주일간 중국에 가겠다고 나섰다. 중국 윈난성 화훼산업연합회와 MOU를 체결한다는 명분을 세웠다. 3월 13일 길림성 장춘, 14일 베이징, 15일 윈난성 곤명시, 16일 곤명시에서 윈난성 화훼산업연합회와 MOU 체결 후 방콕 도착, 17일 싱가포르, 18일 서울 도착이 공식적인 일정이었다.

사장의 중국, 태국, 싱가포르 출장 일정이 확정된 후 화훼사업 본부장으로부터 중국 윈난성 화훼산업연합회와 업무협조약정서 체결업무를 보고받았다. 그러나 일고의 가치도 없는 업무협약이었다. 기껏 양국의 화훼산업 발전을 위한 상호 정보교환이 협약의 주요 골자였다. 나는 하나하나 내용을 점검했다. 결국 화훼사업 본부장은 실토했다.

"사실 아무 의미도 없고 시급한 것도 아닙니다. 갑자기 추진하느라 현지에서도 무리가 있습니다. 그러나 사장님 지시인데 별수 없잖습니까?"

갑자기 업무협약을 하자며 무리한 일정을 짜서 요구한 것도 우리 측이었다. 사장이 무슨 이유로 갑자기 서둘러 중국을 가야 했을까? 그 속사정은 아무도 모른다. 그는 길림성대학에서 명예박사 학위를 받고 퇴임 후 교환교수나 하면서 노후생활을 하고 싶다는 말을 임원들에게 털어놓았던 적이 있다. 그래서 장춘을 방문한 것인가. 명분은 MOU 체결이라고 했지만 사실은 구색 맞추기였다.

위기는 기회, 감사일지 공개로 정면 돌파

이런 현상을 바라보고만 있기에는 분명히 한계가 있었다. 분위기를 바꿀 필요성이 절실했다. 그러기 위해서는 충격요법이 필요했다. 그 충격요법은 바로 지난 일 년간 기록해온 감사일지를 공개하는 것이다. 나는 감사 취임 첫날부터 지난 일 년 동안 겪어왔던 충격적인 사실들, 사장과의 관계, 감사실과의 관계, 반칙의 관행들과 싸우면서 이를 극복했던 현상들을 임직원에게 공개하기로 결심했다.

사실 출근 첫날부터 반복적으로 목격된 반칙의 현상들을 용납할 수 없었고 차마 눈 뜨고 볼 수 없었다. 대한민국 공기업이 완전히 곪아 터지고 있는 현실, 이 현실을 알고도 모르는 체하면 나는 비겁한 인간이리라. 제도개선과 혁신을 통해 이곳을 통째로 바꿔놓지 않는다면 나는 역사 앞에 죄인이리라. 참여정부의 공직자로서, 나를 바라보고 있는 아이들의 아비로서 결코 자유로울 수 없을 것이라는 생각이 나를 속박했다. 이것이 꼬박꼬박 감사일지를 눌러쓰게 했던 원동력이었다.

감사일지를 공개하기로 결심한 이유는 분명했다. 무엇보다 사장의 태도 변화를 유도하기 위해선 충격요법이 가장 절실하다고 믿었다. 또한 임직원들이 조직 내부의 현실을 똑바로 인식하길 바랐다. 공개 이후 파장이 두려워 그냥 덮어둔다면 문제가 더 곪아 터질 수 있다고 판단했다. 내가 사장의 권한을 침해한다고 성토하는 직원들에게 무엇이 진실이고, 무엇이 허구인지를 스스로 판단할 기회를 줘야 했다.

"사장 체통을 봐서 한번 봐주시지요"

3월 10일 오전 9시. 나는 임호 부사장에게 나의 감사일지를 내부 전산망을 통해 모든 임직원에게 공개하겠다고 통보했다. 지난 일 년 동안 겪었던 사장과의 관계, 공사의 미래에 대한 걱정, 직원들의 집단적 저항, 나의 변함 없는 혁신정책과 물러섬 없는 추진과정을 설명했다. 사장에게 경종을 울려 주고, 모든 임직원이 스스로 부끄럽고 추악했던 과거를 훌훌 털어버리게 해야 한다고 했다. 부사장은 당혹감을 감추지 못했다. 나의 의지를 이해하지만 후유증이 대단히 클 것이라며 극구 만류했다.

  "모든 임직원이 감사님의 취지를 백 번 이해한다 해도 그 여파는 엄청날 것이며 공사에 부정적인 요인이 될 것입니다. 청와대와 국가정보원, 감사원, 농림부, 기획예산처, 경찰청, 농업 관련 단체, 특히 언론에 알려지게 되면 그 파장이 일파만파로 확산되어 엄청난 부작용이 뒤따를 것입니다."

  그러나 부사장도 나의 의지를 꺾을 수는 없었다. 나는 감사실 전체회의를 소집했다. 비장한 나의 태도에 어느 누구도 이의를 제기하지 않았다. 오히려 그동안 내가 일지를 써왔던 사실에 놀라고 있었다. 사장을 견제할 유일한 사람이 나뿐이라는 것을 잘 알고 있었지만 파장을 염려하는 모습이었다.
  부사장은 또다시 나를 찾아와 감사일지를 공개하지 말아달라고 요청했다. 그는 사장에게 보고한 후 다시 나를 찾아온 것이었다. 나는 오후 4시에 사장을 독대했다. 사장은 긴장된 모습으로 연신 내 눈치를 살피면서 단도 직입적으로 말했다.

  "감사님, 부사장에게 감사님 뜻을 전해 들었습니다. 그동안 제가 여러 가지로 감사님 마음을 상하게 한 것을 크게 후회하고 있습니다. 말씀드리기참 어렵습니다만 직원들에게 사장 체통이라는 것도 있는데 제 체면을 봐서라도 한번만 봐주시지요. "

윤 사장은 벌겋게 달아올라 상기된 표정으로 나를 간곡히 만류했다. 비겁하리만치 저자세였고 얼굴은 일그러져 있었다. 하지만 사장의 체면을 생각해서, 사장의 말 한마디로 나의 의지가 꺾일 것이었다면 아예 시작도 하지 않았을 것이다. 나는 정중하지만 분명하게 잘라 말했다.

"사장님이 농업을 모르는 분이니 잘 도와주라는 정찬용 인사수석의 말도 들었습니다. 제가 이곳에 온 지 일 년이 지났지만 지금도 사장님을 잘 도와드려야 한다는 생각에 변함이 없습니다. 그러나 사장님! 우리 공사의 현실이 과연 정상이라고 생각하십니까? 저는 진심으로 사장님이 큰 성과를 거두시기를 바라고 있습니다. 제가 사장님께 아무리 좋은 의견을 제시해도 흔쾌하게 받아들인 일이 없습니다. 오히려 제가 말씀드리면 하던 일도 중단되고 뒤에서 험담하지 않았습니까?
강원도 감자 사건만 해도 그렇습니다. 지난가을에 제가 뭐라 했습니까. '강원도 감자가 풍년이니 우리가 수매해야 한다, 우리가 감자 팔아주기 운동을 하자'고 건의했을 때 사장님은 귀를 막고 듣는 체도 안 했습니다. 그것이 사장님의 권한을 침해한 것입니까? 그래서 사장님 자존심이 상했습니까? 결국 국회에서 난리치고, 강원도 농민들이 아우성을 치니까 마지못해 올 봄에 감자를 수매했습니다. 그런데 지금 어떻습니까? 수매와 보관 과정에서 감자가 썩어 민원이 발생했습니다. 지금 법정소송이 진행되고 있습니다. 이런 일이 어디 한두 건입니까?"

나는 윤 사장에게 하고 싶은 말을 다 털어놓았다. 그는 내일 일본 출장 대신 동남아 출장을 떠나기 때문이다.

"사장님, 지금 간부들은 그저 좋은 것이 좋다, 적당히 대충대충 하자, 그러면 중간이라도 간다, 그렇게 말합니다. 그 중심에는 어김없이 사장님이 계십니다. 오로지 사장님 눈치만 살피면서 맹종합니다. 이렇게 썩어빠진 조직으로 뭘 하시겠다는 말입니까.
저는 결심했습니다. 지난 일 년간 기록했던 일지를 오늘 공개할 것입니다. 내용을 모든 임직원이 읽어본다면 찬반토론이 가능할 것입니다. 공개될 내용에는 사장님과 제가 충돌했던 사실들이 그대로 기록되어 있습니다. 보태지도 빼지도 않았습니다. 사장님과의 관계를 공개하지 않고 직원들만 탓한다면 아무런 의미가 없습니다. 그러나 저만 알고 있는 사장님의 치부는 뺐습니다. 사장님께 감정이 있어서 일지를 공개하는 것이라면 이런 방법을 쓰지 않습니다. 우리 공사를 위해 결심한 저의 충정을 이해바랍니다."

내 뺨을 치십시오, 나를 밟고 새롭게 일어나십시오
나는 사장이 부재중일 때 슬그머니 감사일지를 공개하는 것은 비겁하다는 생각이 들었다. 그래서 미리 당사자인 사장에게 그 사실을 통보한 것이

철밥통 공기업 그 모순과 관행의 실체

었다. 공개를 결심했지만 한편으로는 괜한 짓을 하는 것은 아닐까 하는 두려움으로 마음은 천근만근이었다.

이런저런 생각으로 하루를 보내다 보니 퇴근 시간이 지났다. 오후 6시 30분, 나는 거칠게 내부 전산망을 두들겼다. "내 뺨을 치십시오"라는 제목을 뽑았다. 그리고 "공사의 미래, 우리의 책임"이라는 머리말을 통해 직원들에게 호소했다.

"존경하고 사랑하는 임직원 여러분! 진정으로 여러분은 공사를 사랑하십니까? 그리고 진정으로 주인이시길 원하십니까? '예'라고 답을 하신다면 저의 뺨을 치십시오. 그리고 저를 밟고 새롭게 일어나십시오.

저는 여러분께 죄인의 심정으로 이실직고합니다. 저의 직고에 대한 답은 여러분의 사고 속에 있습니다. 인생의 꿈과 희망을 실현하는 산실이 되길 바랍니다. 여러분의 직관력은 밝은 미래를 보장할 것입니다."

비판과 찬성, 논쟁은 불붙고

3월 14일. 공개된 감사일지를 읽은 직원들은 400명이 넘었다. 그리고 드디어 인트라넷의 '신문고'를 통해 직원들이 반응을 보이기 시작했다. 신문고는 노동조합에서 비실명으로 운영하고 있어 누구든지 쉽게 여과 없이 의견을 올리는 곳이다. 객관적인 판단을 위해 요약하지 않고 올라온 순서대로 찬반의견을 정리했다.

일시 : 2006년 3월 14일 오전 8시 43분

제목 : 항상 역지사지의 입장에서 생각합시다.

　　감사님은 남의 잘못을 지나치게 비판하기에 앞서 자신을 한번 되돌아보는 것이 당연하다고 봅니다. 어느 날 자리가 높아졌다 하여 남의 삶에 대해 일방적으로 비판하는 것은 삼가는 것이 좋으리라 봅니다. 종교에 관용과 헌신과 봉사라는 표현은 있어도, 남을 함부로 평가하고 자신의 잣대만이 올바르고 자신 외에 것은 부정적이고 잘못이라는 표현은 없습니다. 직원으로서 듣기가 참으로 민망합니다. 비록 조직에 잘못이 있다면 당신께서 올바르게 처신하고 개선책을 임원들과 허심탄회하게 대화하고 협의해 조직을 올바른 방향으로 갈 수 있도록 하심이 그 직책에 대한 도리가 아닐까 싶군요. 과거가 없는 현재와 미래는 있을 수 없습니다. 과거의 잘못에 대한 비판은 현실과 미래에 대한 희망을 보여줄 수 있지만 과거가 없는 현재와 미래는 있을 수 없습니다. 과거의 잘못에 대한 비판은 현실과 미래에 대한 희망을 보여줄 수 있지만 과거에 대한 일방적인 매도는 앞서 근무하신 분과 현재의 공사에 계시는 분들을 반목하게 하는 또 다른 분파적인 행동이 아닐까 생각합니다.

일시 : 2006년 3월 14일 오전 9시 39분

제목 : [답장] 보약이 입에는 쓰나 몸에는 좋다.

　　과거가 없는 현재와 현재가 없는 미래는 없다는 지적에 동의합니다. 그러나 과거의 잘못된 관행이 있었다면 당연히 지적하고 비판함으로써 더 나은 현실을 만들어야 합니다. 비판이 쓰다고 비판을 일방적 매도라고 생각하는 당신의 아픈 입장을 이해하나, 과거사가 아프다고 덮고 가자는 것은 곪은 상처에 거즈나 덮고 다 나았

철밥통 공기업 그 모순과 관행의 실체

다고 하는 격이 아닐까요? 개혁의 기회는 자주 오지 않습니다. 모처럼 도래한 발전의 기회에 더 큰 사랑으로 비판을 수용한다면, 우리는 더욱 성숙된 본연의 자세로 우리 공사를 반석 위에 올려놓을 수 있으리라 생각합니다. 동료와 자신을 비판할 수 있는 것은 쉽지 않습니다. 상상할 수 없는 아픔과 사랑이 없다면 어려운 것입니다. 맹목적 사랑이야말로 대안 있는 비판보다 더욱 위험합니다. 보약이 입에는 쓰듯이 말입니다.

일시 : 2006년 3월 14일 오전 9시 54분

제목 : 소회를 읽고.

감사님의 일 년간 소회를 읽고 보니 우리 공사의 나쁜 점에 대해 수구보수라는 용어를 쓰면서 신랄하게 비판했습니다. 일부는 그동안 우리 공사의 나쁜 점이면서 누구도 함부로 꺼내지 못한 부분을 건드렸습니다. 그렇지만 우리 공사가 그렇게 나쁜 점만 있고 자랑할 만한 기업문화는 없는지 궁금하군요. 또한 그동안 감사님께서 조직을 장악하기 위해 퇴직한 전임자와 현재 같이 근무하는 간부들을 처참히 짓밟는 것을 보면 정치판과 똑같지 않나 생각이 드는군요. 과연 그분들이 공사에 대해 어떻게 생각을 하시고 앞으로 어떠한 생각으로 근무할지 걱정됩니다. 그분들은 지난 일 년 내내 감사님의 조직 장악에 희생양이 되어 마음에 깊은 상처를 입었습니다. 같은 직원 입장에서 그분들을 어떻게 위로하고 감싸 안아야 할지 걱정 이 많습니다.

감사님의 소회를 보면 감사님과 감사실은 열심히 잘하려고 노력을 하고 있는데 집행부와 직원들이 협조를 하지 않아 어려움이 많다고 하십니다. 이것은 잘 되면 내 탓이오, 못 되면 남의 탓으로 돌리는 것과 같습니다. 감사님의 의견에 동의하면 훌륭한 직원이고 반대를 하면 항명이요, 조직적인 반대요, 인격적 모독을 하는 것인지 궁금합니다. 직원들이 지금 왜 조용한지 아십니까. 감사님의 의견에 전적으로 동의를 하기에 조용할까요. 아니면 감사님이 무서워서 조용할까요. 감사님께서는 지난 일 년간 하늘을 우러러 부끄러운 것이 하나도 없는지 궁금하군요. 과연 감사님은 집행부와 직원들에게 압력을 행사한 것이 하나도 없는지요. 있으시면 지금이라도 고백하시고 모두가 잘해 좋은 공사를 만들자고 먼저 손을 내미는 것이 좋은 것이 아닌가 생각해봅니다.

일시 : 2006년 3월 15일 10시 23분
제목 : [답장] 소회를 읽고.

이 글 올린 분 참 지지리도 못나고 배배 꼬였군요. 세계 어느 나라 어느 조직이든 존경받을 언행을 하지 못해 부하직원들에게 존경받지 못하는 상사는 반드시 있습니다. 그게 우리 인간사가 아닙니까? 설사 어떤 면에서 자신보다 모자란 부분이 있다 해도 그는 그만한 능력과 인품이 있어 그 자리에 계신 것입니다.

조직은 최소한의 위계로서 운영되어지는 것인데 신문고가 비실명으로 운영되면서부터 우리 공사에 이런 비아냥거림과 위계를 무너뜨리는 풍토가 만연하고 있습니다. 개탄스럽기 그지없습니다. 내가 지적하는 것은 귀하의 글을 보는 불특정 다니다. 개탄스럽기 그지없습니다. 내가 지적하는 것은 귀하의 글을 보는 불특정 다수에 대한 최소한의 예의도 없는 귀하의 빈정거리는 글 본새입니다. 참 후안무치하고 막되어 먹었군요. 당신의 마음에 들지 않는 감사님이 당신에게 대화와 토론의 장을 만들어주었습니다. 그런데도 귀하는 이렇게 어두운 곳에서 비겁하게 감사

니다. 개탄스럽기 그지없습니다. 내가 지적하는 것은 귀하의 글을 보는 불특정 다수에 대한 최소한의 예의도 없는 귀하의 빈정거리는 글 본새입니다. 참 후안무치하고 막되어 먹었군요. 당신의 마음에 들지 않는 감사님이 당신에게 대화와 토론의 장을 만들어주었습니다. 그런데도 귀하는 이렇게 어두운 곳에서 비겁하게 감사님 등에 비수를 들이대고 있습니다. 당신이 직원들을 규합하고 대화와 토론의 장을 만들어 정정당당하게 대응하면 될 것 아닙니까? 인사팀과 노동조합은 뒀다 어디에 쓸 겁니까? 공감대가 형성되면 안 될 일이 거의 없습니다. 더 이상 비아냥거리면서 인격을 모독하는 댓글을 쓴다면 당신은 비열한 분열주의자일 것입니다.

사장과 농림부는 글을 내리라 압력을 가하고

며칠 사이에 갑론을박으로 수렴된 의견은 고작 이 정도였다. 하급직원들은 대부분 처음 알게 된 사실들이라 개인적인 의견을 제시하기에는 무리였을 것이다. 그러나 지극히 자극적이고 의도적으로 허위사실을 유포하면서 여론몰이를 하는 사람이 누구라는 것을 쉽게 짐작할 수 있었다.

나는 임직원에게 부당한 지시나 압력을 행사한 적이 전혀 없다. 공개적으로 불편부당한 일은 하지 않겠다고 선언한 나였다. 사장의 권한을 침해한 일도 전혀 없다. 이러한 것을 웬만한 직원들은 다 알고 있었다. 그럼에도 나를 공격하는 것은 지사의 직원들과 하부직원들을 선동하려는 속셈이 분명했다.

그동안 나를 욕하고 비판했던 대여섯 명의 간부들이 은밀히 모여 대책을 세운다는 소식도 들렸다. 어떤 간부는 부하들에게 원색적으로 나를 욕한다는 말도 들렸다. 그러나 나는 초연했다. 이미 예상했던 일이고 대꾸할 가치도 없기 때문이다. 오히려 너무 조용한 것이 부담스러웠다.

그러나 조용히 끝날 문제가 아니었다. 부사장은 나를 찾아와 간곡히 주장했다. "해외출장 중인 사장의 입장을 고려해달라. 직원들은 거의 다 읽어보았다. 농림부 장관도 보고를 받아 알고 있다. 정보기관에 알려지는 것은 시간문제다. 그러니 감사일지를 삭제해달라"는 것이었다. 출장 중인 사장은 매일매일 부사장에게 전화해 삭제 명령을 내리고 있었다. 나는 단호히 거부했다. 이번에는 농림부 이준영 국장에게서 전화가 왔다. 그는 대단히 신경질적으로 나에게 명령하듯 삭제하라고 했다.

"감사님! 참 좋은 글을 쓰셨던데요, 잘 읽어봤습니다. 그런데 왜 그런 글을 써서 평지풍파를 만듭니까. 장관님도 화를 내면서 경위를 보고하라고 합니다. 장관님과 차관님 그리고 내 이름을 왜 거론합니까. 정말 불쾌합니다. 문제가 더 확산되기 전에 지금 당장 삭제해주십시오."

이 국장의 말을 듣는 순간 나는 화가 났다. 중앙 부처 6급 주사가 공기업 사장과 이사들에게 호통 치는 일도 있었던 마당에 국장은 얼마나 기세등등하겠는가. 우리 공사 담당국장이라 해도 그는 나를 너무 쉽게 보고 있다. 나는 그의 고압적인 태도에 물러서지 않았다. 나의 목소리는 커졌다.

"국장님, 제 말 잘 들으세요. 그쪽 입장은 이해합니다. 그러나 없는 일을 꾸민 것도 아니고 있는 사실을 그대로 기록한 것입니다. 우리 공사를 혁신시켜서 새롭게 출발해야 한다는 것이 제 생각입니다. 그래야 관리감독자인 국장님도 편할 것 아닙니까. 그런데 뭐가 불쾌하단 말입니까? 40년간 대물림해왔던 반칙의 관행을 청산하고 조직을 완전히 바꿔보겠다는데 농림부가 이래라 저래라 간섭해도 되는 것입니까? 언제부터 농림부가 감사의 권한까지 좌지우지했습니까? 내가 당신이 삭제하란다고 삭제할 것 같습니까?"

"감사님, 제가 감사님 하시는 일에 관여하는 것이 아니라 내 이름도 적혀 있으니 삭제해달라는 것입니다. 솔직히 이런 내용이 정보기관이나 외부에 공개되어서 좋을 일이 뭐가 있겠습니까?"

"국장님 명예가 손상되는 것도 아닌데 뭐가 문제입니까? 언제까지 농림부가 우리 공사를 떡 주무르듯이 하며 주종관계로 일할 생각입니까? 더 이상 우리를 우롱하지 마세요. 과거에는 별의별 상납을 다 했어요. 심지어 성 상납도 있었어요. 지금도 우리 직원들은 농림부에 시도 때도 없이 호출을 당해서 밥값, 술값 계산하고 운전기사 노릇까지 하고 있어요. 더 이상 이 문제로 이래라 저래라 간섭하지 마세요."

나는 감사일지 게시 기간을 아예 영구로 확정하고 어느 누구도 삭제할 수 없도록 조치했다. 사장도 부사장을 통해 계속 삭제를 요구했다. 심지어 사장은 부사장에게 "당신과 감사가 동향 사람이라 둘이서 짜고 나를 골탕 먹이느냐"라며 괴롭혔다. 임호 부사장은 전북 순창 출신으로 나보다 선배였다. 사장의 터무니없는 등쌀에 임 부사장은 두 번이나 보따리를 쌌다가 풀었던 일이 있다.

정운용 팀장은 나를 찾아와 심각한 표정으로 반발했다. "중국 구경 잘했느냐"고 나를 우롱했던 바로 그였다. 그는 자신의 인격이 심각하게 훼손되었고, 부하직원들 앞에서 얼굴을 들지 못할 정도로 체면이 손상되었다며 자기의 억울한 입장을 인트라넷에 공개적으로 밝힐까 생각 중이라고 헛소리를 했다. 참으로 후안무치한 자였다.

나를 응원하는 직원들은 이메일로 지지하고

말 없는 다수의 직원은 감사일지를 읽고 나름대로 많은 생각을 하고 있었다. 나를 비난하고 인신공격했던 직원들은 비실명인 신문고를 통해 험담을 했지만, 나를 응원하고 격려하는 직원들은 메일로 응원했다. 신문고와는 달리 메일은 자신의 신분을 밝히는 것이어서 더욱 분명한 의견이었다. 그들은 나의 혁신의지에 동감하고 있으며, 나에 대해 무한한 신뢰를 보내고 있다. 모두 60여 통의 메일이 왔다.

"밤늦게 사무실에서 감사님의 글을 읽는 순간, 마치 감사님이 가까이에서 따뜻한 손을 내밀어 주시는 느낌이 들었습니다. 한동안 감사님에 대한 생각이 제 머리를 떠나지 않았습니다. 일찍이 경험해보지 못했던 말과 글로 표현할 수 없는 충격이었습니다. 무엇 때문에 감사님이 글을 쓰셨는지 메시지의 의미를 생각해보았습니다. 조직과 개인, 시대의 흐름과 변화의 요구, 껍데기와 알맹이, 생존과 소멸, 조직에서의 나의 의미 등 많은 생각이 나더군요. 우리 팀의 작은 조직에도 변화를 위해서는 개인의 아픔과 조직의 갈등이 존재하는데 39년의 긴 역사를 지닌 우리 공사는 오죽하겠습니까.

그늘진 속살을 드러내놓고 변화하기 위해서는 필연적으로 있어야 할 아품이라고 생각했습니다. 그 변화를 위해 조직 개개인들에게 주신, 제가 감히 해석할 수 없는 크고도 엄중한 메시지라 생각했습니다. 이제 우리들은 혼돈 상태에서 정돈하는 수순이 이어질 것입니다. 결국 아름다운 질서로 공사가 다시 태어난다면 그 아픔은 모든 임직원에게 빛나는 진주를 만들기 위한 과정이 되겠지요. 감사님, 저도 작은 조직의 새로운 질서와 역할 창출을 위해 부단히 노력하겠습니다. " (K 지사장)

"저같이 하위직이나 지사근무 직원은 본사에서 일어난 일을 잘 모르고 있습니다. 그러나 감사님의 글을 감명 깊게 읽고 많은 것을 알게 되었습니다. 감사님께서 예리하게 지적하시고 비판하신 내용을 저뿐만 아니라 하부 직원들은 대부분 공감하고 있습니다. 앞으로도 우리 공사에서 더욱더 깨끗하고 투명한 경영이 이루어질 수 있도록 감사님께서 애써 주십시오. " (5급 사원)

'권불삼년(權不三年)'에 '본질 외면 말라'

겉으로는 조용한 분위기 속에서 하루하루가 지나갔다. 그러나 "농업 관련 언론사 기자들이 문제 삼을 것이다", "경찰에 정보가 올라갔다", "공사 퇴직자 단체인 유통공인회가 정식으로 문제를 제기할 것이다" 등의 이야기가 계속 들려왔다. 이런 와중에 어느 간부가 작성한 것으로 보이는 비판의 글이 신문고에 올라왔다. "권불삼년, 똥이 무서워나 피하나 더러워서 피하지"라며 비아냥거리는 내용이었다. "침묵하는 다수의 뜻을 대변한다"면서 나를 비난했다. 다수의 직원이 나에게 실명의 메일을 보내며 격려하고 있는데도 말이다.

나를 비판하는 글에는 반드시 답글이 올라왔다. "감사님 글의 핵심과 본질을 외면한 채 민감하게 반응하는 것은 온당치 않다"면서 나의 글에 공감하는 다수의 직원이 있음을 알아야 한다고 따끔하게 반박했다.

일부 간부들은 나를 비판하는 직원이 많은 것처럼 여론을 호도했다. 지난해부터 지금까지 신문고를 통해 나를 비판한 글들을 정독해보면 문장의 필력이나 문체, 인용문이 너무 닮아 있음을 알 수 있다. 이것은 글을 쓴 사람이 같은 사람임을 입증하는 것이다. 그런가 하면 인격적인 모욕을 주기 위해 혐오스러운 글을 신문고에 게재하는 직원도 있었다. "명견은 집안 식구를 절대 물지 않는다. 똥개는 똥이 없으면 집안 식구도 가끔 문다"는 글로 나를 조롱했다. 나는 이 글을 누가 썼는지 알고 있었지만 대꾸하지 않았다. 대다수 직원의 인성을 믿고 있는 나는 극소수의 기득권자들이 나를 폄하하고 모욕하고 희희낙락거리는 것에 의미를 두지 않았다.

일 시 : 2006년 3월 30일 오후 2시 18분
제 목 : 진심으로 고언의 말씀을 올립니다.

　　감사님의 글을 읽고 침묵하는 다수의 뜻을 대변하고 싶어 이 글을 올립니다. 먼저 전임 감사님들과는 분명 다른 철학을 가지고 계시지만 무릇 어른의 언행이 집안에 미칠 파장을 간과한 듯합니다. 역사는 계단입니다. 과거의 부정보다는 그런 과거가 있기에 지금의 내가 있습니다. 과거의 아픔을 교훈으로 삼고 때로는 오늘의 나를 만들어준 역사에 감사하며 함께 전진을 모색할 수는 없을까요?

　　감사님께서 그 긴 일지를 기록했던 시간에 진정 직원들이 고뇌하는 문제를 고민하셨다면 너도 나도 감사했을 것입니다. 수익사업 부족으로 39년간 존폐의 터널에서 시달려온 공사의 사업확충방안 등을 청와대 등에 제시하셨다면 감사님께서 진정 빠른 시간에 업무파악을 하셨다고 평가했을 것입니다. 하지만 감사님의 글을 읽다가 '허 참' 하고 화면을 끈 대다수의 직원들은 지난 일 년간 감사님께서 조직의 미래를 위해 과연 무엇을 했는지 반문하게 됩니다. 큰 기대를 갖고 글을 읽기 시작했다가 허탈감에 감사님에 대한 기대를 접고 있습니다. 그 글은 주인의 글이 아니라 잠시 들른 손님의 글이기 때문입니다.

마지막 고언을 드립니다. 발 없는 말이 천리를 갑니다. 설화와 필화가 얼마나 많은 부작용을 낳았는지는 너무도 잘 알고 계실 것입니다. 하지만 '권불삼년'을 우려하는 많은 이의 생각을 알고 계신지 궁금합니다. 많은 이들이 '똥이 무서워나 피하나, 더러워서 피하지' 하고 자조하지 않도록 어른의 포용과 언행일치를 보여주시고, 조직 내부를 적과 동지, 수구와 개혁으로 편 가르는 글을 거두어 주시옵소서.

일 시 : 2006년 3월 31일 오전 9시 16분
제 목 : [답장] 진심으로 고언의 말씀을 올립니다.

공사를 사랑하는 방법도 여러 가지입니다. 자신과 생각이 다르다고, 공사를 사랑하는 방법과 표현이 마음에 안 든다고 다수의 의견을 표방하는 형식으로 감사님 글의 핵심과 본질을 외면한 채 단어 하나에 너무 민감하게 반응하고 폄하하는 것은 온당치 않습니다. 감사님의 용기 있는 성찰의 글에 대해 너무 큰 상처 운운하지 마시기 바랍니다. 분명히 말씀 드리건대 감사일지를 읽고 귀하처럼 극소수의 반대도 있지만 절대로 공감하고 찬성하는 수많은 다수가 있음을 알아주시길 바랍니다.

언제 터질지 모르는 지뢰

신입사원, 성적이 아니라 실력으로 승부해라

4월 3일 오늘은 무척 바쁜 하루였지만 매우 보람찬 날이었다. 아침 7시 30분에 집을 나서 대전에 도착, 충남지사의 청렴혁신교육을 마치고 곧바로 수원 교육원으로 이동했다. 오후 2시에 예정된 신입사원의 특별교육이 있었기 때문이다. 지금까지 감사가 신입사원 교육을 했던 전례가 없었는데 인사팀장이 특별교육을 요청해 수락했던 것이다.

신입사원들은 공개경쟁시험에서 200대 1의 치열한 경쟁을 뚫고 입사한 스무 명의 인재들이다. 이번 공채부터 나이와 학력을 폐지했는데 특이한 경력의 소유자도 있었다. 37세인 신입 여성사원은 숙명여대 영문학과를 나와 다시 서울대 사회복지학과를 졸업한 후, 미국에서 중견회사 회계팀장을 역임했다. 어려운 환경을 극복하고 다양한 재능을 겸비한 사원도 있었다. 이렇게 다재다능한 인재들이 우리 공사의 미래를 이끌어갈 동량들인데 어찌 그들과의 대화를 마다하겠는가.

요즘 우리 사회는 여성파워가 대단하다. 올해 신입사원 스무 명 중 여성이 아홉 명이었고, 지난해는 신입사원 스물다섯 명 중 열네 명이 여성이었다. 이처럼 여성의 사회진출이 보편화된 배경에는 우수한 실력도 한몫하지만 당당함도 중요하다. 법조계를 비롯한 사회 각계각층에 여성파워가 대단히 빠른 속도로 확산되고 있는데 우리 공사도 예외는 아니었다.

나는 연고주의 타파, 부패와 불로소득, 주인의식, 사고전환, 수구와 보수, 개혁과 혁신에 대해 조목조목 이야기한 후 교육을 마쳤다. 교육이 끝나고 토론 시간이 되었다. 대화하는 시간 내내 새내기들은 대단히 진지했다. 몇 사람이 손을 들고 즉석에서 질문을 했다. 최고령으로 입사한 윤미순 사원이 웃으면서 말한다.

"감사님은 언제까지 공사에서 근무하십니까? 감사님 말씀을 죽 듣기 위해 오래오래 계셨으면 좋겠다고 생각했습니다."

어떤 사원은 평소 건강관리 방법을 묻기도 했고, 어떤 사원은 자녀교육관을 묻기도 했다. 직장상사와 신입사원들이 처음 만난 자리인데도 전혀 어색하지 않았다. 마치 오랜 기간을 같이 지냈던 형제자매들처럼 화기애애했다.

퇴직 임원들의 명예훼손 고발 으름장

지난 4월 13일에 공사퇴직자들 모임인 유통공인회 정기총회가 열렸다. 회의에서 공개한 감사일지에 대해 전임 감사들은 흥분하면서 명예훼손으로 형사고발을 결의하자고 주장했다. 그러나 무슨 내용인지 모르는 참석자도 많았다. 어떤 사람은 "공개된 글 중 상당 부분 공감되는 내용도 있고 타당성도 있다"면서 자중론을 펴기도 했다.

이날 감사일지 건으로 갑론을박의 토론이 진행되자 임원 출신인 몇 사람은 문제 해결을 위한 모든 권한을 자신들에게 위임해달라고 요청했고, 결국 그들은 난상토론 끝에 법적대응은 자제하고 성명을 발표하기로 했다. 4월 18일 성명서가 인트라넷에 올라왔다. 나는 퇴직자들의 불편한 심기를 충분히 이해할 수 있다. 후임자가 선배들의 아픈 상처를 들춰내고 속살을 벗긴다면 누군들 기분이 좋겠는가. 그들이 흥분했던 것도 무리는 아니었을 것이다.

문제는 나를 못마땅하게 생각했던 간부들이 다소 다혈질인 전임 감사에게 내부 전산망에 실렸던 감사일지를 원본 그대로 출력해 전달했고, 지금도 양자 간의 싸움을 지켜보면서 즐기고 있다는 데 있다. 이런 분위기가 지속되면서 간부 몇 사람은 지속적으로 극비리에 모여 대책을 모의하는 등 틈만 나면 나를 비판하는 데 열을 올렸다. 그 수법도 아주 비겁하고 야비했다. 없는 사실도 있는 것처럼 조작해 직원들에게 여론몰이를 해댔다.

미국산 쌀 수입으로 농민이 파산 지경

2006년의 최소시장접근물량(MMA) 수입쌀은 모두 21,564톤으로 국내 소비량의 0.6%에 해당한다. 미국산 쌀 5,504톤과 중국산 쌀 12,767톤, 태국산 쌀 3,293톤을 수입했다.

3월 중순부터 부산, 인천, 군산, 평택, 여수, 동해항에 수입쌀이 도착해 하역되었다. 쌀 수입 저지를 위한 농민집회가 전국에서 열렸고, 특히 전국농민회총연맹은 하루도 거르지 않고 항구에서 집회를 열었다. 농민시위는

철밥통 공기업 그 모순과 관행의 실체

양재동 본사 앞마당과 전국의 비축기지에서 계속되었다. 국회의원들도 전국의 쌀 비축기지와 국회에서 농성을 시작했다.

언론도 연일 수입쌀 도착 상황과 농민들의 하역저지시위를 보도했다. 나라가 온통 수입쌀로 들끓었다. 5천 년 역사상 우리의 주식인 쌀을 수입하는 일이니 국민 정서가 강경할 수밖에 없었다. 나도 과거 쌀 수입반대 삭발투쟁을 주도했고 미국 백악관 앞에까지 달려가 시위를 했던 일이 있었다.

그러나 이런 분위기는 오래가지 못했다. 미국산 칼로스가 공매에서 계속 유찰되었기 때문이다. 칼로스는 4월 5일 첫 공매 이후 6차례나 계속 유찰되었다. 그 이유는 수입쌀로 지은 밥이 우리 쌀밥보다 맛이 떨어졌기 때문이다. 미국산 쌀은 우리 쌀보다 단백질이 많아 찰기가 떨어지고, 도정 후 유통기간이 길어 미질이 떨어졌다. 이것은 결론적으로 우리의 작전이 먹혀들어간 것이다.

나는 2005년 11월 캘리포니아 새크라멘토의 ADM, 카길, 방기 등이 운영하는 쌀 도정시설을 둘러보았다. 그리고 가공과정을 꼼꼼히 살피면서 우리에게 유리한 수입 조건이 무엇인지 검토했다. 물론 미국이 주장한 벌크 방식의 현미 수입은 절대 반대였다. 현미를 수입해 국내에서 도정하면 국산 쌀로 둔갑할 우려도 있지만, 무엇보다도 미질을 향상시켜 우리 쌀보다 맛이 좋을 수밖에 없다. 나는 쌀을 미국 현지에서 도정하고 20킬로그램 들이 소포장으로 수입해야 한다고 주장했다.

미국산 쌀은 캘리포니아 새크라멘토에서 도정해 태평양을 건너 국내에 도착한다. 항구에 도착하면 하역과 동시에 비축기지로 운송되고 도매상과 소매상을 거쳐 최종 소비자에게 판매된다. 이러한 유통과정은 빨라야 석

달이 소요된다. 결과적으로 쌀을 도정한 후 3~4개월이 지난 뒤에야 우리 식탁에 오르게 되니 맛이 떨어지는 것은 당연했다.

쌀은 도정 후 15일 이내에 먹어야 맛이 가장 좋다. 요즘 서울의 싸전이나 대형마트에서도 즉석방아를 찧어 판매하는 쌀가게가 유행인데, 이는 일본에서 일찍이 보편화된 것이다.

특히 우리 쌀은 길이가 짧은 단립종인데 미국산 쌀은 길이가 긴 중립종이다. 내가 새크라멘토에서 확인한 바는 칼로스는 도정과정에서 6.2 분도로 깎아낸다. 다시 말해 길이가 긴 현미를 38%나 깎아내 우리 쌀 크기와 비슷하게 도정한다. 그래서 우리 쌀보다 찰기가 떨어지고 밥이 식었을 때 군내가 나며 맛이 떨어진다. 바로 이 현상 때문에 미국산 쌀이 안 팔렸던 것이다.

이런 현상은 시식회에서 여실히 입증되었다. 우리 공사도 직원들에게 시식행사를 했는데, 쌀의 고장인 전라북도에서 공개적으로 실시했다. 5월 2일 도청 구내식당에서 우리 쌀과 미국산 쌀로 지은 밥을 414명에게 시식하게 한 후 조사를 했다. 응답자의 94.4%(391명)가 우리 쌀밥이 좋다고 응답했고, 미국산 쌀밥이 좋다는 의견은 0.5%(2명), 별 차이가 없다는 의견은 5.1%(21명)에 불과했다.

수입쌀 상인들의 잇따른 반품 요구와 환불 소동

상황이 이렇게 전개되면서 문제는 엉뚱한 곳에서 발생했다. 미국산 쌀의 밥맛 저하와 부정적인 품질평가를 언론이 집중보도하면서 도매업자들이 손해를 보상하라며 민원을 제기했다. 음식점을 비롯한 실수요자의 반품 요구가 쇄도하고 주문이 중단되고 있다는 이유에서였다. 담당팀장은 나에게 이렇게 보고했다.

"방송과 신문에서 미국산 쌀의 부정적인 품질평가를 집중 부각시킨 결과, 음식점 등 실수요자의 반품 요구가 쇄도하고 있습니다. 식당용으로도 부적합하다는 분위기가 확산되고 있습니다. 이에 도매업자들이 시장수요와 구매력 상실로 더 이상 판매가 불가하므로 재고 전량을 반품하고 환불을 요청하고 있습니다. 공사에서는 계약상 반품이 불가능하다는 입장을 통보했으나 그들은 막무가내로 반품과 환불을 주장하고 있어, 차선책으로 매출에누리를 통해 보상하는 방안을 검토했습니다."

나는 뭔가 꼬여 있음을 직감했다. 편법을 써서 업자들에게 매출에누리로 차액을 보상한다는 것은 있을 수 없는 일이다. 매출에누리란 판매가격을 할인해준다는 말이다. 그 계산법은 이랬다. 업자의 낙찰 가격이 킬로그램당 1,552원이었는데 이후 계속 유찰되어 1,255원으로 하락했으니, 차액 297원을 상호 50%씩 부담해 손실을 보진하자는 것이다. 판매물량이 237톤이니까 매출에누리는 모두 7천여 만 원이고, 그중 50%인 3,500만 원을 우리 공사가 보상한다는 것이다.

나는 본질적인 문제가 무엇인지 집중 검토했다. 업자들은 돈벌이를 위해 스스로 경쟁 입찰에 참여한 자들이다. 그런데 국가 공기업을 상대로 계약 조건에도 없는 반품을 주장하고 있다. 이것은 상식 밖의 일이다. 업자들의 터무니없는 주장에 공사는 속수무책이다. 더구나 그들이 요구하는 매출에

누리 금액은 업체당 2백만 원에 불과했다. 연간 매출액이 3백억 원이 넘는 업자들이 기껏 2백만 원을 보상해달라고 하는 것이 의심스러웠다.

알고 보니 이 모든 것은 윤 사장의 지시에 의해 진행되고 있었다. 참으로 어처구니없는 일이었다. 그는 공사와 모든 임직원을 공멸시킬 수 있는 위험수위를 넘어서고 있었다.

사장님, 옷 벗을 각오를 해야 합니다

나는 담당팀장에게 매출에누리로 보상하려는 사장의 방침은 절대로 불가함을 통보했다. 그러자 팀장은 사외이사들을 개별적으로 설득하기 시작했다. 그러나 사외이사들도 대부분 불가하다는 의견을 제시했다. 그런데 일이 어렵게 되자 팀장은 담당직원들에게서 십시일반으로 돈을 추렴해 보상하겠다고 했다.

나는 어이가 없었다. 사장이 얼마나 팀장을 괴롭히고 있는지 알 만했다. 꼬여도 상당히 꼬여 있음을 직감한 나는 팀장에게 호통을 쳤다. 도대체 직원들이 무얼 잘못했기에 호주머니를 털어 변상하려 하느냐고 말이다.

도대체 이해할 수 없었다. 아니 의구심만 더 커졌다. 공사가 무엇을 잘못했기에, 무엇이 문제이기에 그토록 보상에 매달리고 있는가. 이 문제의 중심에는 사장이 존재했다. 매출에누리 방법으로 보상하려는 발상도, 직원들의 십시일반 변상도 사장의 의지였다. 담당이사는 직원들의 호주머니를 털어 보상한다는 의견에 대해 윤 사장에게 직언을 했다.

"사장님, 일을 이렇게 하시면 사장님과 제가 옷 벗을 각오를 해야 합니다."

이토록 문제가 꼬여 있는 이유는 무엇인가? 업자들은 이윤을 목적으로 공매에 응찰하고 자신들이 제시한 가격으로 낙찰을 받았다. 우리는 그들에게 입찰을 유도한 일이 없고 수입쌀을 사가라고 강요하지도 않았다. 분명한 것은 판매가 부진하자 그들이 그 책임을 우리에게 전가한 것이다.

나는 여러 정황을 다각적으로 분석했다. 미국산 쌀이 질이 떨어지고 밥맛이 없어 팔리지 않자 농림부와 우리 공사는 수입쌀 판매촉진대책을 내놓았다. 그 대책은 16개 도매업자들에게 대단히 불리한 내용이었다. 즉, 업자의 자격요건을 연간 매출액 300억 원 이상인 업체에서, 50억 원 이상인 농산물도소매업체 또는 일반음식점으로 대폭 완화했다. 대형식당 업주가 수입쌀을 직접 구매할 수 있도록 문을 연 것이다. 특히 모든 양곡도매시장의 중도매인도 입찰에 참가하도록 허용했다.

그 결과 입찰 참가에 허용된 업자는 수백으로 늘어났다. 결국 처음 입찰 자격을 획득했던 16개 업자들이 담합하고 독식할 수 있는 유통구조는 순식간에 무너져 버렸다. 수입쌀 판매권이 상당한 이권으로 인식되었던 초기에는 경쟁 또한 만만치 않았다. 여기저기에 줄을 대는 업자들도 있었다. 결국 수입쌀 입찰에서 기득권을 유지하고 막대한 이권을 챙기려던 업자들은 하루아침에 쪽박을 차게 된 셈이다.

선무당이 사람 잡는다

이 외중에도 어처구니없는 일은 계속되었다. "선무당이 사람 잡는다"는 말처럼 윤 사장은 ≪서울신문≫ 기자의 인터뷰에서 실소를 금치 못할 민감한 발언을 늘어놓고 말았다. 만약 농민단체에서 들고 일어나면 대책 없이 당할 수밖에 없는 일이었다. 5월 12일, ≪서울신문≫은 칼로스 쌀의 미질과 시판 문제를 분석보도하면서 사장의 인터뷰 기사를 게재했다.

> 유통공사 사장은 11일 기자들과 만나 "칼로스 쌀에 대한 시장의 평가는 과도하게 나쁘다"서 "밥쌀용 시장에서는 미국산 칼로스보다 중국산 쌀이 더 경쟁력이 있어 보인다"고 말했다. 정 사장은 또 "외국의 대규모 농업기업들이 우리 농업에 직접 투자를 하면 빠르게 발전할 것 같다"면서 국내 농업분야에 대한 해외 투자유치의 필요성을 제기했다.

보도 내용은 우리 농업도 외국기업에게 넘겨줘야 한다는 이야기였다. 쌀 개방을 넘어 이제는 외국기업농을 유치해 우리 농업을 발전시켜야 한다는 말이다. 수입쌀로 부글부글 끓고 있는 민심을 아는지 모르는지 외국기업농을 유치하자는 그의 몰상식은 그야말로 언제 터질지 모르는 지뢰와 다르지 않다.

경영철학 같은 건 기대할 수 없다

골프 치려고 해외행사도 연기하는 사장

5월 23일, 2/4분기 전체 간부회의가 열렸다. 본부별 32개 팀장이 각각 보고하고 토론을 하는 날이다. 어느 때와 마찬가지로 팀장들이 간단히 요약 보고를 한 뒤 문답이 이루어졌다.

나는 타이베이 국제식품박람회와 타이베이지사 개소식에 대해 지적하지 않을 수 없었다. 사장이 박람회는 불참하고 개소식에만 참석하기 때문이다. 타이베이 국제식품박람회는 국내 24개 수출업체가 참여하며, 홍보대사인 탤런트 양미경 씨의 한국전통요리 시연회와 팬 사인회가 열린다. 타이베이지사 개소식에는 대만 대표부와 수입 바이어 30여 명이 참석하며 현판식이 열린다. 나는 사장과의 충돌이 염려되어 매우 조심스레 거론했다.

"국제식품박람회는 6월 21일에 시작해 24일에 끝나고, 3일 후인 27일에는 타이베이지사 개소식이 있습니다. 그런데 사장께서 박람회는 불참하고 개소식에만 참석한다고 보고했습니다. 같은 지역에서 같은 기간에 두 행사를 주관하면서 어느 한 행사만 참석한다는 것은 대단히 비효율적입니다. 사장께서 당연히 박람회와 개소식 모두 참석하셔야 바이어들은 물론 수출업체에 홍보 효과가 있을 것으로 보이는데, 무슨 특별한 사유가 있습니까?"

담당팀장은 아무런 답변을 하지 못하고 눈치만 슬슬 보고 있었다. 침묵이 길어지자 담당이사가 마지못해 입을 열었다.

"저도 감사님 생각과 같습니다. 당초 사장님이 두 행사 모두 참석하기로 했다가 부득이한 사정으로 개소식에만 참석하기로 변경했습니다. 그러나 감사님이 지적해주시니 다시 조율해보겠습니다."

도대체 이해할 수 없었다. 사장은 행사를 주관하는 입장에서 두 행사 모두 참석해야 옳다. 그런데 역시 사장은 그냥 넘어가지 않았다. 그는 나의 발언을 반박했다.

"사장이 시시콜콜 수출 바이어들이 상담하는 행사까지 갈 필요가 있습니까? 우리 공사에서 그만큼 도와줬으면 되었지 일일이 뭘 더 도와줘야 합니까? 사장이 하는 일에 너무 간섭하지 않았으면 좋겠습니다."

막가는 형국이었다. 나는 또다시 소득 없는 회의에서 사장과 입씨름을 하고 말았다. 순간 나는 무력감에 빠져들었다. 더 이상 회의에 참석할 필요성을 느끼지 못했다. 사장과의 논쟁도 더 이상 불필요하다고 생각했다. 나는 망설이지 않고 확실하게 말했다.

"저는 트러블 메이커가 아닙니다. 지금까지 집행부에서 하는 일에 대해 비판도 했지만, 나름대로 합리적이고 바람직한 의견을 제시했습니다. 그러나 보시다시피 감정싸움으로 끝납니다. 이래 가지고 무슨 일을 할 수 있습니까? 저는 더 이상 회의에 참석할 필요가 없다는 것을 절실히 느꼈습니다. 앞으로 모든 간부회의에 참석하지 않겠습니다. "

나의 선언으로 회의장은 무겁게 변해버렸다. 그리고 그 회의는 내가 마지막으로 참석한 공식적인 회의가 되고 말았다. 회의가 끝나자 정진권 이사가 찾아와 하소연하듯 불만을 털어놓았다.

당초에 사장이 두 행사 모두 참석하는 것으로 일정을 잡았는데, 갑자기 사장이 변경을 요구했다는 것이다. 원래 6월 24일 토요일에 식품박람회가 끝난 직후 바로 사무실을 개소할 계획이었고, 타이베이정부 인사들에게도 개소식 초청장을 모두 발송했다는 것이다. 그런데 갑자기 사장이 24일에 친구들과 골프 약속이 잡혔다면서 사무실 개소식을 6월 27일로 연기하라고 했다는 것이다. 그 결과 지금 타이베이지사는 난리가 났다고 했다. 박람회와 개소식 준비로 정신이 없는 데다, 초청했던 사람들에게까지 망신을 톡톡히 당하고 있다고 했다.

나는 타이베이지사장에게 전화를 걸어 확인했다. 모두 사실이었다. 무엇보다도 개인의 사적인 일, 그것도 골프 모임이 공사의 공적인 업무보다 우선하는 사장의 태도에 분통이 터졌다. 공인으로서 기본적인 공명심은 물론 최소한의 예의도 없다. 이런 일이 어디 한두 번이었던가. 정말 심각한 일일이다.

사장을 직접 조사할 위치에 있는 사람은 감사뿐이다. 그러나 그와 계속 부딪히는 것이 이제 지겹다. 끝장을 보는 심정으로 조사를 하지 못할 것도

제2부 | 사장은 부르주아, 감사는 프롤레타리아

없다. 그런데 대책이 없다. 묘안도 없다. 속수무책이다. 이것이 나의 가장 큰 고민이다. 제발 자중하고 스스로 잘해주길 바랄 뿐이다.

그 새끼가 뭣 때문에 모내기 가냐

5월 26일부터 2박 3일간 북한의 강원도 고성군 삼일포에서 모내기 행사가 열렸다. 통일농수산사업단은 매년 삼일포에서 모내기와 벼 베기를 실시하고 있는데, 이번에 우리 공사가 처음으로 참여했다. 농협과 농촌공사는 트랙터를 지원하면서 적극적으로 협력하고 있었다. 이 행사에 사외이사 넷, 기획실장, 감사실장, 담당실무자 둘, 그리고 나까지 모두 아홉 명이 참여했다. 그러나 곡절은 있었다.

통일농수산사업단은 aT센터 빌딩에 입주한 사단법인체로 대북농업협력사업을 하고 있다. 이길재 전 국회의원, 허상만 전 농림부장관이 단장과 포럼회장을 맡고 있다. 그분들은 우리 농수산물유통공사와 협력방안을 모색하기를 희망했지만, 사장은 관심조차 없어 추진되는 일이 전혀 없었다. 그러던 차에 통일농수산사업단이 내게 공문을 보내왔다. 모내기 행사 동참에 관한 협조요청이었다. 사장이 받아야 할 공문이 내게 왔으니 당연히 담당 팀에 이첩했다. 그러나 남북협력팀장은 3백여 만 원의 예산이 없다는 이유로 추진할 수 없다고 일축했다. 담당팀장은 지난해 감사부장이었던 이원태였다.

그런데 4월 25일 이사회를 마친 후 저녁식사 자리에서 사장이 갑자기 사외이사들에게 "금강산에 모내기나 다녀오시라"며 불쑥 말을 꺼냈다. 영문을 모르던 사외이사들은 고맙다며 반색을 했다. 이렇게 즉흥적인 사장의 생색내기로 모내기 행사 동참이 결정되었다. 나는 사장에게 함께 다녀오시라고 권했다. 그러나 사장은 허리가 아파 모내기를 할 수 없다며 손을 흔들었다. 골프를 치자고 했다면 금방 앞장섰을 텐데 말이다.

사장은 모처럼 생색을 내서 무척 기분이 좋아 보였다. 알고 보니 사장 자신이 생색낼 일에 내가 나섰던 것이 못마땅했던 것이다. 팀장이 "왜 감사가 사사건건 간섭하느냐", "그 새끼가 뭣 때문에 모내기에 가냐"고 직원들 앞에서 욕설을 퍼부었다는 말도 들렸다.

우여곡절 끝에 일행은 북방한계선을 넘어 고성군 삼일포에 도착, 억수로 퍼붓는 비를 맞으면서 통일의 염원을 담아 모내기를 마쳤다. 그러나 어처구니없는 일이 또 벌어졌다. 모든 일행의 일정이 2박 3일인데 남북협력팀의 실무직원 두 사람만 1박 2일이었다. 이유는 여비가 부족하다는 것이었다. 두 사람이 하룻밤 더 묵어봤자 숙박비는 20만 원에 불과한데 참으로 민망했다. 하루 먼저 떠나는 그들에게 나는 죄인이었다.

이처럼 끊임없이 수모를 당하는 내 처지가 비참하다. 도대체 담당이사는 무엇을 하는지 이해할 수 없다. 위계질서와 공직기강은 별개의 문제다. 모내기를 다녀와서도 찝찝한 생각을 떨쳐버릴 수 없었다. 동행했던 유충식 실장이 "감사님, 잊어버리십시오. 도저히 있을 수 없는 일입니다. 오히려 제가 민망합니다" 하며 나를 달랬다.

국가청렴위원회, 반부패추진실적 우수기관 선정

6월 9일, 국가청렴위원회에서 국가기관과 공기업의 반부패 청렴대책추진 평가회의가 열렸다. 이날 회의에서는 기관별 반부패 청렴대책추진계획, 실적, 현장실태점검 결과에 대해 위원회의 브리핑이 있었고, 추진실적 우수기관의 사례 발표가 있었다.

97개 기관 중 2개 기관의 우수사례 발표가 있었는데 대구교육청과 우리 공사가 선정되었다. 대구교육청은 온정주의와 연고주의 등 부패문화개선을 위해 향우회와 동문회 임원활동금지, 회식비 각자내기, 공개 장소에서 민원상담하기, 직원 간에 재정보증금지 등을 실천하고 있다고 소개했다.

우리 공사는 올해부터 모든 업무에 '청렴이행 심사평가제도'를 도입, 6월 9일 현재까지 49건을 심사평가해 부패가능성을 사전에 제거하고 예산절감 효과를 거두었던 것이 우수사례로 선정되었다. 나는 이 제도를 도입한 배경과 제도의 특징, 성과를 중심으로 발표했다.

특히 이 제도의 효과는 대단했다. 대표적인 사례는 초등학생을 대상으로 한 '농·식품 소비촉진 홍보만화 제작'이었다. 실무담당자는 연고권을 이유로 2005년도 계약업체인 두산동아와 수의계약을 추진했다. 그러나 감사실의 심사평가결과는 수의계약은 '담당자의 재량권 남용'과 '특혜 논란의 개연성'이 있음을 지적하고 공개경쟁입찰로 전환할 것을 통보했다. 결국 담당부서는 공개경쟁입찰을 통해 애니북스와 계약했는데 예산절감 효과는 엄청났다.

두산동아는 8천 권 제작에 6천만 원(권당 7,500원)을 제시했지만, 애니북스는 6천만 원에 4만 권을 제시해 같은 예산으로 3만 2천 권을 더 제작했다.

결과적으로 2억 4천만 원의 예산절감 효과를 보았으며 업무의 공정성, 투명성 확보는 물론 민원제기 요인을 사전에 제거하는 효과를 보았다. 이 제도를 한국전력, 한전기공, 한국도로공사, 광업진흥공사, 산재의료관리원에서 벤치마킹을 해갔다.

국가청렴위원회는 주요 시책을 사업부서가 추진과정에서 반부패대책을 추진한 결과, 우리 공사가 질적으로 크게 개선되었다고 평가해 우수기관으로 선정했다.

우리 공사는 태양이 둘이야! 정말 헷갈려

6월 10일 오후 10시 32분. 모두 퇴근한 시각에 나를 중상모략하는 여론몰이가 또 시작되었다. 인트라넷 신문고에 비난의 글이 떴다. 나는 물론 감사실 직원들도 모르는 일을 이야기하며 직원들을 부추기고 선동했다.

"단도직입적으로 말씀드립니다. 조만간 6층 기획실을 5층으로 이전합니다. 그 여파로 몇몇 부서들이 이리저리 옮긴다더군요. 그 배경은 사무실이 비좁다는 것인데 내막을 알고 보면 감사 한 사람 때문입니다. 사무실을 옮기고 싶은 직원은 없습니다. 시간과 인력, 비용을 감안할 때 많은 부서가 움직이는 것보다 감사실만 옮기면 쉽게 해결할 수 있습니다. 그런데 감사님 때문에 못 옮기는 건가요?"

나는 감사실장을 불러 무슨 내용인지 파악하라고 지시했다. 유 실장도 사무실 재배치 문제는 금시초문이라며 불쾌한 반응이었다. 감사실에 어떠한 제의나 요청이 들어온 적이 없었다는 것이다. 그럼에도 나 때문에 여러 부서가 옮기게 되었다며 직원들을 부추기고 선동하고 있는 글이 올라온 것이다. 그런데 당시 이 업무를 담당한 총무팀장은 평소 습관적으로 나를 험담하고 악의적으로 매도하던 인물이다. 속이 훤히 들여다보이는 그의 행위에 참을 수 없는 모멸감을 느꼈다.

감사실 어느 직원이 즉각 반론했다. "사무실을 재배치 소식은 금시초문이다. 마치 감사 때문에 일부 직원들이 불편을 겪게 된 것처럼 악의적으로 호도하는 이유가 뭐냐. 특정인을 비난하고 이를 공론화하려는 저의가 뭐냐"고 따졌다. 그러자 총무팀장은 사무실 재배치 문제를 쏙 빼버린 채 엉뚱하게 사장과 감사의 역할을 운운하더니 "공사에 태양이 둘이어서 아침인지 석양인지 헷갈리고 백야 현상으로 방향감각이 상실되었다"고 헛소리를 했다.

"임명권자가 같다고 두 분의 역할과 기능이 같다고 착각하고 계시지는 않으신지요. 우리 공사는 지금 태양이 둘이어서 아침인지 석양인지 헷갈리고 심지어 백야 현상으로 방향감각을 상실할 지경에 있습니다. 월권행위가 없는 균형과 견제가 조화를 이루는 공사를 우리는 열망합니다."

참다못한 어느 직원의 반론

"태양이 둘이라서 아침인지 저녁인지 구분을 못한다고요? 백야 현상으로 방향감각을 상실할 정도라고요? 그 정도로 방향감각도 없고 원칙도 없

철밥통 공기업 그 모순과 관행의 실체

이 일하니 매변 분란만 일으키는 원인을 제공하는 것 아닙니까. 감사실에서 잘못된 방향을 제시한 적이 있습니까? 감사님이 월권행위를 하고 계시다고요? 그렇다면 구체적인 사례를 밝혀보세요.

감사님이 본연의 임무를 충실히 수행하고 계신데 대해 태양이 둘이니 백야 현상이니 운운하는 당신은 아무래도 관리자로서 자질이 없습니다. 감사님을 비판하기 전에 감사가 간섭해서 일을 못하겠다는 등 떠벌리는 당신의 작태를 스스로 반성하시기 바랍니다."

이러한 공방은 불과 몇 분 사이에 진행되었다. 논쟁을 통해 하부직원들도 그 간부가 누군지 대충 알고 있는 듯했다. 다행인 점은 이러한 논쟁으로 인해 극소수 반동세력들의 입지가 좁아지고 있음이 느껴진다는 것이다. 절대 다수의 직원들의 의식이 변화하고 있으며, 이러한 과정을 통해 새롭게 변신하고 있으니 천만다행이었다.

경영평가 곤두박질, 사장이 기획실장에게 책임전가

2005년도 정부경영평가 결과가 발표되었다. 전임 김진배 사장이 재임했던 2004년에는 5등이었는데 10등으로 곤두박질쳤다. 물론 사장 개인평가도 10등이다. 평소 사장의 경영철학이나 언행을 볼 때 좋은 평가를 기대한다는 것은 애초부터 헛꿈이었다. 그리고 이 일로 인해 확대간부회의에서는 매우 재미있는 현상이 전개되었다. 기획실장의 정부경영평가 결과보고가 있은 후 윤 사장의 소감은 다음과 같았다.

"우리는 5등에서 10등으로 추락했습니다. 정말 창피하고 수치스럽습니다. 만약 11등을 했더라면 기관경고를 받았을 텐데 정말 천만다행입니다. 나는 이러한 결과가 나온 데 대해 유감스럽게 생각합니다. 그동안 여러분은 뭘 했습니까? 이런 결과에 대해 누가 책임질 것입니까? 다른 기관들은 평가위원들을 찾아가 온갖 로비를 다 한다고 들었습니다. 기획실장, 도대체 이 지경이 될 때까지 당신은 뭘 했습니까? 나는 하반기 인사에서 그 책임을 물을 것입니다."

사장은 정부경영평가에 대한 책임을 기획실장에게 전가시키고 있었다. 사장의 말대로 정부경영평가가 10등으로 추락한 이유가 간부들의 잘못이라면, 그 간부들을 지휘감독하고 통솔하는 사장과 이사들은 도대체 무엇을 했다는 말인가. 평소 공채 전문경영인이라며 큰소리쳤던 윤 사장의 말은 계속되었다.

"저는 뉴 비전선포식을 시작으로 정말 열심히 일했습니다. 그러나 여러분은 지난해에 5등을 했으니까 이번에도 잘되겠지 하면서 무사안일하게 대처한 것이 아닙니까? 특히 연초부터 금품수수 사건이 언론과 세상을 떠들썩하게 했던 것이 결정적인 감점요인으로 작용했다고 생각합니다. 그래서 우리는 10위로 추락했습니다."

윤 사장에게 금품수뢰 사건은 울고 싶은데 뺨을 때려주는 격이었다. 만약 금품수뢰 사건이 없었다면 어떻게 변명했을까. 사장의 발언 내용이 직

철밥통 공기업 그 모순과 관행의 실체

원들에게 알려지자 분위기는 뒤숭숭했다. 직원들은 한마디로 사장을 비웃고 있었다. 다음날 몇몇 직원이 인트라넷을 통해 사장을 비판했다.

"이번 정부경영평가 결과를 보고 참담한 마음을 금할 길 없습니다. 사장님이 스스로 반성을 해야지 누구에게 핑계를 댑니까. 저는 우리 공사가 1등을 해서 단 한 번이라도 500%의 인센티브를 받고 싶은 소망으로 오늘도 열심히 일하고 있습니다. 사장님은 그러셨다지요. 금품수수 사건이 결정적인 영향을 미쳤다고요. 그리고 간부들을 질책했다고요. 저는 이번 경영평가 결과는 우리 현실을 너무나도 잘 반영했다고 생각합니다. 사장님과 이사님들의 경영철학과 마인드에 기대할 것이 없다는 결론이 아닌가요?"

직원들은 사장의 경영철학 부재를 탓하고

직원들은 대체적으로 사장의 경영철학 부재는 물론 무능, 무관심, 무책임이 가장 큰 원인이라고 평가했다. 그럼에도 사장은 간부들에게 그 책임을 전가하고 있으니 직원들의 항의는 당연한 일이었다.

사장평가는 2004년 대비 무려 2.4점이 하락해 사장인센티브는 136%에서 57%가 감액된 79%로 결정되었다. 사실 나도 엄청난 피해자다. 감사의 인센티브는 사장과 같은 비율로 지급된다. 솔직히 나는 감사평가에서 자타가 인정하는 1등으로 200%를 받아야 하는데 사장의 평가가 꼴찌 수준이니 79%를 받는다. 이래저래 임자 잘못 만나 손해다.

특히 비계량 평가에서 중장기 전략경영체계가 미흡하고, 사업별 성과측정시스템 부재, 경영혁신 추진시스템 미흡, 기능과 예산의 성과연계 부족, 수의계약 과다, 성과관리 미흡을 지적받았다. C 등급으로 평가받은 부문을 분석하면 그 원인을 찾을 수 있다. C 등급으로 평가받은 경영관리 부문은 조직인사관리의 합리화 부진으로 전년도의 6점에서 2점으로, 내부평가는 4점에서 1점으로 추락했다. 또한 조사연구 기능은 있지만 조사연구 인력과 예산이 전무해 역시 C를 받았다. C는 거의 낙제점으로 치명적이다.

경영평가 결과는 대체로 내부 사정과 부합된다. 사장의 인사관리는 원칙이 없다. 매년 한차례 실시했던 정기인사를 윤 사장은 부임 이후 연중 두 번 단행했다. 입사 28년 차 어느 1급 간부는 정확히 6개월마다 보직을 옮겼다. 능력을 인정받고 있는 그는 충남 지사장, 본사 팀장, 부산 지사장을 거쳐 지금은 대구 지사장으로 근무한다. 사장에게 찍힌 경우다.

승진인사도 마찬가지다. 알랑거리는 직원이나 동향 직원을 챙겼다. 두말할 나위 없는 정실인사다. 교육원에는 연구실이 있다. 그러나 연구실에는 정년 대기자 또는 징계직원, 병상경력이 있거나 요양이 필요한 직원들만 배치한다. 정상적인 사람이 아무도 없다. 이것은 윤 사장의 인사원칙이자 지론이다. 그는 과거 자신이 근무했던 코트라에서 정년 대기자를 비롯한 문제의 인물들을 한 곳에 몰아 배치했다면서 그것을 답습하고 있다. 그러니 좋은 점수가 나올 수 있겠는가. 사업부서의 점수는 모두 향상된 반면 사장이 직접 평가받은 분야는 거의 낙제점인 것이다.

엉터리 보고, 엉터리 회의

감사의 책무, 직원들에게 자문자답 교육

7월 3일 오늘은 모든 직원을 대상으로 온라인 교육을 실시했다. 감사실이 운영하는 업무시스템의 Q&A 창을 이용해 자문자답한 것이다. 그동안 감사의 권한과 책임의 중요성을 수없이 강조했는데도 몇몇 간부들이 계속 중상모략을 일삼고 있어 이를 교육수단으로 택한 것이다.

Q : 감사는 사장의 고유권한을 침해한 사실이 있나요?

A : 사장의 고유권한을 침해한 사례는 전혀 없습니다. 다만 일상감사 또는 이사회와 간부회의를 통해 업무의 타당성과 적정성, 성과분석을 통해 공사 발전에 부합되는 의견을 제시하고 있습니다. 이 일은 감사의 고유권한입니다. 감사의 정당한 업무수행을 왜곡해서는 안 됩니다. 과거 감사들의 직무유기를 정상업무로 착각해선 안 됩니다. 의도적인 편견과 왜곡은 공사 발전의 저해요인일 뿐입니다.

Q : 감사의 법적 지위는 무엇인가요?

A : 감사(auditor)는 이사의 직무행위를 감사하는 필요적 상설기관이며 독립기관입니다. 때문에 사장은 농림부 장관 제청으로, 감사는 기획예산처 장관이 부총리를 경유 대통령께 제청합니다. 상법에서 감사의 기능을 회계감사와 업무감사까지 인정합니

다. 업무감사권한 외에도 감사의 충실화를 위해 여러 가지 권한을 부여하고 있는데, 이것은 감사기능의 실효성을 확보하도록 법이 보장한 것입니다.

Q : 감사의 책임은 무엇인가요?

A : 정부투자기관관리기본법 제13조의7 ②항에서는 정부투자기관 감사의 책임은 상법 제414조, 제415조를 준용한다고 했습니다. 상법 제414조 ①항 감사가 그 임무를 해태한 때에는 회사의 손해를 배상할 책임이 있으며 ②항 감사가 악의 또는 중대한 과실로 인하여 그 임무를 해태한 때에는 제삼자에 대하여 연대하여 손해를 배상할 책임이 있고 ③항 감사가 회사 또는 제삼자에 대하여 손해를 배상할 책임이 있는 경우, 이사도 그 책임이 있는 때에는 그 감사와 이사는 연대하여 배상할 책임이 있음을 규정하고 있습니다.

Q : 감사의 권한은 무엇인가요?

A : 정부투자기관관리기본법 제13조와 정부투자기관 감사직무규정 제2조, 공사정관 제9조에서 감사는 업무와 회계감사를 한다고 규정했습니다. 상법에서는 감사는 이사의 직무집행을 감사하며, 감사는 언제든지 이사에게 영업에 관한 보고를 요구하거나 회사의 업무와 재산 상태를 조사할 수 있다고 규정하고 있습니다. 이는 감사가 회계감사 외에 업무감사권도 갖는다는 것을 분명히 규정한 것입니다.

Q : 감사의 의무는 무엇인가요?

A : 감사는 선관의무(善管義務)가 있습니다. 회사와 감사는 민법상 위임관계에 있으므로 감사는 선량한 관리자의 주의로써 그 위임사무를 처리해야 합니다(대법 판례 1988. 10. 25, 87다카1370). 그 밖에 이사회에 대한 보고의무(상법 제391조의2제2항), 감사

철밥통 공기업 그 모순과 관행의 실체

기록 작성의무(상법 제413조의2 제1항), 감사보고서 작성 및 이사회 제출의무, 비밀
유지의무가 있습니다.

Q : 감사의 업무감사권이란 무엇인가요?

A : 업무감사권이란 감사가 이사의 직무집행을 감사한다는 것으로, 감사는 언제든지 이
사에게 영업에 관한 보고를 요구하거나 회사의 업무와 재산을 조사할 수 있으며 감
사가 업무감사를 함에 있어서 직무집행의 적법성과 타당성까지도 감사할 수 있습
니다(상법 제413조, 제447조의4 제2항 제5호, 제8호). 따라서 업무감사는 업무집행의
적법성뿐만 아니라, 업무집행의 정책결정을 포함하여 타당성 내지 경제성, 능률성
의 감사를 그 내용으로 하며, 특히 공기업 감사는 당연히 적법성 감사와 타당성 감
사를 병행해야 합니다.

Q : 업무감사권 이외의 감사권한이 또 있나요?

A : 있습니다. 이사에 대한 보고요구와 조사권, 이사회 출석권한과 의견진술권, 이사의
위법행위유지청구권, 이사회 의사록에 대한 서명권한, 이사와 회사 간의 소(訴)에
관한 회사대표권 등이 있습니다.

Q : 이사에 대한 보고요구와 조사권은 무엇인가요?

A : 감사는 언제든지 이사에 대하여 업무 전반에 관한 보고를 요구하거나 회사의 업무
와 재산 상태를 조사할 수 있고(상법 제412조 제2항) 이사는 회사에 현저하게 손해를
미칠 염려가 있는 사실을 발견한 때에는 즉시 감사에게 이를 보고하여야 합니다(상
법 제412조의2). 이사가 감사의 요구를 거부하거나 조사를 방해한 때에는 과태료의
처벌이 있고(제635조 제1항 제3호 · 제4호), 감사는 필요한 조사를 할 수 없었다는 사

유를 감사보고서에 기재하여야 합니다(상법 제447조의4 제11호).

Q : 이사회 출석권한과 의견진술권은 무엇인가요?

A : 감사는 이사회에 출석하여 의견을 진술할 수 있습니다(상법 제391조의2 제1항). 이사
회에의 출석은 감사의 권한이자 의무입니다. 이사회의 소집통지는 감사에게도 발
송하여야 하고(상법 제390조 제2항) 감사는 이사회소집절차생략의 동의권을 갖습니
다(제390조 제3항). 감사는 이사회에서 의견을 진술할 수 있을 뿐만 아니라 필요한
때에는 이사회에서 설명을 요구할 수도 있으나 의결권은 없습니다.

Q : 이사회 의사록에 대한 서명권한은 무엇인가요?

A : 이사회의 의사결정사항 등에 대해 의사록을 작성하여야 하는데 의사록에는 의사의
안건, 경과요령, 그 결과, 반대하는 자와 그 반대이유를 기재하고 출석한 이사 및 감
사가 기명날인 또는 서명하여야 합니다(제391조의3 제1항).

Q : 이사의 위법행위유지청구권이란 무엇인가요?

A : 이사의 위법행위에 대하여 감사가 유지청구를 할 수 있다는 것입니다(상법 제402조).
유지의 방법에는 제한이 없으므로 구술 또는 서면으로 하여도 좋고, 필요하면 소(訴)
를 제기할 수도 있습니다.

Q : 이사와 회사 간의 소(訴)에 관한 회사대표권이란 무엇인가요?

A : 회사와 이사 간의 소(회사가 이사를 상대로 소를 제기하는 경우뿐 아니라, 이사가 회사를
상대로 소를 제기하는 경우를 포함)에 관해서 감사가 회사를 대표합니다(상법 제394조,

제403조 제1항). 회사가 이사를 상대로 소를 제기할 경우에도 이사회의 결의 등의 특별한 절차 없이 당연히 감사가 회사를 대표하며, 회사가 이사를 상대로 하여 소를 제기할 것인가의 여부도 감사가 단독으로 결정합니다. 이사가 회사 대표이사를 대표자로 표시하여 소를 제기한 경우에는 대표이사가 회사를 대표하여 한 소송행위와 원고의 소송행위는 모두 무효입니다. 그러나 원고는 감사를 대표자로 하여 소장을 정정함으로써 그 흠결을 보정할 수 있고, 감사는 종전의 소송행위를 추인할 수 있습니다.

Q : 그렇다면 바람직한 감사인 상은 무엇입니까?

A : 바람직한 감사가 되기 위해서는 ① 법률이 보장한 권한과 의무에 대한 충분한 인식을 통해 감사 본연의 임무에 충실해야 하고, ② 경영진으로부터 조직의 독립성을 확보하고 주도적이고 능동적인 경영컨설팅 역할을 수행해야 하며, ③ 윤리경영과 경영혁신을 통한 준법경영 정착을 위해 내부통제기능을 강화 또는 확충해야 하며, ④ 원칙과 신뢰를 바탕으로 청교도적인 도덕성과 청렴성을 통해 모든 임직원에게 솔선수범해야 하며, ⑤ 부단한 감사기법을 개발하여 정책감사에 전념해야 합니다.

부패위험 높은 직위, 임원 43.1%로 증가

공사 임직원들을 대상으로 조사한 청렴도 설문결과가 나왔다. 지난해와 똑같은 항목을 같은 방법으로 조사했는데 그 결과는 매우 중요했다. 과연 얼마나 의식수준이 변화했는지, 그리고 얼마나 적극적으로 청렴혁신업무에 동참하고 있는지 평가할 수 있는 근거가 되기 때문이다.

응답률이 지난해 55.8%보다 16%나 올라 무려 71.7%에 달했다. 그만큼 청렴도에 관심이 높아졌다는 것을 의미하는 수치로, 지속적이며 강도 높게 추진해온 나의 혁신정책에 대한 가시적인 성과로 평가할 수 있어 대단히 만족스러웠다.

24개의 문항 중 주요 변화내용을 살펴보면, 우선 부조리의 개연성이 큰 업무에 대해 지난해에는 계약, 구매, 인사업무 순으로 조사되었는데 올해는 인사업무가 가장 높게 나타나 결국 사장의 인사전횡에 대해 임직원들이 우려하고 있음을 보여주었다.

내부 부조리 문제에 있어서 부조리 현장 목격경험에 대해 지난해에는 9.1%가 있다고 응답했는데, 올해는 불과 2.1%가 응답해 피부로 느낄 만큼 개선되고 있는 것으로 나타났다. 특히 부당한 지시를 받은 경험은 13.5%에서 무려 1.9%로 낮아졌고, 금품이나 향응수수 경험은 13.2%에서 6.2%로, 지인을 위한 청탁경험은 12.9%에서 5.0%로 개선되어 일 년 동안 엄청난 변화가 있었음을 실감했다. 참으로 격세지감을 느끼지 않을 수 없는 대목이다.

그러나 역시 사장과 관련해서는 직원들이 많은 불만과 우려를 나타낸 것으로 나타났다. 부패발생위험이 가장 높은 직위에 대해 지난해에는 응답자의 41.5%가 1급과 2급 간부라고 응답했는데, 올해에는 응답자의 43.1%가 임원이라고 대답했다. 사장을 제외하고 세 명의 이사가 임원으로 있지만 그들은 평소의 부패와는 일정한 거리가 있는 사람들이다.

그렇다면 누구를 지칭한 것일까? 노동조합에서 모든 자료를 입수한 바 있고, "발 없는 말이 천리를 간다"는 말처럼 윤 사장의 부도덕성에 대해 소문이 파다한 것은 누구도 부인하지 못할 것이다. 혁신정책을 추진하는 데 가장 큰 걸림돌이 바로 사장임을 직원들이 확인시켜준 셈이다.

김진배 전 사장, 무슨 일인가 싶어 밤새 읽어

7월 4일, 예고도 없이 김진배 전 사장님이 안병원 석유협회장과 함께 나의 집무실에 찾아오셨다. 한국기원을 빛냈던 조남철 선생의 부음을 듣고 조문을 다녀오는 길이라고 했다. 언론인 출신으로 정계에 입문, 국회의원을 역임하셨던 김 사장님은 3년간 공사 사장으로 계실 때의 여러 가지 일들을 회고하며 조언을 해주셨다.

"우리야 늙은이들이니까 열정도 식었지만 우리 강 감사 같은 젊은 분들이 더 큰 일을 해야 할 텐데, 이 시대는 혁신을 통해 세상을 바꿔나갈 사람들이 필요해요. 열심히 일하는 것도 힘들었을 텐데 어떻게 그렇게 꼬박꼬박 일기를 썼어요. 하도 재미있어서 밤새도록 읽고 또 읽었는데 나도 글쟁이지만 강 감사 글 솜씨에 정말 놀랐어요. 사실 나도 몰랐던 이야기가 참 많았어요. 오히려 내가 부끄럽더군. 새삼스럽기도 하고 또 별의별 일도 많구나 생각하면서 역시 일하는 사람은 따로 있다고 생각했어요."

아랫사람에게 항상 존칭을 쓰셨던 김 전 사장님은 지난 3월에 내가 인트라넷에 올려놓은 글을 다 읽어보셨다고 했다. 어느 공사 간부가 "강 감사가 전임자들을 싸잡아 비난하는 글을 올려 공사가 난리가 났다"고 연락했더라는 것이다. 무슨 일인가 싶어 집에서 출력해 밤새 읽으셨다고 했다. 감사실이 어느 수준인지 알지 못했다면서 아마 예전 감사들도 제대로 사정을 몰랐을 것이라고 말씀하실 때는 송구스러운 마음도 들었다. 김 전 사장님은 "무엇보다도 세상을 바꿔나가기 위해서는 누군가 희생해야 하고 선구자 노릇을 해야 한다"면서 빨리 책을 발간해 세상에 알리라고 했다.

지사장 회의는 등산과 골프

7월 14일, 내 고향 남원 인월면 소재 식품가공업체 영우식품에서 전국지사장회의가 열렸다. 나는 이 회의에 참석하지 않았다. 그럴 만한 사연이 있었다.

나는 지사장 일행이 내 고향 방문을 정중히 환영하는 일정을 구상했다. 최중근 남원시장을 비롯한 몇몇 기관장들과 만찬을 계획했고, 지사장들에게 가장 토속적인 음식을 대접할 생각으로 향토음식 추어탕집도 예약했다. 지리산 뱀사골에서 생산되는 토종 흑돼지삼겹살도 준비했다. 그러나 나의 계획은 여지없이 무너지고 말았다. 윤 사장은 돼지고기를 먹지 않는다면서 만찬 장소를 한정식집으로 바꾸라 지시했다. 촌스럽게 누가 추어탕을 먹느냐면서 역시 거절했다. 지리산 흑돼지삼겹살과 남원추어탕 맛을 알고 있는 몇몇 지사장들은 아쉬워했다. 황당하고 어처구니가 없었다. 그래서 나는 회의에 참석하지 않았다.

사장은 결국 당일치기로 모든 일정을 바꾸고 숙소와 식당 예약을 모두 취소해버렸다. 이 일로 지사장 단합대회와 지리산 노고단 등산계획을 세웠던 홍주식 전북지사장만 난처하게 되었다.

철밥통 공기업 그 모순과 관행의 실체

원래 지사장 회의는 분기마다 본사에서 열렸다. 그러나 지난해 하반기부터 현장CS경영회의라는 명분으로 지사장 회의를 지역별로 순회하면서 열게 되었다. 여기에는 문제가 많다.

첫째, 관내 업체에게 민폐를 끼친다. 업체는 회의실을 제공하고 환영 현수막도 걸어야 한다. 둘째, 회의는 형식적이며 주제도 없고 토론도 없다. 지사업무에 대해 최소한의 수박 겉핥기 식 점검도 없고 그저 사진 한 방 찍고 끝난다. 셋째, 지사장들의 교통수단이 어렵다. 제주지사장이 강원지사를 방문할 경우, 그리고 전국 각 지사에서 제주지사를 갈 경우 교통경로와 시간 그리고 비용을 생각해보라. 넷째는 회의를 위한 일정이 아니라 놀고먹는 일정이다. 회의는 항상 금요일에 열고 토요일은 등산이나 골프 일정을 잡는다. 강원지사는 내설악 등산로를 사전 답사하고 사장의 체력과 보폭 등을 감안해 등반 시간을 체크하기도 했다. 물론 사장 지시에 따른 것이다. 제주지사는 호텔과 비행기 표까지 예약을 끝냈고 한라산 등산코스까지 답사했지만 예고 없이 모든 일정을 취소하는 소동이 벌어져 지사장이 난감해했던 일도 있다.

윤 사장은 골프를 유별나게 즐긴다. 지난해 11월 창사기념일 기념 간부 골프대회를 열자는 그의 제안에 따라 4팀을 구성해 골프장 예약까지 끝냈으나 무산되었다. 골프를 칠 줄 모르는 내 눈치를 살피다가 이틀 전에 모두 취소하고 말았다. 2월 24일에도 전남 해남에서 지사장 회의를 마치고 영암의 아크로골프장에서 골프를 치려다 전격 취소했다. 강원도 속초에서 산불로 낙산사가 불타 난리인데 한가하게 골프할 정신이 있느냐고 반문했더니 취소해버린 것이다. 이래저래 나는 눈엣가시다.

제2부 | 사장은 부르주아, 감사는 프롤레타리아

정부경영평가 결과 이사회에 보고도 안 해

7월 27일, 오늘 이사회에서 여러 현안에 대한 의견을 개진했다. 먼저 10위로 추락한 정부경영평가에 대한 자체평가를 해다. 이미 사장은 그 책임을 물어 기획실장을 경기지사장으로 내몰아 문책인사를 단행했고, 금품수수 사건의 영향이라고 결론 내린 바 있다. 사장은 내가 공무출장을 갔을 때 열린 6월 이사회에 경영평가결과를 슬쩍 서면보고로 넘겼다. 그러나 이 문제는 쉽게 넘길 사안이 아니었다.

토지공사는 직원들이 정보를 빼내 택지개발지구에 땅 투기했던 대형사고가 터졌는데도 1등을 했고, 한국전력은 목포에서 제주 간 해저케이블이 끊어지는 국가적 사고가 났는데도 2등을 했다. 행담도 사건으로 세상을 떠들썩하게 한 데다, 폭설로 고속도로에서 발이 묶여 집단소송이 제기된 도로공사는 12위에서 3위로 뛰었다. 그 배경은 경영혁신에 성공했기 때문이다. 석유공사는 직원들이 송유관에서 기름을 빼먹다가 들통이 났는데도 7등을 했고, 관광공사는 직원들이 공항에서 면세품을 빼돌려 팔아먹다가 적발되었는데도 8등을 했다. 그런데 우리는 5등에서 10등으로 추락했다. 나는 그 이유가 무엇인지 이사회에서 정확히 평가하고 대책을 수립할 것을 촉구했다.

이사회 회의록, 감사 질타발언 100% 삭제

둘째, 나는 이사회 회의록 작성이 엉터리임을 밝혔다. 지금까지 감사인 내가 집행부를 질타한 민감한 발언은 100% 삭제해버렸다. 나는 누구의 지시에 의해 발언 내용을 뺏는지 추궁했다. 특히 정부경영평가는 회의록을 통해 감사나 사외이사의 발언 횟수, 발언의 질, 발언 내용의 수용여부를 백분율로 계산해 평가한다. 그런데 가장 중요한 발언 내용을 모두 삭제해놓고 어떻게 좋은 평가받기를 기대하는가. 기획실장은 자신이 임의로 삭제했다고 답변했지만 그걸 믿을 사람은 아무도 없다.

셋째, 작성된 회의록에 감사는 기명날인해야 한다. 이것은 이사회 의사록의 정확성과 진정성을 확보하기 위한 것이다. 그런데도 우리 공사의 정관이나 이사회 규정에는 감사의 회의록 서명권한이 없다. 그동안 내가 여러 차례 개정을 요구했는데도 시행하지 않았다. 이사회 발언 내용을 멋대로 누락시키거나 삭제시키고, 아예 서명조차 못하게 한다면 누가 법적 책임을 질 것인가?

이밖에도 '이사회운영 활성화' 방안과 사외이사의 역할강화 방안을 강구하도록 몇 가지 대안을 제시했다. 나는 하고 싶은 말이 너무 많았다. 그러나 쇠귀에 경 읽기였다. 결국 사외이사들의 사내정보 상시열람, 충실한 회의록 작성, 감사의 회의록 서명권한을 부활시켰다.

제가 바로 무능한 낙하산입니다

북한에 쌀 차관지원보다 근원적 대책시급

남북문제에 대해 공부하고자 정세현 전 통일부 장관님을 만났다. 가장 중요한 것이 식량문제인데 고작 인도적 지원이나 차관 형식의 지원에 머물고 있어 근본적인 해결책이 되지 못하고 있다는 데 늘 아쉬움이 있었던 터였다.

나는 장관께 북한 민족경제협력위원회를 통해 추진할 수 있는 방법에 대해 자문했다. 장관님은 가능한 일이지만 농림부의 태도가 가장 중요하다면서 농림부 고위관료들의 사고가 바뀌지 않는 한 남북농업협력문제는 상당기간 제자리에 머물 것이라고 말했다. 특히 우리 공사가 북한 농산물을 반입하고 있는 것은 그 자체가 모순이라고 지적했다. 북한은 주곡이던, 잡곡이던 식량이 부족하기 때문에 우리가 뭐든지 지원해야 할 판인데, 오히려 우리가 무엇을 가져오려고 노력하고 있으니 참 딱한 행정이라고 일침을 놓았다.

장관께서는 6 · 15 남북정상회담과 관련해 세상에 알려지지 않았던 이야기도 들려주셨다. 남북정상회담 후속조치로 남북군사회담이 열렸고, 북측이 먼저 남북이 상호 비방하는 데 사용하던 휴전선의 대형 확성기를 모두 철거하자는 제의를 했다는 것이다. 북측의 제의에 남측 군부 수뇌부는 거부하자는 의견을 냈지만 김대중 대통령 지시로 철거되었다고 했다.

사실 1970년대 중반만 해도 북한의 전력 사정은 남한보다 좋았고 북한이 남한보다 더 잘살았던 시절이다. 이때 북한이 휴전선에 설치했던 확성기는 위력이 대단했다. 그러나 남한의 전력 사정이 좋아진 1980년대 이후 남한의 확성기 성능은 북한을 훨씬 앞섰다. 그리고 남한의 고성능 확성기 등장에 북한의 다소 엉뚱한 곳에서 부작용이 발생했다.

탁아소에 수용된 북한의 어린이들은 매일 낮에 집단으로 낮잠을 잔다. 그러나 귀가 찢어질 듯 크게 틀어대는 남한의 고성능 확성기 때문에 아이들이 잠을 잘 수가 없다는 것이다. 휴전선으로부터 10킬로미터나 떨어진 거리까지 확성기 소리가 들리니 어린아이의 고통이 이만저만이 아니었다고 한다.

그런데 더 재미있는 것은 남한이 대형 멀티비전까지 설치한 것이었다. 야간에 전광판에서 쇼를 해대니 당해낼 수가 없었다고 한다. 2002년 월드컵 경기가 열렸을 때는 그 멀티비전을 통해 우리나라 축구경기를 생중계했는데, 이를 지켜보던 북한 병사들이 환호성을 지르며 남한을 응원했다고도 했다. 이에 결국 북한이 두 손을 들게 된 것이다. 그래서 남북이 상호 비방했던 고성능 심리전 확성기는 철거될 수 있었다고 한다.

제가 바로 무능한 낙하산입니다

모든 중앙일간지에 대문짝만하게 "무능하고 예산이나 축내는 낙하산감사" 명단이 공개되었다. 가나다순이다 보니 매번 나의 이름이 맨 먼저 나온다. 지금까지 수십 번 신문에 이름이 오르내렸으니 당혹스런 일은 아니다. 그러나 속은 부글부글 끓어오른다.

매년 국정감사 때가 되면 연례행사처럼 한나라당 의원들이 경쟁적으로 보도자료를 낸다. 나는 그냥 웃고 넘길까 하다가 자료제공자인 한나라당 박찬숙 의원 비서실에 전화를 걸었다. 나의 신분을 밝히고 보도자료를 팩스로 보내줄 것을 요청했다. 공개적인 반론을 제기하기 위해서였다.

나는 열린우리당 당원도 아니었으니 집권 여당을 통해 항변할 처지도 아니었다. 궁리 끝에 오마이뉴스 시민기자 신분으로 글을 게시했다. 제목은 "제가 바로 무능한 낙하산입니다"로 뽑았다. 오전에 올린 글이 저녁이 되자 가장 많이 읽어본 기사로 랭크되었다. 1만여 명이 이 기사를 읽었고 댓글도 많았다. 대부분 격려하는 내용이었지만 더러는 비난하는 글도 있었다.

"농수산물유통공사 감사 강동원입니다. 한나라당 박찬숙 국회의원께서 언론에 공개한 보도자료(2006. 8. 16, '감사(監事)자리에 감사(感謝)할 수밖에 없는 이유')와 언론의 보도를 접하면서 참으로 비통한 심경을 억제할 수 없었습니다.

한나라당이 단골메뉴처럼 '낙하산 인사', '보은 인사'라고 비난할 때마다, 마치 전문성도 없는 무능한 사람들이 국민의 혈세나 축내고 있는 것처럼 일방적으로 매도당할 때마다, 저는 제 인생에 대한 회한과 분노를 동시에 느꼈으며 저를 기억하는 모든 분께 부끄러운 심정이었음을 고백합니다.

저는 그동안 이 문제를 정치적 공세라고 판단해 침묵으로 인내하거나 절제하는 것이 최소한의 예의라고 생각했습니다. 그러나 더 이상 고민하지 않고 저의 솔직한 입장을 진술하게 호소하는 길을 선택했습니다. 차제에 무엇이 진실이고 무엇이 허구인지를 함께 논해보는 기회가 되길 기대합니다.

1. 임명 당시 대통령의 보은 인사, 낙하산 인사 논란과 함께 노조의 임명

반대투쟁으로 홍역을 치렀던 감사라는 주장에 대해 절대 동의할 수 없습니다. 저는 2004년 12월 감사에 부임할 당시 보은 인사나 낙하산 인사라는 비난을 받은 사실이 없습니다. 특히 노동조합의 임명반대투쟁으로 홍역을 치른 사실도 없고 오히려 노조의 환영을 받은 바 있습니다. 저는 지난 대선에서 노무현 대통령 후보의 조직특보를 지낸 사람입니다. 그 이유만으로 공공기관의 감사가 되어서는 안 된다는 주장은 어불성설입니다. 참여정부를 출범시키는 데 공헌한 만큼 참여정부의 국정목표를 꼭 성공시켜야만 한다는 무거운 책임감과 사명감으로 감사직분에 충실하고 있습니다. (중략)

2. 본인의 2005년도 연봉이 1억 6,241만 1,000원이라는 주장은 사실과 전혀 다릅니다. 제가 2005년에 일 년간 수령한 갑종근로소득금액(과세대상급여액)은 8,542만 8,000원이었습니다. 정부투자기관은 정부경영평가 결과에 따라 인센티브 지급률이 결정되기 때문에 매년 변동됩니다. 따라서 기획예산처의 자료는 통상적인 예산의 범주일 뿐 실제 연봉지급액과는 차이가 있을 것으로 이해합니다. 감사 개인별 연봉금액은 기관이 발행하는 근로소득 원천징수영수증을 참조하거나 국세청에 소득금액증명을 발급받아 확인하면 정확히 파악할 수 있을 것입니다.

3. 감사들이 소속기관의 재산 상태나 이사의 업무집행을 감사하는 역할을 기대할 수 있는 전문성을 갖추지 못한 인사들이라는 주장에 대해서도 절대 동의할 수 없습니다. 저를 비롯한 감사들을 전문성 없는 무능한 사람으로 평가한 이유와 구체적 근거를 밝혀주시기 바랍니다. 정치권 출신이기

제2부 | 사장은 부르주아, 감사는 프롤레타리아

때문에 모두 무능하다는 편견인지, 아니면 감사 개개인의 근무태도와 실적에 대해 신뢰할 만한 평가결과를 근거로 주장하시는 것인지 알고 싶습니다. 감사 개개인에 대한 업무능력평가를 객관적으로 실시한 결과였다면 마땅히 그 내용을 전 국민에게 밝혀야 도리일 것입니다. 그렇지 않다면 지금이라도 검증할 수 있는 제도를 한나라당이나 국회에서 입안하던지 아니면 일방적이고 터무니없는 무책임한 비판은 중단해야 할 것입니다. (중략)

저는 한나라당에 계신 분들께 솔직하게 듣고 싶습니다. 한나라당의 전현직 국회의원이나 당원들 중 과거 공기업 임원 출신들이 많이 계시다는 사실을 어떻게 설명하시겠습니까? 과연 그분들도 자질 없고 전문성 없는 무능한 분들이었는지 반문하지 않을 수 없습니다.

4. 감사직은 상대적으로 업무 강도가 낮고 기관장에 비해 경영성과에 대한 책임이 작을 뿐더러 연봉도 많아 '낙하산 인사의 꽃'이라는 주장에 대해서도 동의하지 않습니다. 감사는 기관장보다 업무의 강도가 낮은 것이 아니라 오히려 그 강도는 높습니다. 기관장의 경영실태에 대해 타당성과 적법성, 효율성을 검증하고 윤리경영, 투명경영, 공개경영을 유도해 건실한 컨설팅을 하는 현실이 이를 입증합니다.

기관장에 비해 경영성과에 대한 책임이 작고 연봉이 많다는 주장도 옳지 않습니다. 경영은 기관장이 하는 것이지 감사가 하지 않습니다. 따라서 경영성과에 대한 책임은 전적으로 기관장에게 있는 것이지 감사에게 있는 것이 아닙니다. 경영권자인 기관장의 역할에 대해 그 기능을 달리하는 감사에게 책임이 크고 작다고 할 수 있습니까? (중략)

철밥통 공기업 그 모순과 관행의 실체

연봉은 기본급에 해당하는 것이지만 일반적으로 인센티브를 합한 금액을 통칭한다고 봅니다. 정부경영평가 결과에 의해 인센티브 지급률이 결정되면 기관장과 감사는 같은 비율로 지급하며, 최상위 평가기업은 200%를 지급받지만 최하위는 한 푼도 지급받지 못합니다. 그럼에도 감사는 책임도 없고 연봉도 많다고 주장하면서 감사들을 후안무치한 사람으로 매도하는 그 이유를 어떻게 설명하시겠습니까? (중략)

한나라당은 그동안 수차에 거쳐 '감사는 별로 하는 일 없이 세금만 축내는 자리이며 정치권 출신 인사 등 소위 외부에서 오는 인사는 모두 낙하산으로 전문성이 없다'는 편견을 국민 앞에 기정사실화했습니다. 그러나 감사는 결코 놀고먹지 않습니다. 주어진 감사의 책임과 의무, 역할과 기능을 다해 밤잠 설치면서 국가와 정부에 대한 책임을 다하고 있습니다. 이제 더 이상 왜곡하거나 국민에게 호도하지 말기를 바랍니다.

5. 이제 낙하산 인사 논쟁은 중단해야 합니다. 한나라당이 집권하면 정치인 출신 감사나 기관장을 임명하지 않겠다는 것인지 분명히 국민 앞에 밝혀야 합니다. (중략) 지난 5월 자치단체장 선거에서 한나라당이 압승했는데, 전국의 지방공기업에 한나라당 정치인 출신이 한 사람도 임용되지 않았다고 당당하게 밝힐 수 있습니까? (중략) 진정 한나라당이 미래의 집권예비정당으로서 책임 있는 국정운영을 함께 꾸려갈 인사들을 중용하면서 정치인을 완전히 배제할 의사가 분명합니까? 그렇다면 모든 관련법을 국회에서 개정하시는 것이 순서일 것입니다. 공기업 감사의 자질과 전문성 문제에 대해 원하신다면 언제든지 TV공개토론에 응할 용의가 있음을 감히 밝힙니다."

들어도 못 들은 체, 알아도 모르는 체하라

9월 14일, 김덕순 사외이사의 요청으로 단둘이 만났다. 독대는 처음이었지만 거절할 이유가 없었다. 그는 사장 문제로 나를 만나고자 했다. 사장이 나 때문에 무척 괴로워한다는 것이다. 영락없이 나는 가해자요, 사장은 피해자였다.

"감사가 사사건건 사장의 발목을 잡아 사장이 아무 일도 할 수 없다고 한다. 간부들조차 감사 때문에 못해먹겠다고 아우성이다. 사장이 나이가 열 살이나 많은데 체통이 안 선다"는 등 모두가 나 때문에 문제라는 것이었다. 그는 "사장에 대해 말을 아끼고, 들어도 못 들은 체하고, 봐도 못 본 체할 수 없겠느냐, 알아도 모르는 체하면서 사장이 하는 일을 묵인할 수 없겠느냐"고 나를 설득했다.

나는 어이가 없었다. 정말 기가 막혔다. 그 소릴 누가 하더냐고 되물었다. 그는 다 알면서 무얼 그러느냐고 반문했다. 그렇다면 사장이 나 때문에 못해먹었다던 일이 뭐냐고 물었다. 그러나 그는 아무 답변도 하지 못했다. 알고 있는 구체적인 사례가 없었다. 그저 막연하게 내가 너무 강경하게 원칙을 강조해서 사장이 소신껏 일을 할 수가 없고 직원들에게 체통이 서지 않는다고 주장했다.

경찰청 차장 출신인 그는 깐깐하지만 아주 객관적인 사람이었는데 이처럼 편향된 판단을 하고 있었다. 나는 그에게 말했다. 사장의 말만 듣고 판단하면 그르치기 십상이니 이제부턴 내 말을 들어보라고 했다. 그리고 그동안 있었던 정확한 실상을 조목조목 설명하자 처음에는 고개를 흔들면서 반신반의하던 그가 이내 고개를 끄덕였다.

나는 내친김에 지금까지 있었던 일들을 낱낱이 밝혔다. 불편부당한 업무처리, 이권개입, 업무는 관심 없고 만날 연봉 타령이나 하는 현실, 심지어 세상에 밝혀서는 안 될 이야기까지 다 털어놓았다. 내가 오히려 집단적 음해와 감시를 당하고 있는 피해자라고 설명했다. 내 방을 출입하는 간부들을 불러 야단쳤다는 대목에선 손을 가로저으며 말문을 막았다. 이제 그만하면 알겠다면서 더 알고 싶지도, 알 필요도 없다고 했다. 그는 미안했던지 겸연쩍게 웃는다. 이제 뭔가 알 것 같다고 했다. 오랜만에 그와 진지하고 솔직한 대화를 나누다 보니 네 시간이 훌쩍 지났다. 정말 피곤한 하루였다.

원 코리아 페스티벌과 우리 음식 세계화

9월 28일, 사장이 처음으로 나의 의견을 진지하게 받아들였다. 나는 평소 우리가 추진해야 할 일들을 구상하면서 여러 대안을 강구했지만 그것을 공개적으로 밝히지는 않았다. 걸핏하면 사장의 경영권 침해니 월권이니 하면서 달갑지 않게 여기지 않았기 때문이다. 그러나 마냥 눈치만 보고 있을 수 없는 없었다.

내가 사장에게 제안했던 두 가지 사업은 시기적으로 촉박했다. 하나는 일본 오사카에서 매년 10월에 열리는 '원 코리아 페스티벌(One-Korea Festival)' 행사에 우리 공사가 참여하는 것이었고, 다른 하나는 우리 음식 세계화 사업으로 10월 25일 우리 공사 전시장에서 열리는 '대한민국 농산물요리대전'에 공사가 정식으로 참여하는 것이었다.

사장의 반응은 즉각 나타났다. 즉석에서 오사카 지사장에게 전화를 걸어

원 코리아 페스티벌 행사에 관해 묻고 당장 지원책을 강구하라고 지시했다. 또한 ≪동아일보≫ 1면 하단에 통으로 광고가 나갔던 대한민국 농산물 요리대전에 대해서도 큰 관심을 나타냈다. 의외로 선뜻 적극 검토하겠다면서 반기는 태도를 보였다.

원 코리아 페스티벌은 1985년 광복 40주년을 계기로 통일에 대한 새로운 역사의 장을 만들기 위해 재일동포 2세인 정갑수·김희정 씨 부부가 사재를 털어 시작한 것으로 올해로 22회째라고 했다. 오사카성에서 열리는 이 행사는 문화·예술·체육·음식축제를 통해 재일동포들이 상호 불신의 벽을 허물고, 서로 하나가 되어 상생의 길로 화합하자는 취지를 가진 순수 민간행사였다.

올해부터 이 행사는 2004년에 결성된 특정비영리활동법인 코리아NGO센터가 주최하고, 한국관광공사와 우리 공사가 후원하는 형태로 진행하게 되었다. 이 행사는 재일본대한민국민단(민단)과 재일본조선인총연합회(조총련)로 분열되어 있는 재일본 한국인을 하나로 묶고, 더 나아가 조국통일은 물론 동북아시아의 코리안 네트워크를 구성해 동아시아공동체에 기여하는 것을 목표로 하고 있다.

결국 우리 공사는 원 코리아 페스티벌 행사의 음식축제 부분에 동참했다. 한식소개와 시식행사를 통해 우리 음식의 세계화를 노리기로 했다. 소요 예산은 1천 8백만 원에 불과했지만 그 효과는 대단했다. 전라남도가 준비한 삼계탕은 10만 명의 인파에게 폭발적인 인기를 누렸다. 특히 한류열풍에 맞춰 가수 안치환, 정태춘, 박진도, 탤런트 박은숙, 권해효, 임호 씨가 우정출연해 일본의 방송과 신문에서의 취재 열기가 대단했다. 우리는 아주 적은 예산으로 일석이조의 효과를 보았다.

뇌물수수, 감사할 자격이 있는가?

금품수수 간부들 부하에게 책임전가

10월은 매우 어수선했다. 개천절과 추석연휴가 8일까지 이어졌고 11일에 국정감사가 끝났다. 경찰이 송치한 금품수수 사건이 서울중앙지검에서 처분됨에 따라 나는 관련자들에 대한 자체징계를 서둘렀다.

서울중앙지검 형사1부는 금품수수 당사자인 K부장을 '불구속기소', L팀장과 M과장은 '기소유예', 또 다른 P팀장은 증거불충분으로 '무혐의' 처분했다. 경찰조사에서 L팀장은 200만 원, P팀장은 250만 원을 받았다고 진술했다. 그러나 검찰진술에서 두 사람은 모두 오리발을 내밀었다. K부장이 스스로 모든 희생을 감수하겠다며 두 팀장에게 돈을 분배한 사실이 없다고 진술을 번복한 결과였다.

이들은 취업규칙과 윤리강령, 그리고 행동강령의 '이권개입금지', '알선·청탁금지', '금품수수금지'를 명백히 위반한 중징계 대상으로 엄중히 문책을 받아야 한다. 특히 직무와 관련된 금품·향응수수를 했기 때문에 중점정화대상이다. 이 사건은 공사 창립 이래 가장 큰 사건으로, 나는 무엇보다 관련자들이 조금의 억울함도 당하지 않도록 공정하게 징계를 처리하고자 했다.

특히 K부장이 왜 편법으로 부당하게 비자금을 조성할 수밖에 없었는지도 확인했다. K부장은 술도 마실 줄 모른다. 그는 L팀장의 접대 자리가 끝나기를 기다렸다가 술값을 치르곤 했다. P팀장은 전임자였던 L팀장에게 이 사실을 모두 인계를 받았으며 이 일로 K부장은 무척 힘들어했다.

이 같은 정황을 확인한 나는 관련자 네 명을 상대로 문답과 대질조사를 벌여 징계요구 절차를 밟기로 했다. 그러나 L팀장과 P팀장은 철저하게 모르쇠로 일관했고, 모든 책임을 부하인 K부장에게 뒤집어씌웠다. 팀의 운영비조달·집행 책임자였던 L팀장과 P팀장은 자신들은 전혀 모르는 일이며 모두 K부장 혼자 한 일이라고 발뺌했다. 사실 나는 부하직원이 잘못했다 해도 관리책임자로서 책임을 통감하고 통절하게 반성하는 모습을 원했다. 그리고 부하들을 선처해달라고 호소하기를 바랐다. 그러나 나의 생각은 여지없이 빗나가고 말았다. 참 비겁하고 뻔뻔스러웠다. 이에 K부장은 항변하듯 목멘 소리로 하소연했다.

"팀장님, 제발 감사님 앞에서만큼은 솔직해집시다. 검찰에서 저한테 제발 진술을 번복해달라고 통사정하셨잖아요. 그래도 두 분은 제가 모셨던 상사인데 제가 혼자 책임지는 것이 좋겠다 싶어 진술을 번복했습니다. 그때 저한테 감사하다면서 변호사 비용을 다 댈 테니 걱정 말라 하셨잖아요. 그런데 왜 두 분이 서로 짜고 저한테 뒤집어씌우기만 하십니까?"

그러자 두 팀장은 동시에 언성을 높이며 핏대를 올렸다. 순식간에 감정 싸움으로 돌변했다. 내가 직접 대질심문을 하고 있는데도 그들은 안하무인이었다. 그러자 억울하다는 표정으로 K부장은 계속 말을 이었다.

"L팀장님, 저한테 뭐라 하셨습니까. 우리 서로 사는 길을 택하자고 했잖아요? 어차피 저는 빠져나갈 길이 없으니까 팀장님만 살려달라고, 제발 진술을 번복해달라고 하셨잖아요. 팀장님은 약속했던 변론 비용도 주지 않으시더니 이제는 혼자 빠져나가려 하십니까? 세상에 어찌 이럴 수가 있습니까?"

K부장의 항변에 L팀장은 벌겋게 상기된 얼굴로 눈만 껌벅거릴 뿐 말이 없었다. 부하에게 모든 책임을 뒤집어씌우는 그 모습은 참으로 꼴불견이었다. 적어도 책임 있는 관리자의 자세는 아니었다. 참다못한 나는 그들을 책망하면서 대질을 마쳤다.

사장은 뇌물수수 간부를 살려달라며 호소

규정에 의한 그들의 징계수위는 파면, 해임, 정직에 해당된다. 금품수수 당사자인 K부장은 파면, 관리책임자인 L팀장과 P팀장은 파면 내지 해임, 돈 심부름을 했던 M과장은 정직에 해당했다. 이 사실을 사장과 노동조합에서도 알고 있었다. 그러나 그들은 나에게 압력을 행사했다. 윤 사장은 차를 마시며 넌지시 나의 의중을 떠보았다.

"감사님, 평생 못할 일이 남의 가슴에 못질을 하는 것이지요. 그들의 행위는 용서할 수 없지만 그래도 그들의 목을 치면 두고두고 후회합니다. 원칙만 주장하다 보면 때로는 업보로 남습니다. 웬만하면 P팀장만은 살려주시지요."

사장은 유별나게 P팀장을 챙겼다. 인사위원장인 부사장도 속이 답답한 모양이었다. 막말로 손에 피를 묻혀야 하는 입장이니 마음이 편할 수 없었을 것이다. 노동조합은 중징계를 규탄하면서 나를 비난했다. 그래야만 노조의 체면이 서는 것일까. 모든 임직원이 나를 향해 협공했다. "초록은 동색이고 가재는 게 편"이라는 말이 실감났다.

감사실 직원들도 몸을 사렸다. 하지만 이런 정서가 징계의결에 장애가 되어서는 안 된다. 나는 징계의결요구서를 직접 작성했다. 감사실 직원들의 부담을 덜어주고 일벌백계의 확고한 의지를 보여주기 위해서였다. 부정부패 연루자들의 최후가 얼마나 가혹한지, 치명적인 불이익이 무엇인지 모든 임직원에게 인식시켜야 뇌물수수가 예방될 거라 믿었다.

나는 일본 오사카 원 코리아 페스티벌에 참관하기 위한 출장을 전격 취소했다. 징계요구를 해놓고 출장을 가면 '직원 목을 쳐놓고 놀러갔다'고 공격할 것이 뻔했기 때문이다. 나는 징계의결요구서를 인사위원회에 회부했다. 징계의결 요구권자인 나의 의견은 다음과 같았다.

K : "파면"

L : "파면"

P : "해임"

M : "정직 6개월"

연목구어(緣木求魚)와 읍참마속(泣斬馬謖)

어제, 오늘 회사는 쥐 죽은 듯이 조용했다. 직원들의 수군거리는 소리만 들렸다. 징계의결요구서의 내용이 입소문을 타고 파다했다. 그리고 파면은 너무 심하다는 비판론이 술술 나왔다. 인사위원회는 징계절차를 밟고 있었다. 그리고 드디어 나를 비난하고 공격하는 글들이 인트라넷에 게시되기 시작했다.

일시 : 2006년 10월 25일 오후 1시 39분

제목 : 절영(絶影)의 고사에서 무엇을 배울까요?

중국의 고사 절영에서 '왕비를 희롱한 신하에게 관용을 베풀었고 이에 감읍한 신하는 군주를 위해 목숨을 바쳤다'는 사례와 어느 사형수의 마지막 유언이 '아무리 중죄인이지만 한 번의 반성할 기회를 달라'고 하며 형장에서 생을 마감한 사례는 우리에게 많은 생각을 갖게 합니다. 지금 감사는 직원들을 집요하게 처벌하려고 합니다. 간혹 판단력이 흐려져 잘못된 결정을 내린 후 두고두고 후회하는 경우가 있습니다. 현자는 남의 조언을 경청하는 사람이라 했는데 무릇 실패를 최소화시키는 길이기 때문입니다.

직원 징계에 대해 당연하다는 직원보다 아니라는 직원이 있다면 그래도 아직은 가능성이 있다고 보십시오. 내 자식이라면, 내 아끼는 부하라면 어떤 처분을 내릴까 자문하신 후 공평하게 결정한다면 직원들도 공감할 것입니다. 내 자식이지만 그럴 게밖에 할 수 없었다면 누가 돌을 던지겠습니까? 그렇지 못할 경우 감사는 우리 직원들과 어떻게 한식구가 될 수 있겠습니까?

일시 : 2006년 10월 25일 오후 2시 5분

제목 : 조금 더 아량을

　적절한 시기에 적절한 말씀을 하셨습니다. 지금 감사는 열심히 일하다가 실수를 범한 직원들을 처벌하려고 합니다. 그런데 처벌수위도 납득할 수 없지만 시기도 미묘합니다. 1~2개월만 기다리면 모든 사실이 법원에서 드러나고 자연스럽게 처벌수위가 결정될 것으로 보이는데 갑자기 10월에 징계하려는 이유가 무엇인지 모르겠습니다.

일시 : 2006년 10월 25일 오후 6시 59분

제목 : [답장] 절영(絶影)의 고사에서 무었을 배울까요?

　읍참마속처럼 많이 인용되는 고사도 없다. 기강을 세우기 위해 군령을 위반한 마속을 제갈공명이 울면서 참했다는 이 고사는 조직기강을 잡을 때마다 나오는 말이다. 읍참마속은 전쟁에서 패배를 승리로 이끌었으며, 국정의 최고책임자인 제갈공명이 자신이 총애하는 사람을 참수했으니 부하들의 기강을 바로잡는 효과를 보았다. 이러한 읍참마속을 실행하기는 정말 어렵다. 너무나 잔인하기 때문이다. 고락을 함께한 사람을 단호하게 제재하는 것은 인간적으로 너무 잔인하게 느껴진다. 그동안 우리는 온정주의가 판을 쳐 솜방망이 징계를 하거나 아무런 제재도 못하는 경우가 많았다. 심지어 사법부의 판단을 불신하면서 '무죄추정의 원칙'을 들먹이기도 한다.

　지금 우리는 작금의 현실을 교묘하게 포장해 비위 행위자를 두둔한다. 엄정하고 원칙적인 징계를 주장하는 감사실과 감사를 비난한다. 그러나 어떤 사회나 어떤 조

철밥통 공기업 그 모순과 관행의 실체

직도 공신력확보를 위해서는 읍참마속을 아무리 강조해도 지나치지 않다. 어느 누구도 고뇌에 찬 읍참마속의 결단을 내리기 쉽지 않다. 그러나 누군가는 내려야 한다. 솔직히 동료들의 징계 문제로 이 게시판을 보면서 안타까운 마음이 든다. 사실 징계에 대해 소상한 내용을 아는 직원이 과연 몇이나 될까. 일부 간부들의 주장대로 납득하지 못할 처벌은 곤란하다. 하지만 온정주의로 여론을 호도하고 더 나아가 감사님에 대해 적개심을 가지고 소위 음모론 등 악의적인 공격을 해서는 정말 곤란하다.

　세 사람의 글은 연목구어(緣木求魚)와 읍참마속(泣斬馬謖)의 대결이다. 참신통한 것은 절영의 고사를 들먹였던 글은 이미 사장이 나에게 한 말이었다. "간혹 잘못된 결정을 내려 두고두고 후회하는 경우가 허다하다"는 사장의 말이 생각났다. 참 대단한 글쟁이들이다. 이에 맞서 읍참마속을 주장하는 글은 온정주의를 내세워 여론을 호도하고 적개심을 불러일으켜 음모론 등 악의적인 공격을 해서는 곤란하다고 했다. 직원들의 이분법적 사고가 극명하게 들어나고 있다.

중징계 놓고 직원들의 찬반의견 갈려

　10월 26일, 오늘도 몇몇 찬반의견이 올라왔다. 대체로 불순한 의도를 가진 글들이었다. 징계를 앞두고 인사위원회에 영향을 미칠 목적으로 쓴 것 같았다. 나를 지칭하면서 "'안하무인", "이번 징계가 우리 조직에 무슨 도움이 되는가?", "썩어빠진 공사를 깨끗하게 만들었다는 실적을 쌓으려는 것이냐", "징계를 반대하는 사람은 모두 썩은 사람이냐"고 비아냥거렸다.

가장 이해되지 않는 대목은 "이번 일이 법정으로 확대될 때 공사에 닥칠 파장을 간과할 수 없다"는 주장이었다. 마치 법정소송이라도 준비하고 있는 것 같았다. 법정공방을 예고하며 나를 협박하는 것이다.

직원들 대부분은 징계대상자들의 비위사실과 공사 내부규정을 정확히 알지 못하고 있다. 이를 이용해 정당한 징계요구를 하고 있는 내게 수구세력들이 공격을 가하고 있는 것이다. 하지만 다행히도 나를 비난하는 세력들보다는 당당하게 징계의 정당성과 원칙론을 주장하는 직원들이 많았다.

징계로 난리인데 사장은 취임 2주년 축하만찬

10월 26일, 오늘은 사장이 취임한 지 2년이 되는 날이다. 임원들과 1급 이상 간부들이 사장 취임을 축하하는 만찬을 연다며 부사장이 내게 함께 가자고 청했다. 순간 나는 "지금 공사가 징계 문제로 온통 난리인데 나더러 건배라도 하란 말이냐"고 화를 내고 말았다. 그까짓 취임 2주년이 무슨 대수란 말인가. 결국 만찬을 취소한 사장이 기획실 직원들과 식사를 했다는 소식이 들렸다.

밤 9시가 되자 관리본부 김 과장이 내게 조용히 만나길 청했다. 야근하는 직원들의 시선을 피해 은밀하게 만났다. 그는 아주 평범하고 조용한 젊은 사람이었다. 김 과장은 일부 간부들이 설치고 있지만 말없는 다수의 직원들은 원칙대로 징계하는 데 반대하지 않는다며, 하급직원일수록 징계를 당연하게 생각하고 있다고 했다. 다만 직원들이 징계양정기준과 징계절차를 잘 모르고 있어 뒤숭숭할 뿐이라고 했다.

그러면서 그는 중요한 이야기를 털어놓았다. 관리본부의 총무팀장이 해임 처분을 받았던 P팀장과 5층 흡연실에서 주고받는 말을 들었는데, 낌새가 이상하다고 했다. 총무팀장이 나를 개망신주자며 P팀장을 꼬드기더란 것이다.

"야, 너 해임이라며? 그렇게 당하고만 있을래. 감사 그 자식 날려버려. 내가 그 자식 비리 다 알고 있어. 이번 기회에 개망신을 줘버리자고."

"비리? 그 자식이 비리가 있어?"

"그럼, 그 자식 대학원 다니는데 등록금을 공사에서 댔어. 학비지원 대상도 아니잖아. 또 있어. 그 거지 같은 놈 집 없다고 징징대서 공사에서 집 얻어줬잖아. 임대보증금 이자만 해도 연간에 얼마냐. 원래 임원한테 사택 안 주잖아."

"그게 사실이야? 그걸 네가 어떻게 알아?"

"우리 팀에서 내가 집행한 일이잖아.

"그 새끼 신문고에 까발려 버려야겠네.

"지 혼자 깨끗한 척하지만 뒷구멍으로 호박씨 까고 있어. 당장 신문고에 질러버려."

김 과장은 그들이 나눈 대화를 토씨 하나 빠뜨리지 않고 내게 전했다. 그러면서 미주알고주알 별의별 이야기를 다 하던데 뭔가 느낌이 좋지 않다고 했다. 총무팀장과 P팀장은 같은 아파트, 같은 층에 살며 평소 가깝게 지내는 사이로 알려져 있었다. 직원들의 평에 의하면 아주 형편없는 아부꾼들이었다.

감사, 당신은 징계할 자격이 있는가?

김 과장의 이야기를 들은 후 나는 뭔가 대책을 세워야겠다고 생각했다. 가장 마음에 걸리는 것은 징계요구 내용을 직원들이 정확히 알지 못하고 있다는 사실이었다. 따라서 직원들에게 징계요구 내용을 정확히 인식시킬 필요가 있었다. 나는 징계의결요구서 전문을 인트라넷에 공개하도록 지시했다. 그래야 직원들이 징계의 타당성을 인식하고 수긍할 것으로 믿었다. 그리고 교육을 통해 징계와 관련된 모든 내용을 확실하게 천명하기로 했다.

그런데 우려했던 일이 현실로 나타났다. 지난밤 김 과장이 말했던 대로 총무팀장과 P팀장이 나를 욕하며 험담했던 내용이 신문고에 고스란히 게시되었다.

일시 : 2006년 10월 27일 오후 4시 51분

제목 : 원칙과 청렴을 내세운 직원징계에 대해

감사실은 수사기관이 아닙니다. 공사는 감사만 존재하는 것이 아니라 선배들이 40년을 지켜온 직장입니다. 과거에 조용했던 우리 공사가 왜 이렇게 시끄럽다고 생각하십니까? 모두 감사 한 사람 때문입니다. 모든 것을 부정하고 비판하는 당신은 규정을 준수하고 떳떳한지 묻습니다. 청춘을 공사에서 보낸 동료를 징계할 만큼 당신은 자격이 있다고 생각하는지 반성하기 바라면서 두 가지를 공사에 묻습니다.

첫째, 감사사택 문제입니다. 공사는 왜 갑자기 감사에게 사택을 제공했습니까? 보수비용과 집기구입비는 얼마였습니까. 전세보증금과 보수비, 집기구입비를 합하면 족히 2~3억은 된다고 합니다. 연 8%의 이자만 계산해도 연간 2,000~2,400만 원 정도가 되는데 이런 특혜를 무슨 이유로 주었습니까? 직원들에게 관심도 없는 회사가 왜 감사에게 특혜를 주었는지 명쾌하게 밝혀주시기 바랍니다. 만약 이것이 감사의 압력으로 이루어졌다면 감사가 직원들에게 규정준수와 청렴을 강요할 수 있겠습니까?

둘째, 감사의 대학원 학자금 문제입니다. 회사는 직원 자녀들에게 학기당 1백만 원을 지급하고, 직원은 회사에서 정한 대학원에 가야만 학자금이 지원됩니다. 그런데 감사는 본인이 필요해서 일반대학원에 다니는데 학자금을 왜 지급했는지 명백하게 밝혀주시기 바랍니다.

이 일은 회사에 자신만이 존재가치가 있는 것처럼 자신의 고집만 주장하는 감사와 관련된 문제입니다. 감사는 위에서 언급한 두 가지에 대해 규정에 어긋남이 없이 떳떳합니까? 직원들에게 부끄럽지도 않으십니까? 지켜보겠습니다.

복받쳐 오르는 설움에 끝내 직원들 앞에서 눈물 펑펑

적반하장이다. 징계위원회에 회부된 비위 당사자가 해임을 요구한 징계 요구권자인 나를 향해 정면으로 도전하고 있다. 그들은 허위사실을 유포하고 왜곡하면서 직원들을 선동하고 있다. 글이 게시된 후 불과 10분 만에 댓글들이 올라왔다. 읽기조차 부끄러운 저질스러운 댓글도 있었다. 그러나 "저질스런 논쟁을 중단하라", "감사 흠집 내기를 중단하라", "품위를 지켜라" 같은 자성의 글도 동시에 올라왔다.

감사실 직원들도 당혹스러워했다. 오늘처럼 내 인생이 부끄럽고 처절한 적은 없었다. 지금까지 단 한 번도 불편부당한 행위를 한 일이 없고, 직원들에게 지탄받을 언행을 하지 않았다고 자부한다. 그런데 서러움이 복받쳤다. 나는 감사실 직원들 앞에서 내 인생의 서글픈 대목을 이야기하다가 복받쳐 오르는 감정을 억제하지 못하고 그만 펑펑 울고 말았다. 주체할 수 없이 눈물이 쏟아졌다. 집 없는 서러움에 부끄러움도 체통도 없었다.

나는 국회의원 선거에 출마하기 위해 2003년 가을, 서울의 전세방을 정리하고 고향으로 내려갔다. 나는 지역 여론에서 압도인 지지를 받았고, 경쟁자는 지역민심이 이반되어 거의 바닥세였다. 그러나 기득권을 가지고 있는 현역들은 나눠 먹기 식 밥그릇 챙기기로 반민주적인 독단을 저지르고 말았다. 2004년 4월 17대 총선의 참담한 과정을 겪은 후, 나는 그해 12월 농수산물유통공사 감사로 임명되었다. 그러나 당장 서울로 이사할 엄두를 내지 못했다. 선거 과정에서 빚도 있었고 시골 임대아파트 전세보증금 4천만 원이 재산의 전부였다. 그런데 상상하지 못했던 기적 같은 일이 일어났다. 내가 청운동에 살았을 때 이웃집에 사시던 할머니가 당신의 집에서 살도록 허락하신 것이다. 그분은 나와 함께 궁정교회를 다니던 권사님이었다. 나는 서울에 올라와 권사님께 인사를 갔지만 계시지 않았다. 대장암 수술을 위해 서울대학병원에 입원 중이셨다. 권사님은 퇴원 후 둘째 아드님의 집에

철밥통 공기업 그 모순과 관행의 실체

서 통원치료를 하셨다. 둘째 아드님은 송파구 문정교회 이구영 목사님이다. 권사님은 우리 부부를 문정동 목사님 사택으로 부르셨다. 그리고 뜻밖에도 우리더러 청운동 당신 집에서 기거하라고 말씀하셨다.

"기도할 때마다 강 집사 부부가 생각났어요. 그때마다 마음에 걸려 편히 잠을 못 잤어요. 명색이 대통령 임명장을 받은 사람이 기거할 집도 없이 어떻게 추운 겨울을 지낼까 생각하니 마음이 편치 않아요. 그래서 내가 방을 줘야겠다고 결심했어요. 이게 뭔지 아세요? 하나님의 사랑이에요."

권사님은 삼형제를 두셨는데 첫째는 교사, 둘째는 목사, 셋째는 판사로 키우셨다면서 강 집사도 감사니까 우리 집 사람들은 모두 '사' 자 돌림이라며 좋아하셨다. 활짝 웃으시면서 덕담을 건네시는 권사님께 송구스럽고 감사하여 몸 둘 바를 몰랐다.

이런 사연으로 나는 첫 출근을 종로구 청운동 권사님 댁에서 시작했다. 밥그릇 하나 가져오지 못하고 몸만 올라왔지만 그래도 행복했다. 세상에 이런 일이 어디에 있겠는가? 나는 평생 권사님을 잊지 못한다. 그분은 지난 여름 작고하셨다. 그분이 주신 숭고한 이웃사랑을 실천하겠다고 다짐하면서 이 세상은 결코 인간의 뜻대로 살 수 없음을 실감했다. 그분이 바로 고 강은희 권사님이시다.

입에 담기조차 부끄럽다

감사 사택, 베란다 천장에서 비가 주룩주룩

나는 사택임대에 관해 이야기하지 않을 수가 없었다. 서울에 집이 없는 나의 형편을 잘 알고 있던 윤 사장은 만날 때마다 습관적으로 이사했느냐고 물었다. 마치 내가 굽실거리기를 바라는 눈치였다. 우리 공사는 전국의 지사장과 본사에 근무하는 지방 출신 특채직원에게 사택과 집기를 제공하고 있다. 그런데 지방 출신 임원들에게는 사택을 제공하지 않고 있다. 임원들은 모두 서울에 집이 있어야 한다는 논리다. 다른 정부투자기관은 지방 출신 임원들에게 모두 사택을 제공하고 있다.

지난 2005년 7월, 사장은 내게 뜬금없이 이사를 했느냐고 다시 물었다. 나는 사장과 의견충돌이 많았던 터라 말하고 싶지 않았다. 그러나 내 처지를 털어놓았다. 사장은 왜 진즉 말하지 않았느냐면서 정색을 했다. 즉석에서 부사장에게 "감사님이 주거 문제가 해결되어야 회사에 더 집중하실 것이 아니냐. 당장 대책을 세우라" 하며 생색을 냈다.

규정을 개정하고 추경을 편성해 이사회의 승인을 득한 후 사택을 마련했다. 이때가 2005년 9월이었다. 공사가 임차한 집은 건축한 지 30년이 넘은, 청운동 자하터널 위에 있는 낡은 연립주택이었다. 임차예산 2억 원에 맞춰 집을 얻다 보니 마음에 드는 집을 얻을 수 없었다. 물론 회사와 가까운 강남에서 그 돈으로 집을 구하기란 어림도 없었다.

사택으로 이사한 지 일주일 만에 비가 내렸고 앞뒤 베란다 천정에서 비가 주룩주룩 샜다. 올 여름에는 폭우가 내려 지하 보일러실에 물이 가득 차 양수기로 물을 퍼내기도 했다. 아침에 수도꼭지를 틀면 시뻘건 녹물이 나왔다. 회사에서 제공한 비품은 하나도 없었다. 올 여름 내내 선풍기 하나로 온 식구가 비지땀을 흘렸다. 이러한 열악한 주거환경에 대해 나는 아무런 말도 하지 않았다. 살 곳이 있다는 자체만으로 감사했다. 그런데 이런 상황을 두고 내가 압력을 넣어 사택을 제공받았다며 비리 운운하고 있는 것이다.

대학원 등록금 입에 담기조차 부끄럽다

창피한 일이지만 대학원 등록금의 내막은 이렇다. 공사의 주요 업무에는 북한에 식량을 지원하고 반입하는 일도 포함되어 있다. 그런데 임직원 중에 남북농업정책 전문가가 없었다. 그래서 나는 이 분야를 공부하기 위해 2005년 자비로 경기대 정치전문대학원 북한학과를 지원해 석사과정을 공부하고 있다. 당초부터 공사와는 무관한 순수하게 개인적인 일이었다.

현재 3학기인데 그동안 모두 자비로 등록했다. 그런데 지난 9월 인사팀장이 임원도 교육비 지급 대상에 포함되었다며 영수증을 달라고 했다. 나는 거절했다. 그러나 인사팀장은 몇 차례 계속 찾아와 자신의 입장이 곤란하다고 졸라댔다. 이미 부사장의 결제가 끝나 학비를 자신이 보관하고 있으며 반납도 불가하다는 것이었다. 어쩔 수 없이 3학기 등록금 270만 원을 처음 수령했는데 그것이 불과 2주전 일이었다.

사전 협의도 없었고 완전히 타의에 의해 불가피하게 수령했던 한 학기 등록금을 두고 그럴듯하게 중상모략을 한 것이다. 결국 인사팀장이 인트라넷을 통해 이 문제를 해명하는 촌극이 벌어졌다.

일시 : 2006년 10월 27일 오후 10시 12분
제목 : 감사님 사택 및 교육비 지원 사유
　〈감사님 사택 지원〉
감사님은 지방에서 계시다가 공사에 부임하셨고 서울에 주택이 없어 거주 문제가 있었습니다. 타 공기업 사례도 모두 참조했습니다. '지사장과 지방 거주자인 화훼 공판장 경매사'를 대상으로 사택을 지원한다는 우리 공사 규정을 '임원'도 지원이 가능하도록 개정하고 이사회 의결로 2005년 8월에 임차한 것입니다. 사택 임차 보증금 지급내역은 감사(서울, 2억 원), 지사장(지방, 1억 원) 경매사(분당, 8천만 원) 입니다. 사택이 낡아 7백만 원을 들여 보수했고, 도배 비용은 임대인에게 1백만 원을 총무팀에서 직접 받았습니다.
　〈감사님 교육비 지원〉
공사는 1993년부터 직원의 대학원 석사과정과 단기과정을 위탁교육방식으로 운영하고 있으며 2006년부터 임원을 포함해 시행하고 있습니다.
감사님은 남북교류협력과 통일정책 연구를 통한 대북사업의 폭넓은 대안제시를 위해 2005년 가을학기부터 경기대학교 북한학과 석사과정에 재학 중이며 지금까지 모두 감사님 자비로 등록했습니다.
감사님은 학업성적이 우수해 장학금 수혜가 있어 장학금을 제외한 270만 원을 지

노무현 대통령, 성공한 낙하산도 있다

지난 7월 각료회의와 청와대 수석비서관회의에서 노무현 대통령은 "낙
하산이 나쁘다고만 말할 수 없다. 참여정부의 낙하산 중에는 성공한 케이
스가 있다"고 말씀하셨다. 대통령께서 밝힌 성공한 낙하산은 바로 나를 지
칭한 것이었다.

나는 지난 6월 5일 직원들에게 공개했던 감사일지를 제본해 노무현 대통
령께 제출한 바 있다. 대통령께서 세상에 드러나지 않은 공기업 내부의 치
부와 실상을 정확히 알고 계셔야 한다고 믿었기 때문이다. 이와 함께 공기
업 감사들의 무사안일을 퇴출하기 위한 제도 즉, 감사근무평가시스템 도입,
감사원 산하의 한국감사협회 혁신, 감사들의 자질향상과 정보공유를 위한
감사혁신포럼 신설 등을 건의했다.

대통령께 감사일지를 제출한 지 닷새 후 청와대 문용욱 제1부속실장에
게서 전화가 걸려왔다. 감사일지 다섯 부를 다시 제출해달라는 요청이었
다. 대통령께서는 감사일지를 정독하신 후 제도개선, 혁신, 인사, 정책비서
실에 공기업 혁신과제를 연구하도록 직접 지시하셨다. 감사일지는 이처럼
대단히 신속하게 정책연구과제로 피드백이 되었다.

그 후속조치로 공공기관 임원 혁신포럼의 창립과 공기업 감사직무평가 제도를 도입했다. 이제 감사직무평가 결과에 따라 자질이 없는 감사들은 임기와 무관하게 언제든지 해임할 수 있고, 성과급도 감사직무평가 성적에 따라 차등지급한다. 이런 내용을 새롭게 담아 제정한 법이 '공공기관운영에 관한 법률'이며, 이 법이 공포됨과 동시에 '정부투자기관운영에 관한 법률'은 폐기되었다. 이것은 실로 대단한 성과였다.

공공기관 감사혁신포럼과 한국감사협회

10월 31일, '공공기관 감사혁신포럼'이 창립되었다. 첫 모임을 기획예산처가 주도했는데, 이것은 그동안 내가 노무현 대통령께 제도개선을 건의한 결과였다. 이 포럼의 창립 목적은 감사들의 상호 정보교환을 통해 공기업을 혁신하기 위함이다. 포럼에서 감사들은 스스로 체험한 경영혁신 사례를 발표하고 토론한다. 이러한 혁신 사례 전파는 경영학습과 혁신마인드 제고, 개인의 역량강화를 꾀할 수 있다.

혁신포럼은 87개 기관의 감사들이 자발적으로 참여했다. 창립대회에서 무기명 비밀투표에 의해 일곱 명의 운영위원을 선출했는데 나는 그중 한 명으로 선출되었다. 매월 운영위원회를 개최하고 분기마다 주요 과제를 주제로 세미나와 포럼을 열기로 의결했다.

명분상 감사들의 공부 모임은 다양하다. 대표적으로 '한국감사협회'가 있다. 감사원에 등록한 조직으로 공기업과 정부기관 심지어 일반 사기업의 감사와 감사실장이 참여한다. 나도 회원으로 가입해 한두 차례 조찬세미나

철밥통 공기업 그 모순과 관행의 실체

에 참석했었는데 솔직히 특별한 의미가 없었다. 시간과 회비만 낭비하고 있다는 생각에 스스로 탈퇴하고 말았다.

감사원의 감독을 받고 있는 감사협회가 그 역할을 제대로 했었다면 혁신포럼은 탄생하지 않았을 것이다. 때문에 감사원도 그 책임에서 자유로울 수 없다. 공공기관 감사들은 대부분 감사협회 회원이다. 연 1백만 원의 회비도 공기업 예산으로 납부한다.

혁신포럼의 창립으로 감사협회가 긴장한다는 말도 들렸다. 세계감사협회 회의 참석과 해외연수 명분으로 매년 수천만 원씩 예산을 들여 여러 차례 관광성 외유를 하던 감사협회로선 당연했을 것이다. 혁신포럼 창립을 계기로 감사협회가 스스로 자성하는 계기가 되길 바랄 뿐이다.

징계와 형벌의 차이, 징계의 적법성 밝혀

11월 2일 오전 9시 30분, 대회의실에서 나는 징계와 관련한 모든 절차와 법률적 해석, 자체규정과 징계양정 기준을 정확하게 설명했다. 징계와 형벌의 차이에 대한 대법원 판례, 서울지방법원 판례, 헌법재판소 판례를 예로 들면서 징계사유를 상세하게 밝혔다.

뇌물수수의 사전공모와 금품분배, 팀장의 직무유기와 관리감독 소홀, 공사의 명예와 위신손상, 수의계약 대가로 금품수수, 허위발주로 공금횡령, 의도적인 일상감사 기피사실을 낱낱이 밝혔다. 문답과정과 대질신문 정황도 분명하게 밝혔다. 검찰 진술에서 없었던 새로운 사실, 사전공모 혐의와 뇌물수수 혐의에 대해 팀장과 부장이 서로 다르게 주장한 사실, 관리책임자인 팀장이 검찰 진술을 번복해 빠져나왔고 부하에게 모든 것을 뒤집어씌웠다는 사실도 털어놨다. 징계양정 기준도 밝혔다. 금품수수 행위는 파면이고 이는 중점정화대상으로 경감도 아닌 중징계 대상이라고 설명했다.

그동안 나를 터무니없이 중상모략한 행위에 대해서도 말문을 열었다. 복받치는 감정 때문에 격하게 말할 수밖에 없었다. 주택 문제, 대학원 등록금 문제 등도 소상히 설명했다. 그 글을 누가 썼는지 알고 있고, 이 정보를 누가 줬는지도 알고 있다고 밝혔다. 앞으로도 나의 인격을 모독하고 명예를 훼손한다면 절대 용서치 않을 것이며 묵과하지도 않겠다고 선언했다.

교육은 1시간 20분 만에 끝났다. 그런데 생각지도 않았던 우레와 같은 박수가 나왔고, 직원들 대부분 표정이 한결 밝아 보였다. 뭔가를 이해했다는 분위기였고, 여기저기서 작은 소리로 "감사님, 수고하셨습니다"라며 인사가 들려왔다. 메일과 신문고를 통해 30여 명의 직원들이 내게 응원의 메시지를 보냈다.

사장은 간부들 앞에서 감사실장 망신을 주고

유충식 실장이 침울한 표정으로 들어섰다. 그는 뜻밖에도 눈물을 글썽거리고 있었다. 나 때문에 유 실장의 입장이 난처할 때가 많다는 것을 알고 있었지만 오늘처럼 침통한 그의 모습은 처음 보았다.

유 실장은 11월 6일 간부회의에서 사장으로부터 참을 수 없는 모멸감을 당했다고 했다. 사장이 "정부경영평가 결과에 대한 책임을 지고 기획실장은 경기지사장으로 좌천되었는데, 예산평가에서 성적이 불량했던 기획예산부장은 승진해서 감사실장을 하고 있다. 이것은 대단히 잘못된 승진이다"라면서 공개적으로 유 실장을 공박했다는 것이다.

유 실장의 승진에 대해 사장은 "일 잘하고 능력 있는 인재를 승진시켰다"며 대표적 인사혁신 사례라고 스스로 자랑했었다. 또한 유 실장의 승진은 1월이었고 경영평가 결과발표는 7월이었다. 즉, 경영평가와 승진은 아무 관련이 없다. 사장은 나에 대한 감정이 있을 때마다 이처럼 감사실장에게 화풀이를 하곤 했다.

망신을 당한 순간 유 실장은 회의장을 나와 버렸다. 화가 난 사장은 그를 불러 온갖 욕설을 다하면서 간부들 앞에서 공개적으로 사과하라고 요구했다. 그는 메일로 간부들에게 사과했다. 하지만 사장은 사과 내용이 마음에 들지 않는다고 또다시 야단을 쳤다. 유 실장은 결국 두 번째 사과문을 보내면서 통한의 눈물을 흘렸던 것이다.

나는 유 실장을 볼 때마다 너무나 안쓰럽고 미안했다. 무슨 말로 위로해야 할지 몰랐다. 솔직히 그는 내가 동생처럼 무척 아끼고 신뢰하는 사람이다. 직원들도 그의 인품과 실력을 인정한다. 그런 사람에게 마음고생을 시켰으니 나는 그에게 진 빚이 너무 많다. 그러나 그는 오히려 나에게 간청했다.

*저의 부적절한 처신으로 걱정을 끼쳐드렸습니다. 사장님이 감사님을 빨갱이라고 험담할 때도 간부들은 지나치다며 수군댔습니다. 제가 사장님께 불려가 야단맞고 수모를 당하는 일은 다반사였습니다. 간부들이 다 모인 공식회의에서 공개적으로 인신공격을 받다 보니 순간 참을 수 없었습니다. 이번이 처음이 아니고 네 번째였습니다.

감사님께 정말 부탁드립니다. 이번 일로 사장님과 절대 부딪히지 마십시오. 감사님은 일절 모르는 체하셔야 합니다. 지금도 사장님 때문에 형편없이 비틀거리는 우리 공사입니다. 지금 공사는 창립 이래 가장 큰 위기입니다. 저를 봐서라도 꼭 참아주십시오."

이 새끼 말이야, 빨갱이한테 완전히 물들어 버렸어

사장은 간혹 유 실장을 불러 호통을 치며 모멸감을 줬다. 내가 알고 있는 것만 해도 몇 차례다. 사장은 유 실장을 통해 나의 일거수일투족을 보고받기를 원했지만 그는 일절 보고하지 않았다. 그게 못마땅했던 것이다. 사장의 생각은 단순했고 언행은 유치했다. 1급 간부들 앞에서 실장과 나를 싸잡아 여러 차례 비방했는데 그 수준이 천박했다.

"이 새끼 말이야, 진급시켜 감사실장 시켜놨더니 빨갱이한테 완전히 물들어 버렸어. 그래도 이전 감사실장은 말이야, 빨갱이 눈치 피해가면서 자주 보고했는데 말이야. 이 새끼는 완전히 빨갱이 따까리가 다 되어버렸어."

그가 나를 두고 빨갱이 운운한 것은 벌써 두 번째였다.

거물 정치인의 청탁과 사장의 몰염치

11월 20일, 감사실 주례회의를 막 마치는 순간 송미현 비서가 "정 대표님이라는 분에게서 전화가 왔는데 어떻게 할까요?" 하고 물었다. 노련한 송

비서는 낯선 전화는 예외 없이 내 의사를 먼저 확인했다. 정 대표는 천하가 다 아는 거물 정치인이다.

"아, 강 감사님 오랜만입니다. 한 가지 청이 있어요. 내 비서실장 보낼 테니 잘 도와주세요."

아주 간단하게 통화가 끝났다. 몇 시간 후 최 실장이 내 집무실로 찾아와 용건을 밝혔다. 본사 시설관리용역 계약기간이 12월에 끝나는데 현 용역업체와 수의계약으로 재계약해달라는 청탁이었다. 본사 시설관리용역 계약기간은 2년, 계약금액은 34억 원이다. 이는 공개경쟁입찰 대상이지 수의계약 대상이 아니었다.

일방적으로 주절대는 그는 청탁하는 사람치곤 너무나 당당하고 뻔뻔했다. 권력형 청탁자들의 공통점은 잔뜩 목에 힘주고 분위기를 잡는다는 것이다. 마치 내가 알아서 굽실거리길 바라는 눈치였다. 분위기를 간파한 나는 이에 관해 지금 뭔가 상당히 구체적으로 진행되고 있으며, 조직적으로 움직이고 있다고 직감했다. 사실 나는 용역업체와의 계약기간이 끝나가는 줄도 몰랐다. 그런데 아이러니하게도 용역계약업무의 진행과정을 업자를 통해 듣게 된 것이다. 나는 방문객인 최 실장에게 말했다.

"아니 우리 사장님과 정 대표님은 특별한 인연이 있잖습니까? 계약업무는 사장의 권한인데 왜 저한테 이야기하시죠?"
"사장님도 이 문제를 잘 아시고 계십니다. 그러니까 감사님께 부탁하는 것 아닙니까?"

"사장님이 그러시던가요, 저만 눈감아 주면 된다고?"

"하하, 잘 아시면서 뭘 그럽니까? 감사님만 도와주시면 문제가 없습니다. 실무자들도 편하고요."

결국 내 입을 막으려는 속셈이었다. 이미 시설관리용역 건은 수의계약을 전제로 진행되고 있었다. 그리고 내게 이를 묵인하라는 압력을 넣기 위해 온 것이었다. 나는 최 실장에게 일절 관여할 수 없음을 밝혔다. 그는 나만 눈감아 주면 일이 일사천리로 진행된다며 매달렸지만 결국 소득 없이 돌아갔다.

나는 계약업무 총괄책임자인 천 본부장을 은밀히 불렀다. 현 용역회사 실태, 2년 전 계약문서, 현재 진행되고 있는 과정을 낱낱이 확인했다. 놀랍게도 이 업체는 부당계약체결 업체였다. 계약체결 시기인 2004년 12월은 윤 사장이 부임한 지 정확히 두 달이 되던 때다. 당시 이 회사는 입찰자격이 없었다. 부산이 본사인 이 업체가 무자격 업체임을 확인한 실무자는 조달청에 유권해석을 의뢰해 자격미달업체 통보를 받았다. 그런데도 이 업체는 고문변호사가 작성한 '법적 하자가 없다'는 의견서를 첨부해 불법 수의계약을 체결했다.

계약 당시 감사가 공석이었으니 일상감사도 생략되었다. 나는 감사실장에게 2004년 12월의 계약내용과 현재 진행 중인 계약추진상황을 은밀하게, 그리고 철저하게 조사하도록 지시했다. 특히 계약담당 직원들에게 함구령을 내렸다. 조사는 속전속결로 진행되었다. 조달청의 유권해석도, 업자가 제시한 고문변호사 의견도 모두 사실로 확인되었다.

　나는 일상감사를 통해 원칙대로 공개입찰을 거쳐 업체를 선정하도록 지시했다. 결국 1차 입찰은 유찰되었고, 2차 공개경쟁입찰에서 새로운 업체가 낙찰을 받았다. 꼴불견은 윤 사장의 태도였다. 도대체 인간의 탐욕은 끝이 어디인가. 담당직원들은 오히려 속 편하다는 반응이었다. 사장이 별소리를 다 해도 감사 핑계를 대며 원칙을 주장할 수 있었기 때문이다.

전자감사시스템 개발

역사적인 전자감사시스템 개발 성공

12월 14일 오늘은 역사적인 날이다. 드디어 전자감사시스템의 종합보고회가 열렸다. 이미 수차 수정보완과 시험운영을 통해 완벽하게 마무리를 한 상태였다. 이 시스템은 2007년 1월부터 본격적으로 가동할 예정이다. 이 얼마나 가슴 벅찬 일인가. 꿈같은 일이 눈앞에서 현실화되었다.

전자감사시스템은 중앙정부와 지방자치단체, 공적기관단체의 변화를 예고하고 있다. 나는 이것을 자신 있게 말할 수 있다. 대한민국 감사분야에 일대 혁신을 가져옴과 동시에 감사의 책임과 의무는 물론 전문성을 살리는 데 큰 도움이 될 것이다. 또한 방만한 경영과 도덕적 해이, 예산낭비, 부정부패를 사전에 예방해 투명경영과 윤리경영을 선도할 수 있다.

종합보고회는 감사실과 정보시스템팀, 외부 기술진들이 함께했다. 시스템은 놀라울 정도로 완벽했다. 이제 임직원의 태도가 180도 달라질 수밖에 없다. 그들의 태도변화와 그 파장이 얼마나 클지 자못 궁금했다. 감사실도 마찬가지다. 놀고먹는 무능한 감사로 평가받던 시대는 지났다. 우리는 이제 대한민국 공기업을 선도하는 가장 유능한 감사기관이 될 것이다.

2005년 4월 전자감사시스템의 필요성을 절실하게 느낀 나는 와신상담했다. 내가 처음 개발구상을 밝히자 직원들은 "이해할 수 없다", "말도 안 되는

〈표 1〉 전자감사시스템 개발배경 4가지

전자감사시스템 개발배경	
훼손·변질 사례 빈번	사업추진 과정에서 결재권자의 부당한 개입으로 당초 목적과 취지를 훼손하거나 변질시키는 사례 빈번
의도적 감사 회피	결재권자가 의도적으로 일상감사를 기피하여 특정업체에 이권을 준 사례, 감사의 시정요구에 대해 아예 문서를 없애고 사업자체를 폐기한 사례 발생
감사방법 전환 절실	종이문서 결재방식에서 전자문서 결재방식으로 전환되었음에도 감사 방법은 여전히 종이문서의 사후감사에 치중하고 있어 예방감사로의 전환이 절실
예방감사 수단 필요	공사조직의 60%가 넘는 지사, 사업소, 교육원, 해외지사는 일상감사 대상에서 제외되어 있음에도, 3년 주기의 사후감사를 실시해 감사 사각지대로 방치되어 있어 예방감사 수단이 필요

〈표 2〉 감사실의 감사기법 기존 문제점 4가지

감사실의 감사기법 문제점	
정보수집 수작업	일일이 수작업으로 집행부가 생산하는 모든 관련 정보를 수집하는 구태
예산낭비 극심	감사예정일 2개월 전에 감사자료를 요구함에 따라 실무직원들의 업무가중. 인적, 시간적, 예산낭비 극심, 비효율성 누적
부패 가능성 상존	자료요구와 제출과정에서 담합에 의한 의도적 자료누락, 제출거부로 부패 가능성이 상존하고 있는 구조
사후약방문 한계	3~5년 후에 실시하는 사후감사는 사후약방문에 불과하여 감사의 기능과 역할, 책임과 의무를 다할 수 없다는 문제점에 노출

소리"라고 비난했다. 그런데 그 직원들이 직접 개발에 참여하고 완성까지 했으니 스스로 놀라워했다.

2006년 2월부터 감사실과 정보시스템팀이 합동으로 본격적인 연구에 들어갔다. 6월에 기본적인 구상을 끝내고 7월부터 본격적인 기본계획 수립, 8월에는 T/F팀을 구성하고 프로그램 매뉴얼 작성과 내부설계에 들어갔다.

동시에 소프트웨어 전문업체를 합류시켰다. 그동안 세 차례의 중간보고회를 통해 설계내용과 매뉴얼의 수정·보완 작업을 병행했다. 전자감사시스템 개발과정에서의 최대 공로자는 T/F팀 직원들이다. 감사실 이은석 차장, 남상희 대리, 정보시스템팀의 김계수 팀장, 오영수 차장, 이정석 과장의 헌신적인 노력이 일궈낸 위대한 성과였다.

나는 이 시스템을 조기에 정착시키기 위해 집중교육은 물론 예상되는 반발에 대비했다. 따라서 집중적인 홍보와 특허출원도 준비했다. 감사실 직

〈표 3〉 전자감사시스템의 운영의 기본방향

전자감사시스템 기본방향
1. 경영진이 집행하는 모든 사업을 온라인에서 실시간 검증이 가능한 상시 '모니터시스템' 운영
2. 전자감사시스템을 집행부의 종합정보시스템과 연계하여 사장의 모든 경영정보와 사업정보는 물론 전자문서를 시행하는 핸디오피스의 실시간 검증과 상시 예방감사시스템 운영

〈표 4〉 전자감사시스템의 기능 4가지

전자감사시스템 기능	
열람기능	모든 부서가 시행하는 사업별, 부서별 생산문서 목록과 내용 열람기능이 있으며 구내외의 모든 본·지사의 결재문서를 상시 모니터하고 특이사항을 관리
DB기능	감사자료의 실시간 관리가 가능한 데이터베이스 기능에 사업별 자료목록을 규격화하여 실시간으로 온라인 사전감사 실시. 각종 정보망에 분산되어 있는 집행부의 모든 자료는 자동으로 전자감사시스템에 취합, 통합관리
무서류 감사	서류 없는 감사기능이 있으며 예산결산, 재무제표, 심사분석 등 경영자 정보와 일반회계와 특별회계, 금융·계약, 비축·공매, 상품입출고·판매관리, 수출·유통사업, 심지어 민원까지도 통합관리. 따라서 별도의 감사자료를 요구할 필요 없이 서류 없는 감사 실현
연동기능	집행부의 모든 업무를 일상감사와 연동시키는 기능. 이원화된 관리체계를 원스톱체계로 전환하여 일상감사의 의도적 기피현상을 100% 방지

철밥통 공기업 그 모순과 관행의 실체

원들의 역할을 분담해 매주 모니터 결과를 확인하고 감독했다. 새로운 도전은 끊임없이 전개된다.

〈표 5〉 전자감사시스템의 성과분석

❶ 언제든지 모니터링을 실시하므로 예방감사의 효과가 크다. 모니터한 결과, 문제가 예상되면 감사는 즉시 시정요구하고 그 결과를 통보 받는다.

❷ 결재과정의 이력화로 사장과 상임이사의 부당지시, 직권남용, 직무유기, 이권개입을 예방하는 효과가 크다. 최초 기안문서 내용이 정정, 삽입, 삭제될 경우 그 수정 이유와 지시자의 실명이 기록된다. 이로써 실무자가 투명하고 공개적인 업무추진을 할 수 있다.

❸ 3년 주기의 해외지사, 전국지사, 사업소의 감사 사각지대를 발본색원하는 효과가 크다. 8개국 13개 해외지사를 비롯한 국내외 모든 조직의 근태를 실시간으로 검증하고 사업추진성과에 대한 평가가 상시 가능하다.

❹ 사업별 분야별로 문서열람과 중요 통계자료가 데이터베이스로 전환되어 감사업무의 획기적 개선효과가 크다. 국회에 제출할 자료를 수작업할 필요가 없고 데이터를 출력하면 된다.

❺ 동일업무의 경우 본사와 모든 지사를 온라인으로 연계해 통합감사를 실시하는 효과가 지대하다. 그동안 동일업무를 기관별로 감사했지만 이제 본사와 모든 지사를 동시에 연계해 시스템 감사, 통합감사, 종합감사를 동시에 실시할 수 있다. 이것은 새로운 형태의 혁명적인 감사기법이다.

❻ 감사기간과 감사인력 감사예산의 절감효과가 크다. 지사의 감사기간을 15일에서 3일로 단축했다. 상시 예방감사 또는 사전감사가 진행되고 있어 최종 확인이 필요한 기간은 최소 3일이면 된다.

❼ 종이 없는 감사가 가능해 예산절감, 업무능률 제고, 효율적 인적자원운용 효과가 크다. 온라인에서 상시 감사를 진행하므로 피감부서에서 별도의 자료생산이 불필요해 종이 없는 감사가 실현된다.

❽ 윤리경영 유도로 경영효율성 제고, 부패유발요인 사전제거의 효과가 크다. 그물망 모니터로 고의적인 일상감사 회피를 100% 근절할 수 있다. 이는 경영진의 구조적 병폐를 일소하여 경영의 일대혁신이 가능하다.

국가청렴도 2년 연속 1위 달성

국가청렴위원회가 2006년도 공공기관 청렴도 측정결과를 발표했다. 중앙행정기관, 광역·기초 자치단체, 지방교육청, 공공기관 등 304개 기관을 측정한 결과 우리 공사는 정부투자기관 2년 연속 1위, 공기업과 산하기관 단체에서 2위, 전체 304개 기관에서 3위를 차지했다. 10점 만점에 9.44점으로 국방과학연구원이 1위, 9.43점으로 대한지적공사가 2위, 9.39점으로 우리 공사가 3위를 차지했다.

대단히 만족스러운 결과였다. 이러한 성과를 얻기까지 나와 감사실, 모든 임직원의 노력은 헛되지 않았다. 그동안 나를 믿고 협력해준 절대 다수의 직원들에게 고맙고 감사했다.

나는 측정결과가 우리에게 시사하는 바가 무엇인지 분석했다. 무엇보다 임직원의 청렴의식과 윤리의식이 두드러지게 변하고 있음을 알 수 있었다. 그러나 금품수수와 향응비리가 남아 있는 것은 문제였다. 304개 기관 중 종합청렴도가 9.0점 이상으로 금품수수와 향응사례가 없는 기관은 45개였다. 우리는 아직도 금품수수가 근절되지 않아 샴페인을 터뜨리기에는 이르다.

국가청렴도 2년 연속 1위는 그동안 나를 공격했던 무리를 단숨에 잠재우는 효과가 있었다. 온갖 트집을 잡고 상처를 줬던 노동조합도 쥐죽은 듯 잠잠했다. 반면 다수의 직원들은 성과를 자축하면서 나를 위로하는 데 인색하지 않았다.

한 해를 마무리하는 12월은 많은 상념에 젖게 한다. 거센 내부의 저항, 조직적인 음해에도 내가 흔들리지 않고 버틸 수 있었던 힘은 무엇일까? 그

철밥통 공기업 그 모순과 관행의 실체

리고 그토록 나를 거부했던 직원들을 확실한 나의 지원군으로 반전시킨 배경은 어디에 있을까? 그 답은 의외로 간단했다.

첫째는 스스로 공개한 원칙을 철저하게 지켜왔고, 둘째는 어떤 경우에도 부당지시나 권한침해를 하지 않고 모든 일에 솔선수범했으며, 셋째는 국가청렴도 2년 연속 1위라는 놀라운 성과와 함께 '우리도 할 수 있다'라는 자긍심을 심어준 결과였다. 자체감사 우수기관으로 평가받아 2006년도에 감사원감사를 면제받았던 것도 직원들에게는 큰 선물이었다.

제3부 | 도덕불감증에 중독된 사람들

감독기관 담당공무원들의 우월적 지위는 공기업을 휘어잡는 위력을 발휘한다. 이것은 대단히 부적절한 관계에 의한 먹이사슬의 전형이다. 감독기관 공무원들은 예산편성과 집행·결산 과정에서 매 건마다 따로따로 예산을 진도하고 정산을 받는다. 결과적으로 예산을 받을 때, 자금전도 때, 심지어 결산 때마저도 이들에게 굽실거려야 한다.

어느 직원의 증언에 의하면 참여정부의 강도 높은 공직기강확립과 부패척결로 많은 변화가 있었지만, 과거에는 금품과 향응제공은 물론 성상납도 흔했다는 것이다. 정부의 위임사무를 집행하는 준정부기관의 특성은 이처럼 부패 개연성이 높고, 비효율적이며, 자율성이 전혀 없다. 때문에 구조적인 먹이사슬이 형성되었는데 반드시 뜯어고쳐야 할 과제다. 예산 편성, 집행, 결산 과정을 중앙 부처의 주사나 사무관이 전담하고 있는 이러한 병폐를 수술하는 것은 빠르면 빠를수록 좋다.

나는 이런 구조적 문제를 단절시킬 방안으로 국가청렴위원회와 청와대 제도개선비서실에 정책건의를 한 바 있다. 예컨대 '공기업 예산결산위원회'의 도입이다. 공기업 예산결산위원회는 중앙 부처, 공기업, 관련 전문가 집단, 학계 등의 인사 10여 명으로 위원회를 구성하고 사업의 확정, 예산편성, 결산을 의결하는 임무를 부여해 상설화하는 것이다.

이 방안의 효과는 첫째 경영진의 도덕적 해이와 방만경영을 막을 수 있고, 둘째 투명한 공개경영으로 자율성 보장과 책임경영을 유도할 수 있으며, 셋째 가장 심각한 관리감독 부처의 먹이사슬을 일거에 단절시켜 부패의 악순환을 단숨에 제거하는 효과가 있다. 그러나 이 방안을 제안한 이후 어느 기관에서도 상응한 검토의견이나 답은 나오지 않았다. 대단히 아쉬운 대목이다.

도덕불감증에 걸린 공기업

남의 장롱 속까지 다 보겠다는 것이냐?

2007년 새해가 밝았다. 1월 2일 시무식, 1월 3일 감사실 전체회의와 새해 사업계획 공개로 업무를 시작했다. 올해로 감사 3년 차, 임기 마지막 해를 잘 마무리해서 좋은 성과를 남겨야 한다고 생각했다. 그러나 쉬고 싶다는 유혹이 끊임없이 나를 괴롭혔다. 그동안 할 만큼 했으니 이제 적당히 시간을 보내다 떠나면 그만이라는 생각이 수없이 떠올랐다. 그러나 이것이 스스로 파멸하는 가장 무서운 적이라는 것을 깨닫는 데 그리 오랜 시간이 걸리지 않았다.

1월 10일, 대회의실에서 전자감사시스템을 설명하고 청렴혁신교육을 실시했다. 내가 전자감사시스템의 도입배경과 순기능을 소개한 데 이어 이은석 차장이 시연을 통한 상세설명을 했다. 이미 한 달간 시험가동을 했지만 다수의 직원들은 생소한 시스템에 대해 반신반의했고, 간부들은 노골적으로 불만을 터트렸다. 설명회에서도 예외는 아니었다. 간부들의 불만스러운 표정은 시스템의 조기정착에 어려움을 예견하고 있었다.

간부들의 여론재판이 시작되었다. "남의 집 장롱 속까지 다 들여다보겠다는 것이냐", "일거수일투족을 철저하게 통제하는데 누가 총대를 메고 일하겠느냐"는 식이었다. 윤 사장은 몇몇 간부에게 "감사가 이런 식으로 사장을 통제하면 무슨 일을 할 수 있겠느냐"며 불만을 터뜨렸다.

철밥통 공기업 그 모순과 관행의 실체

설명회가 끝나고 곧바로 청렴혁신교육을 시작했다. 먼저 지난해에 이룬 성과에 대해 그 공을 모든 임직원에게 돌렸다. 국가청렴도 측정에서 9.39점을 획득해 2년 연속 1위를 달성한 것과 자체감사 우수기관으로 선정된 것은 임직원의 협력과 동참이 없었다면 불가능한 일이었다며 격려했다.

그러나 10위로 추락한 경영평가와 금품수수로 직원을 파면, 해임시켜 아픔이 컸던 사실도 강조했다. 1만 원을 수뢰해 파면 당한 교통경찰관에게 대법원이 파면은 정당하다고 판결했던 판례를 들어 징계의 당위성도 강조했다. 무엇보다도 나의 정당한 공무집행에 부화뇌동하고 도전하는 일체의 행위를 절대 용납하지 않겠다고 거듭 밝혔다.

올해의 목표도 제시했다. 흐트러진 공직기강과 위계질서를 강도 높게 바로잡겠다고 선언했다. 국가적으로는 대통령 선거가 있고 내부적으로는 사장과 감사의 임기가 끝나는 해이기 때문에 복무기강이 해이해질 가능성이 컸다. 금품수수를 발본색원하고 국가청렴도 3년 연속 1위를 달성해 청렴공기업으로 거듭나자고 말했다. 온정주의와 연고주의 척결로 도덕성 회복은 물론 인사비리의 고리도 차단하겠다고 밝혔다. 감사실의 예방감사와 성과감사의 정착도 선언했다.

나는 교육 말미에 하고 싶었던 말을 여과 없이 털어놓았다. 사장을 비롯한 임원들과 간부들에게 꼭 하고 싶은 말이었다. 이는 임직원들을 긴장시키는 데 효과가 있었다. 교육은 이렇게 끝났다. 매번 그랬듯이 속이 후련하고 홀가분했다. 하고 싶었던 말들을 쏟아내면 뭔가 확 뚫리는 기분이다. 전전긍긍하면서 가슴에 담았던 부담스러운 짐들을 홀홀 털어버리면 기분도 좋아지고 머리도 맑아진다. 의욕도 충만하고 에너지도 재충전된다. 오후에 몇몇 직원으로부터 격려의 메일을 받고 나니 기분이 더욱 상쾌했다.

"감사님! 오늘 말씀하신 전자감사시스템은 대단하더군요. 사후감사 위주였던 과거의 관행을 상시감사와 예방감사로 전환했고, 아이디어만으로 끝날 수도 있는 일을 끝까지 현실화시킨 감사님의 추진력에 놀랐습니다. 시스템 하나로 공사의 모든 현안을 단 몇 초 만에 파악할 수 있고 효율적인 통제가 가능하도록 설계된 것이 정말 돋보였습니다."

"오늘 감사님의 말씀을 듣고 제 마음에 쌓인 먼지까지 다 털어냅니다. 십년 공사생활 중 정말 멋진 감사님을 만났으니 우리 공사가 확실히 복이 있습니다. 그동안 정말 존경하고 충성하고 싶은 분을 늘 가슴에 새겼는데 이제야 그 한을 풀었습니다."

도덕불감증에 중독된 경영진

1월 16일, 교육문화회관 소회의실에서 중장기경영전략회의가 열렸다. 지난해 약 3억 원의 예산을 투자해 외부 용역회사가 6개월간 심혈을 기울여 수립한 중장기발전계획의 세부추진일정을 확정하기 위해서였다.

이 회의는 우여곡절 끝에 열렸다. 지난해 12월 용역결과를 최종 납품받은 직후 사장의 태도는 돌변했다. 결과를 보니 중장기경영전략은 안중에 없었고 오로지 정부경영평가를 받기 위한 1회용 용역으로 밝혀졌다. 3억원의 거금을 투자하며 용역을 줬던 업체는 정부경영평가위원이 경영하는 컨설팅회사였다. 경영평가를 잘 받기 위해 평가위원에게 사탕을 준 것이다. 그러나 납품 받았던 중장기발전계획은 매우 흡족했다. 나는 경영진들이 더 이상 딴죽을 걸지 못하고 이 일을 강력히 추진하도록 부사장을 압박했다. 그 결과 오늘의 회의가 소집된 것이다.

공사에서는 임원들과 기획실장이, 용역회사에서는 회장과 담당이사가 참석했다. 회의에 참석한 경영진들의 얼굴은 그리 밝지 않았다. 이사들의 발언이 이어지면서 나의 기대는 여지없이 무너지고 말았다. 공사의 핵심 사업인 유통본부를 총괄하는 박우선 이사의 발언은 몰상식을 넘어서고 있었다.

"저는 왜 이런 회의를 하는지 모르겠습니다. 솔직히 하지도 않을 일로 괜히 시간 낭비할 필요가 있습니까?"

투정 부리듯 내뱉는 그의 말은 너무 충격이었다. 그의 발언은 사장의 권위에 직격탄을 날린 것이다. 그런데도 사장은 아무런 대꾸를 하지 않았다. 경영평가용이라고 떠들어댔던 장본인이 무슨 할 말이 있겠는가. 그러나 박이사도 문제는 있었다. 사장이 강력하게 추진할 수 있도록 협력하고, 스스로 나서 추진해야 할 인물이 뻔뻔스럽게 몰지각한 태도를 보인 것이다.

이 같은 어처구니없는 과정을 지켜보던 나는 말문을 열었다. 지난 6개월 동안 모든 임직원이 집단토론과 개인면담을 통해 최종 결론을 내린 중장기발전계획의 실천로드맵을 확정하는 마당에 뒷북이나 치는 박 이사를 정색하면서 질책했다. 회의장은 순식간에 썰렁해졌다. 어색했던 사장은 서로 협력해 일을 추진하자고 애써 수습했지만 분위기를 반전시키지는 못했다. 회의는 맥없이 끝나고 말았다. 이후 중장기발전계획은 공수표가 되고 말았다. 정부경영평가를 잘 받기 위해서라는 명분으로 예산낭비만 하고 만 것이다. 이런 사례는 대한민국 모든 공기업이 안고 있는 공통적인 병폐다.

방만경영과 도덕불감증, 그리고 예산낭비

나는 정부경영평가와 관련해 예산낭비 사례와 경영평가의 역기능을 지적하지 않을 수 없다. 오로지 경영평가를 잘 받기 위한 전략만 있을 뿐 진정 국가발전을 위한 경영전략은 찾기 힘들다. 그럴듯한 명분으로 예산을 낭비하고 방만경영을 일삼는 데는 평가위원들의 우문현답이 존재한다.

2004년 10월 우리 공사는 7억 원을 들여 성과관리시스템을 개발하고 있었다. 용역업체는 임직원을 대상으로 모니터를 했고 수차례 중간보고회를 통해 보완작업을 병행했다. 우여곡절 끝에 시스템이 완성되었다. 그러나 웬일인지 시스템은 작동되지 않았다. 나는 감사실장에게 그 전말을 조사하라고 지시했다. 결과는 아주 간단명료했다. 성과관리를 위한 개발이 아니라 정부경영평가용으로 용역을 주었다는 것이다. 2004년 정부경영평가에서 한 평가위원으로부터 "직원들의 성과관리를 어떻게 하느냐. 시스템도 없이 어떤 근거로 근무평가를 하느냐"는 지적을 받아 감점을 받았다는 것이다. 그리하여 궁리 끝에 '우리도 성과관리 프로그램을 개발하고 있다'는 명분을 얻기 위해 7억 원을 들여 용역을 주고 말았다. 정말 어처구니없는 일이다.

그런데도 사장이나 임원들은 엄청난 예산을 낭비한 데 대해 일말의 책임이나 양심의 가책을 느끼지 않았다. 오히려 문제를 제기하는 나에게 "다른 공기업도 그렇게 한다. 관행이니 모르는 체해라"라며 신신당부를 했다. 더욱 가관인 것은 시스템개발에 필수적인 기초자료 즉, 실현가능한 인사제도 또는 성과관리를 위한 내부지침이나 계획 없이 용역업체더러 알아서 개발하라는 식이었다는 것이다. 그러니 시스템이 가동되지 않은 것은 당연한 이치다. 이것이 공기업 간의 경쟁을 유발시킨 정부경영평가의 파생물이다.

경영평가위원들을 향한 음성적 로비는 불문율

정부경영평가의 취지는 정부투자기관들의 방만경영과 도덕적 해이를 막고, 윤리경영을 통해 대국민서비스를 질적으로 높이고 흑자경영을 유도하기 위한 수단으로 삼는 것이다. 기획예산처는 매년 대학교수, 민간연구기관의 연구원, 회계법인의 회계사 등의 전문가 가운데 평가위원들을 엄선한다. 이들에게 일정한 평가기준을 제시하고 객관적 평가를 하려 한다. 그러나 평가방법에 문제가 있는 데다, 평가위원들의 개인적인 성향에 따라 평점에 지대한 영향이 끼치는 등의 부작용이 뒤따른다.

정부경영평가를 받고 있는 15개 정부투자기관은 에너지사업기관(한국전력공사, 대한석유공사, 가스공사)과 SOC사업기관(철도공사, 도로공사, 토지공사, 주택공사, 수자원공사) 자원개발기관(석탄공사, 광업진흥공사) 정부위탁사업기관(조폐공사, 관광공사, 무역진흥공사, 농촌공사, 농수산물유통공사)으로 분류된다. 이들 기관은 각기 사업의 특성과 기능, 외형과 규모가 다르다.

기획예산처가 선발한 평가위원들은 거대한 공기업의 모든 업무를 정밀하게 분석할 수 있는 전문성이 사실상 없다. 그럼에도 7~8명의 평가위원들은 각각 특성이 다른 15개 공기업을 같은 기준과, 같은 잣대로 상대평가

한다. 그러다 보니 동문서답을 하는 경우가 많다. 때문에 로비에 능숙한 한국전력 등 상장 공기업은 정부경영평가에서 항상 선두그룹을 형성하고, 만년 적자인 철도공사나 석탄공사 그리고 정부위탁관리기관인 농업 관련 공기업은 항상 하위그룹으로 평가 받는다. 아무리 잘해도 결과는 뻔하다.

그렇다면 정부경영평가의 문제점을 바로잡기 위해 어떻게 해야 하는가. 우선 기관별 평가 방법을 상대평가에서 절대평가로 바꿔야 한다. 이 같은 의견을 그동안 기획예산처와 평가단장에게 여러 차례 건의했지만 소용없었다. 정부경영평가 시기가 오면 모든 공기업은 전사적으로 학연, 혈연, 지연은 물론 사돈의 팔촌까지 다 동원해 은밀히 음성적 로비를 벌인다. 이것은 불문율이다.

평가위원들의 무지를 이용해 자료를 조작하는 기관도 있다. 그 예로 감사원 감사에서 자료를 허위로 조작해 1등을 했던 사실이 밝혀져 무역투자진흥공사와 도로공사 등 몇몇 기관들이 기관경고를 받아 수령했던 상여금을 반납하는 촌극이 벌어졌던 적이 있다. 이는 평가위원들의 자질과 직결된 문제다.

평가위원들의 질문에 꼬장꼬장 자존심을 건드리는 답변을 했다간 낭패를 보기 십상이다. 말도 안 되는 질문에도 고분고분 굽실거리고 비위를 맞춰야 한다. 이것은 수감자의 오래된 전통으로 소위 '우문현답' 형이다. 평가위원들이 제대로 업무파악을 못해 어설픈 주장을 하며 동문서답 하는 경우도 있다.

또한 회계법인 소속 어느 위원은 "왜 특정업체와 외부회계감사 계약을 했느냐"며 속보이는 질문을 서슴지 않기도 했다. 결국 그 평가위원은 공기업의 외부회계감사 계약을 식은 죽 먹기로 따냈다. 정부경영평가는 "로비 능력에 의해 순위가 결정된다"는 것이 정설이다.

한심한 감사원 특별조사본부

나를 거세하려는 음모는 다시 시작되고

1월 29일 아침 7시. 고속철도 편으로 부산을 내려갔다. 22일부터 광주지사를 시작으로 연초 정기 청렴혁신교육과 더불어 전자감사시스템 설명회가 있었기 때문이다. 오전에는 부산지사, 오후는 창원에 있는 경남지사에 들렀다.

부산지사 직원들과 한창 대화를 하고 있는데 유충식 실장으로부터 전화가 걸려왔다. 그는 다급한 목소리로 오늘 아침 예고도 없이 감사원 특별조사본부에서 특별감사를 나왔다고 했다. 또한 감사원 감사반장이 요구한 자료가 모두 나와 관련된 것들이라고 했다. 업무추진비, 차량운행현황, 사택현황, 사내근로복지기금 운용현황, 외부회계법인 선정현황, 정부투자기관 감사회 해외출장현황, 징계처분직원의 민사소송, 계약직 채용현황 등 모두 나와 직간접적으로 관련된 자료였다.

나는 감사반장이 요구한 자료목록을 듣는 순간 뭔가 직감했다. 뇌물수수 사건으로 해임 당했던 간부가 지난해 12월 17일 나를 상대로 5,000만 원 손해배상청구소송을 제기했고, 올 초 1월 20일에는 파면 당했던 간부가 내게 민사소송을 제기했다. 그 연장선상에서 소수의 1~2급 간부들이 나를 노골적으로 거세하기 위해 투서를 넣은 것이란 생각이 들었다.

"유 실장! 놀랄 것 없어요. 나를 거세하려는 음모가 또 시작되었군요. 유 실장은 잘 알잖아요. 내가 떳떳하다는 것을. 투서의 내용과 조사 요점이 무엇인지나 잘 살펴보세요. 감사실 직원들 동요하지 않도록 하고요."

빈총으로 맞아도 기분이 언짢다더니 나도 예외는 아니다. 곰곰이 생각할수록 불쾌했다. 창원에서 경남지사 직원들에게 저녁밥을 사면서도 내내 마음이 편치 않았다. 나는 지사를 방문할 때마다 직원들에게 밥을 샀다. 지사장은 펄쩍 뛰면서 난감해하지만 그들에게 나를 접대할 예산은 한 푼도 없다. 그것을 잘 알고 있는 내가 편법 지출을 묵인하면서 도덕성과 청렴성을 강조한다는 것은 언어도단이다.

감사원 감사관이 신문고를 보자고 합니다

1월 30일 오전, 대구지사 교육을 마치고 서울로 향했다. 몸도 마음도 만신창이가 되어 피곤이 겹쳤다. 단 한시도 게으름 피우지 않고 최선을 다하고 있지만 돌아오는 것은 중상모략과 음해뿐이다. 그런데 이젠 투서까지 받고 동업자인 감사원 특별조사본부의 조사를 받아야 하니 참으로 비참했다. 대전역을 막 지나고 있는데 감사실장에게서 전화가 왔다.

"감사님, 감사관이 인트라넷의 신문고를 보자고 하는데 문제가 심각합니다. 부사장님은 신문고를 노조와 협의해서 잠정폐쇄하자고 합니다. 신문고를 보여주면 우리 공사의 치부가 그대로 드러나거든요. 지금 당장 폐쇄

조치 하겠습니다."

유 실장은 다급하게 전화를 끊었다. 순간 뭔가 석연치 않다는 생각이 머리를 스쳤다. 나는 재빨리 유 실장에게 다시 전화를 걸었다.

"유 실장! 감사관이 신문고를 통해 나와 관련된 내용을 확인할 겁니다. 저들이 '감사의 비리가 엄청나다, 신문고를 보라'고 투서했을 겁니다. 그런데 신문고를 폐쇄하면 투서 내용을 사실로 인정하는 꼴이 됩니다. 그러니 신문고를 절대로 폐쇄하지 마세요."

서울역에 도착해 본사에 들어갔을 땐 퇴근 시간이 지난 후였다. 감사관도 퇴근하고 없었다.

동업자 감사원에 조사 받는 기분 '정말 더러워'

1월 31일 오전 10시. 8층 감사장으로 가보니 감사원 홍 사무관과 주사 한 사람이 관련 직원들을 불러놓고 무언가를 열심히 조사하고 있었다. 내가 감사장에 들어서자 홍 사무관은 당황한 기색이 역력했다. 나는 단도직입적으로 말했다.

"요구한 자료목록을 보니 모두 저와 관련된 내용이더군요. 결론부터 말씀드리자면 저는 여러분이 투서를 받고 저를 조사하고 있다고 단정하고 있습니다. 분명히 공사 내부에서 누군가 나를 음해할 목적으로 투서했을 것입니다."

"아니 투서는 아니고요, 그냥 일상적인 감사입니다."

"하하 홍 선생, 우리 선수끼리 좀 솔직합시다. 나는 당신들의 수장인 전윤철 감사원장이 수없이 강조했던 '자체감사 강화와 부패청산을 위해 투철하게 앞장서서 노력하라'는 당부를 실천하고 있습니다. 그런데 그 결과가 바로 이것입니까? 변화를 거부하고 저항하는 못된 놈들의 투서에 의해 평소 동업자라고 큰소리쳤던 당신들한테 조사를 받는 내 기분을 당신들이 이해할 수 있습니까?"

나는 아무 영문도 모른 채 불려와 조사를 받고 있는 직원들을 보는 순간 흥분해 언성을 높이고 말았다. 조사를 받는 내가 조사를 하고 있는 그들에게 핏대를 올리고 만 것이다. 당혹스러웠던지 홍 감사관은 나를 진정시키려 했다. 일상적인 감사이지 나를 겨냥한 것도, 투서에 의한 것도 아니라고 어물거렸다.

이런 경우를 적반하장이라고 했던가? 누가 누굴 조사한단 말인가? 나는 감사 부임 이래 일관되게 추진했던 일들을 설명했다. 감사기능의 회복과정 · 임직원들의 저항, 그 과정에서 있었던 문제점, 특히 최근의 파면과 해임 등 중징계에 대한 직원들의 반발과 당사자들이 제기한 5,000만 원 손배소와 행정소송, 중앙노동위 제소사건을 설명했다. 피를 토하는 심정으로 격하게 손바닥으로 탁자를 쳐가면서 목청을 높였다. 그러나 능글능글한 홍 감사관은 내 말에 관심이 없는 듯 딴청을 부리면서 슬슬 내 눈치를 살폈다.

나는 속이 부글부글 끓어올랐다. 작심하고 말을 이어갔다.

"좋습니다. 그렇다면 이번 기회에 감사원의 검증 한번 받아봅시다. 나는 새도 떨어뜨린다는 그 유명한 감사원 특별조사본부에게 제 스스로 확실하게 검증받고 싶습니다. 내가 어떻게 일을 했는지 감사의 기능과 역할에 대해 아주 철저하게 조사해서 그 결과를 만천하에 공개하시기 바랍니다."

"감사님, 진정하십시오. 저희가 뭘 그리 잘못했다고 그러십니까? 저희들이 나오고 싶어서 나온 것이 아니지 않습니까? 윗분들의 지시를 받는 저희들의 입장도 헤아려주십시오. 조사해보면 다 알 것 아닙니까."

홍 사무관의 태도는 오만불손했다. 그의 말은 '당신의 비리를 다 알고 있다. 조사하면 다 나온다. 그러니 가만히 있어라' 하는 엄포로 들렸다. 그는 나를 완전히 죄인 취급하고 있었다. 빈정대는 그의 태도에 화가 났다. 결국 그는 내부로부터의 투서가 있었음을 인정했다.

"감사님! 잘 아시잖습니까? 민원이 접수되면 조사하고 결과를 통보해야 합니다. 감사님이 잘하고 계시다니 뭐 무슨 일이 있겠습니까? 그러니 진정하십시오."

"홍 선생! 한 가지 부탁이 있어요. 기왕 노조가 운영하는 인트라넷의 신문고를 보시겠다니 꼼꼼히 잘 살펴보세요. 나를 거세하려는 중상모략이 얼마나 심각한 수준인지 잘 판단하시기 바랍니다. 그리고 신문고만 보지 말고 내가 만들어놓은 감사실방을 꼭 열어보세요. 거기에 임직원에게 공개한 나의 글이 있어요. 2005년도 감사일지입니다. 아마 책 한 권 분량은 될 겁니다. 그것을 보시고 우리 공사 내부는 물론 여타 공기업의 도덕적 해이가 어느 수준인지 똑바로 인식하세요."

투서 내용, 6~7명이 정보를 취합해 쓴 소설

홍 감사관과의 첫 만남은 이렇게 얼굴을 붉히는 것으로 끝났다. 나는 감사실 전체회의를 소집하고 감사원 특별조사본부의 조사에 적극 협력하라고 주문했다. 조사를 받고 있는 직원들에게도 있는 사실을 그대로 답변하라고 지시했다.

걷잡을 수 없이 헛소문이 퍼져나갔다. 내가 비리가 있어 감사원 특별조사본부의 조사를 받고 있다는 것이다. 가장 분통 터지는 일은 키득거리면서 이 일을 즐기는 간부들의 모습이었다. 그러나 절대 다수의 직원들은 걱정하거나 분개하면서 사필귀정이니 힘내라고 응원을 보내왔다.

나는 투서 내용이 무엇인지 상세히 알 수도 없었다. 그러나 요구한 자료와 조사 내용을 종합해볼 때 어느 한 사람의 소행이 아님을 알 수 있었다. 그것들은 인사, 회계, 총무, 수출, 농안기금, 자체감사, 지사업무와 관계가 있었고, 담당자가 아니면 알 수 없는 구체적인 내용도 있었다. 한 사람이 작성한 것이 아니라 적어도 6~7명이 정보를 종합하고 짜깁기를 한 것이다.

그런데 스스로 배나무 밑에서 갓끈을 고쳐 맨 간부가 있었으니 바로 전 감사부장인 이원태 팀장이었다. 그는 유충식 실장에게 와서 "내가 감사원 홍 감사관을 잘 알고 있으니 찾아가 부탁하겠다"고 너스레를 떨었다. 유 실장은 "무슨 쓸데없는 소리냐"고 힐난했다. 그러나 그는 몰래 감사장에 찾아가 홍 감사관을 독대했다. 그들은 도대체 무슨 긴밀한 이야기를 나눴을까?

홍 감사관이 조사했던 내용에는 이런 것이 있다. 내가 직원들에게 은행 대출보증을 서달라고 압력을 넣었다는 것이다. 하지만 조사하는 과정에서 우리 공사는 대출 용도로 재직증명서를 발급하지 않는 내부 방침이 있어 보증 자체가 불가능하다는 것이 밝혀졌다. 나도 처음 알게 된 내용이었다. 그런데 투서에 왜 대출보증 건이 나왔을까? 내가 부임한 지 석 달쯤 되었을 때, 하나은행 서초로 지점에서 마이너스대출 만기가 되었으니 보증을 다시 세우라는 전화가 왔었다. 이때 내 옆에 있던 이원태 전 감사부장이 보증을 자청하고 나선 일이 있다. 그러나 나는 내 재직증명서를 제출하고 신용대출로 전환했다. 바로 이것이 대출 압력으로 둔갑한 것이다. 이 사실을 아는 사람은 오로지 이원태뿐이다. 그만이 알고 있던 대출 관련 내용을 특별조사하고 있으니 더 이상 무얼 이야기하겠는가.

감사관, 투서 내용 한 건도 못 잡으면 곤란하다

2월 2일, 나는 지사순방을 계속하며 직원들을 독려했다. 아침 일찍 서울을 출발해 오전에는 충남지사, 오후에는 충북지사 교육에 참여했다. 충북지사에서 한창 교육을 하고 있는데 감사부장에게서 전화가 왔다. 감사관이 닷새 동안의 1차 조사를 끝냈는데, 나를 만나야 한다며 퇴근 전에 본사로 복귀하라고 했다는 것이다. 감사원의 일개 사무관이 지방출장 중인 공기업 감사에게 귀대 명령을 내린 것이다. 참으로 착잡하고 분통터지는 일이었다.

오후 6시 40분, 본사에 도착했다. 홍 감사관이 내 방으로 왔다. 그는 슬슬 눈치를 살피더니 내가 쓴 감사일지를 읽어봤다면서 내부 직원의 투서가 있었음을 공식적으로 밝혔다. 또한 투서 내용을 모두 조사했지만 별 문제가 없으며 대부분 사실무근으로 확인되었다고 말했다. 그러더니 나에게 문답을 하겠다고 했다. 문답은 죗값에 대해 벌을 주기 위한 절차로, 일종의 심문조서를 말한다.

그는 내가 법인카드로 사용한 업무추진비에 대해 문제를 제기했다. 무슨 근거로 공휴일에 법인카드를 사용했느냐는 것이다. 휴일에 사용한 법인카드 사용명세를 들이밀면서 규정위반이니 확인서에 서명하라고 했다. 나는 순간 그를 뚫어지게 바라보면서 씩 웃었다. 털어서 먼지 부스러기 하나라도 챙기려 하는 감사관들의 생리를 내가 모를 리 없다.

"홍 선생, 우리 규정을 살펴봤습니까? 법인카드를 휴일에 사용하지 말라는 규정은 없습니다. 공사 특성상 신선농산물 판매촉진, 식품박람회를 비롯한 각종 행사가 주로 고객이 많은 휴일에 집중됩니다. 관련 임직원들이 휴일에 출근하는 경우도 많고 휴일에 법인카드 사용하는 경우도 있어요."

"감사님, 설사 내부 사정이 그렇다 해도 휴일에 카드를 사용하는 것은 문제가 있지 않습니까? 우리 감사원도 규정상 휴일에는 사용하지 않습니다."

"그러니까 우리는 휴일에 특별한 행사가 많다고 하지 않습니까? 다른 임원들도 공휴일에 다 사용합니다. 또 공휴일에 특근하는 직원들을 격려하기도 합니다. 남들이 다 쉬는 공휴일에 특별히 근무하는 직원들에게 밥 한 끼 먹이는 것도 잘못이란 말입니까?"

제발 흥분하지 마시고 우리 감사원에는 오지 마십시오

그는 매우 난처한 표정으로 숨을 몰아쉬었다. 그러고는 조사 결과를 보고해야 하는데 빈손으로 그냥 가면 입장이 어렵다며 서명해달라고 졸라댔다. 체면을 살려달라고 하소연하는 그를 보니 나는 어처구니가 없었다. 천하의 감사원이 이처럼 원칙 없이 매달리는 작태가 구차스러웠다. 그는 다시 말을 돌려 "왜 집 근처에서 법인카드로 업무추진비를 사용했느냐"며 규정위반이니 서명하라고 요구했다.

"여보쇼, 말이 되는 소릴 하세요. 그래요, 나는 청운동에 살아요. 내 업무와 밀접한 관계가 있는 감사원과 국가청렴위원회, 정부중앙청사가 우리 집 근처에 있어요. 솔직히 당신네 감사원 식구들과 자주 만나고 식사도 합니다. 당신들한테 점심 한 끼 사면서 강남에 가서 밥 먹자고 해야 합니까?"

그가 생떼를 쓰고 억지를 부리는 데 말이 통할 리 없었다. 나는 단호하게 서명을 거부했다. 서명을 하면 내가 모든 것은 인정하는 꼴이다. 본질을 모두 파악했으면서도 어떻게든 한 건 엮어보려는 그의 속셈에 분통이 터졌다. 빈손으로 복귀하면 체면이 서지 않는다는 것이 말이나 되는가?

무고를 당한 것도 불쾌한데 밑도 끝도 없이 물고 늘어지니 정말 피곤했다. 나는 참다못해 책상을 치면서 고함을 쳤다. 도저히 있을 수 없는 일이 벌어지고 말았다. 이 광경을 몰래 지켜보던 감사실장과 감사실 직원들은 안절부절못했다.

"여보쇼, 당신 말이오. 소설 쓰듯 거짓으로 중상모략한 놈은 내부고발자라는 이유로 철저히 신분을 보호해주면서, 억울하게 투서를 당한 나는 당신한테 이렇게 죄인 취급을 당해도 되는 겁니까? 당신이 뭔데 내 인격을 이렇게 참담하게 난도질합니까? 일부 못된 놈들이 나를 제거하겠다고 투서하고 야단법석인데, 그런 내게 위로는 못할망정 오히려 한 건 엮어보겠다고 이러고 있다니, 도대체 당신 정신이 있는 거요 없는 거요? 당신은 내 상대가 아니니 돌아가세요. 내가 감사원장을 만나든지 감사원 사무총장을 만나서 해결하겠어요."

나는 그와 무려 한 시간이 넘도록 실랑이를 했다. 그는 아무런 소득도 없이 자리에서 일어났다. 그러고는 "아직 끝난 것은 아니다"라며 엄포를 놓더니 숨죽여 말했다.

"감사님, 일단 돌아가서 생각해보겠습니다. 제가 윗분들께 보고하기 전에 감사님이 사무총장님을 만나시면 일이 더 어렵게 됩니다. 그러니 제발 흥분하지 마시고 우리 감사원에는 오지 마십시오. 정말 부탁입니다."

한심스러운 감사관의 작태에 그저 한숨만
감사관이 돌아간 직후 감사실장으로부터 그동안 조사한 내용을 보고 받았다. 업무추진비 집행실태, 차량구입 및 유류비 집행실태, 사택 임대과정, 계약직 채용실태, 사내근로복지기금 운용실태, 사내신용조합 대출과정, 직원의 은행대출 보증, 외부회계법인 선정내역, 정부투자기관 감사들의 해외 출장, 징계처분자의 위자료소송 등이었다. 조사 내용에 대해 나는 그 진실을 밝히지 않을 수 없다. 투서 내용이 얼마나 유치한지, 공기업 혁신이 얼마나 어려운지, 혁신을 거부하는 세력들이 얼마나 집요하게 조직적으로 반동하는지 그 실체를 가늠할 수 있기 때문이다.

투서 내용은 다음과 같다. 첫째, 법인카드를 공휴일에, 또한 집 근처에서 사용하며 사적 용도로 집행했다는 것이다. 나는 부임 첫해인 2005년, 업무를 파악하고 현장을 확인하기 위해 국경일과 공휴일도 반납하고 출근했었다. 공휴일에 특근하는 직원들을 격려했고, 수출농산물 생산현장을 다니면서 민원인들을 만났다. 웬만한 감사실 직원들은 이 사실을 다 알고 있다. 나는 자발적으로 휴일을 반납한 사실은 있어도 내부규정을 어긴 사실은 없다.

둘째, 내가 압력을 행사해 승용차를 다이너스티에서 체어맨으로 교체했다는 것이다. 감사관은 회사에서 나의 집까지 거리와 연비를 따져 휘발유 소모량도 계산해 조사했다. 사용 가능 햇수가 2년이나 남은 다이너스티를 체어맨으로 교체한 것은 사장인데도 엉뚱하게 나를 모함한 것이다.

셋째, 마찬가지로 내가 압력을 넣어 사택을 임대했다고 것이다. 이는 이미 지난해 총무팀장의 신문고 음해 사건으로 이미 사실이 밝혀진 일이었다. 그럼에도 감사관은 회사 소재지인 서초구나 분당, 과천에서 임대하지 않고 왜 청운동에서 임대했느냐고 따졌다. 비싼 강남에서 살지 왜 값싼 강북에서 사느냐는 생뚱맞은 조사였다. 심지어 집주인과 무슨 관계냐, 전세 보증금을 누가 어떻게 지급했느냐고 물었다.

넷째, 내가 압력을 넣어 계약직원을 채용했고 그 직원을 해외출장까지 보냈다는 것이다. 정원이 둘이나 부족했던 전북지사의 인력난을 해소하기 위해 계약직 한 명을 충원하면서 부사장이 나에게 추천을 의뢰했던 일이 있었다. 그런데 내가 압력을 행사한 것으로 뒤집어씌운 것이다. 그 계약직원이 해외출장을 다녀온 사실도 금시초문인데 내가 압력을 넣었다고 투서한 것이다.

다섯째, 감사는 사내근로복지기금과 사내신용조합에서 대출자격이 없는데 내가 압력을 넣어 대출을 받았다는 것이다. 경제적 어려움이 많았던 나는 사내근로복지기금과 사내신용조합에서 소액대출을 받았고, 매월 급여에서 이자와 원금을 자동분할상환하고 있다. 3년 임기가 끝나면 원금 잔액은 제로가 된다. 임원들도 이 자금을 대출 받아 사용하고 있다.

여섯째, 내가 압력을 넣어 특정업체에 농안기금을 대출했다는 것이다. 2005년 2월 전북 진안의 인삼원료 수매자금을 충남 금산과 동등하게 지원하라고 요청한 바 있다. 편파적인 수매자금 지원으로 진안과 금산 수삼의 유통과정에 문제가 많았기 때문이다. 나는 업무와 관련해 부당한 지시나 월권을 한 사실이 전혀 없다.

일곱째, 외부회계감사 계약업무가 사장 권한인데 내가 그 권한을 빼앗아 특정업체와 계약하고 이권에 개입했다는 것이다. 외부회계감사를 담당할 회계법인을 선정하는 것은 감사의 고유권한이다. 그동안 그 권한을 사장이 행사하고 있었다. 나는 그 권한을 되찾아왔고, 공개입찰을 통해 사외이사로 구성된 심사위원회에서 회계법인을 선정했다. 그런데도 감사원 특별조사본부의 감사관이 "왜 사장의 권한을 감사가 침해했느냐"고 물을 때는 정말 기가 막혔다.

여덟째, 정부투자기관 감사들이 해외연수를 빙자해 관광을 다녀와 예산을 낭비했다는 것이다. 2006년 12월, 국가투명성기구의 주선으로 외국의 부패방지시스템과 정책을 살펴보기 위해 청렴성이 높기로 유명한 유럽연합(EU) 본부를 다녀왔다. 감사와 감사실장 등 10여 명이 네덜란드의 암스테르담을 경유해 버스를 타고 벨기에의 브뤼셀에 다녀왔다. 비행기에서 2박, 암스테르담과 브뤼셀에서 1박을 하는 등 4박 5일간의 일정이었다.

아홉째, 금품수수로 중징계를 당했던 직원들의 징계무효소송과 손해배상청구소송에 관해서였다. 비위 행위자의 조사와 징계요구는 감사의 기본 권한이다. 그런데 홍 감사관은 간부들이 징계무효소송을 낸 이유가 무엇이냐, 감사가 정신적 피해를 준 사실이 무엇이냐고 감사부장을 불러 조사했다. 소도 웃을 일이다. 부끄럽기 짝이 없는 한심스러운 홍 사무관의 작태에 실소를 금치 못한다.

열째, 감사가 압력을 넣어 직원에게 은행대출 보증을 강요했다는 것이다. 이미 앞에서 밝힌 바와 같이 명백한 허위사실로 드러났다.

이처럼 투서 내용은 허무맹랑한 수준이었다. 홍 감사관이 수십 명의 직원들을 불러 조사를 해댔으니 나의 체통은 말이 아니었다. 그러나 가장 심각한 문제는 감사원의 조사 방법이었다. 사정기관도 고발인이나 고소인을 먼저 조사하고 피고소인을 조사한다. 그럼에도 감사원은 투서 내용의 진정성과 신뢰성 여부에 관심이 없었고, 오로지 내게 죄를 덮어씌우기에 급급했다.

대한민국 감사원의 조사와 감사 수준이 고작 이 정도라면 정말 충격이 아닐 수 없다. 이것은 감사원의 무소불위한 권력남용도 아닌, '선무당이 사람 잡는' 몰상식과 저질스러움 그 자체다.

감사혁신포럼에서의 성공사례 발표

2월 8일 공공기관감사 혁신포럼의 제1차 포럼이 우리 공사 5층에서 열렸다. 74개 공기업의 감사와 감사실장, 감사담당자 등 모두 200여 명이 참석했다. 2시간 동안 진행된 이날 포럼은 "감사 패러다임 변화와 그 성과"라는 주제로 나의 우수사례 발표와 김병준 청와대 정책기획위원장의 특강이 있었다.

포럼은 상당히 의미 있었다. 감사들이 본연의 임무에 충실할 수 있도록 스스로 공부하고 상호정보를 교환하는 네트워크가 형성되었다는 점에서 큰 전환점을 마련하는 자리가 되었다. 기획예산처의 담당공무원도 참석해 분위기를 살피는 등 관심이 많았다. 나는 우리 공사에서 첫 포럼을 열고 내가 우수사례 발표를 한 데 대해 보람을 느꼈다.

발표하는 동안 참석자들은 진지하게 메모하며 경청했다. 나는 언제든지 모든 정보를 공개하겠다고 선언했다. 시도 때도 없이 우리를 무능한 감사로 낙인찍었던 한나라당과 언론의 질책만 탓할 것이 아니라, 우리 스스로 공부하고 노력해서 감사의 역할을 다하자고 역설했다. 발표가 끝나자 많은 감사들이 격려와 칭찬을 아끼지 않았다.

신이 내린 직장의 관습

감사실 직원을 200명으로 만들지 그러느냐?

2월 22일, 이사회가 열렸다. 나는 전자감사시스템과 최근 직원들의 투서에 의한 감사원 특별조사에 대해 소상히 밝혔다. 공사의 심각하고도 중요한 현안을 사외이사들은 일절 모르고 있었고, 상임이사들도 남의 집 불구경하듯 했다.

문태룡 사외이사와 김덕순 사외이사가 전자감사시스템 개발과 특허출원에 대해 관심을 표명했다. 감사가 개발한 혁신적인 전자감사시스템이 모든 공기업에 전파되면 방만경영과 도덕적 해이를 예방하는 데 큰 도움이 될 거라며 나를 격려했다.

나는 감사원 특별조사본부로부터 닷새간 집중조사를 받았던 사실을 설명했다. 직원 투서였다는 사실, 조사받았던 내용과 그 과정을 설명하면서 감정이 격해지고 말았다. 그러나 너무나 뜻밖에도 김왕기 사외이사가 납득할 수 없는 발언으로 이사회에 찬물을 끼얹었다.

"감사님을 보면서 정부투자기관 감사가 중요하고 많은 일을 하고 있구나 생각하면서 저의 편견이 많이 바뀌었습니다. 또 좋은 성과에 대해서도 인정합니다. 하지만 전자감사시스템이 도입되면 감사실 직원이 그 많은 항목을 모두 감사할 수 있는지, 과연 그런 능력이 있는지 의문이 듭니다. 또한 임원들은 모두 책임 있는 분들입니다. 자율적인 목표에 따라 평가받고 그 결과를 연봉에 연계해 책임을 집니다. 물론 감사의 견제기능은 인정하지만 처음부터 끝까지 감사가 다 하려 한다면 여기에 계신 사장님과 임원들이 왜 필요합니까? 처음부터 끝까지 감사가 다 할 것 같으면 감사실 직원이 몇 명 인지 몰라도 직원을 한 200명 만들어서 하지 그걸 왜 합니까?"

그 말을 듣는 순간 나는 머리를 둔기로 맞은 것처럼 몽롱해졌다. 기가 막혔다. 이내 온몸에 전류가 흘렀다. 반사적으로 그의 말에 대응했다.

"아니 존경하는 김왕기 이사님께서 지금 무슨 말씀을 하시는 겁니까? 혹시 제가 뭐 잘못 들었습니까? 아, 정말 잘했다고 칭찬은 못해주실망정 뭐 감사가 처음부터 끝까지 다 하려 한다고요? 감사실 직원을 200명으로 만들어서 하라고요? 걸핏하면 무능한 낙하산이라 감사들을 몰아세웠던 언론사의 책임 있는 분이 어떻게 그런 말씀을 하실 수 있습니까?"

그는 그만하자며 서둘러 진화에 나섰다. 뚱딴지같은 그의 발언으로 더욱 화가 났다. 지켜보던 이사들의 중재로 겨우 진정되었지만 "감사실 직원 200 명" 운운하며 비아냥대던 몰상식은 큰 충격이었다. 김왕기 이사는 ≪중앙일보≫ 고위간부였다. 이러한 황당한 발언은 자사의 논조를 뒤엎는 말이기도 했다.

공기업은 철밥통인 데다 일이 편하고, 호주머니까지 두둑하니 소문 그대로 '신이 내린 직장'이다. 이런 상황은 공공연한 비밀이어서 공기업 직원 900명 뽑는 데 15만 명이 응시하는 웃지 못할 상황이 벌어진다. 공기업이 세금으로 자기 배만 채운다니 국민은 허탈할 수밖에 없다. 그러는 사이 경영은 썩어 들어가고 있다. 지난해 공기업 다섯 곳 중 한 개꼴로 적자를 냈다. 순이익은 30% 줄고, 부채는 20조 원 늘었다. 모두 국민 부담이다. (≪중앙일보≫, 2007년 1월 23일자)

사외이사가 사장을 두둔하고 감사 물먹여

상임이사는 감히 감사에게 대들지 못한다. 그러나 사외이사는 다르다. 일부 사외이사들은 노골적으로 사장을 두둔하면서 감사를 물먹이곤 한다. 의사진행 과정에서나 상정된 안건을 의결할 때 특징적으로 나타난다. 이런 현상은 사장이 사외이사들을 잘 다스리고 있기 때문이다.

이번처럼 사외이사가 공개회의에서 직설적이고 노골적으로 감사를 폄하하고 비아냥대는 행위는 처음이다. 그러나 공개회의가 아닌 현실에서는 이런 일이 심심찮게 일어난다. 이것은 감사의 역할과 기능을 억제시키며 그 결과 방만경영과 도덕적 해이를 불러일으킨다.

이는 공기업의 구조적 병폐를 그대로 보여주는 대표적인 사례에 불과하다. 솔직히 감사가 독자적으로 홀로서기를 하며 사장을 견제하고, 집행부를 긴장시킨다는 것이 얼마나 힘들고 어려운 일인지 모른다. 모든 인연을 끊어버리고, 안면몰수하고, 청탁하지 않고, 청탁을 거절하고, 부당행위나 부당지시를 하지 않고, 준법과 원칙을 강조하고, 청렴한 공직자로서 솔선수범하기란 정말 어려운 일이다. 나 스스로 동료들에게 배신자가 되어야 하며, 스스로 집단 따돌림을 당해야 하며, 스스로 세상의 관행과 관습에서 벗어나야 하며, 스스로 모든 유혹을 뿌리쳐야 하며, 철저한 준법정신을 통해 바르게 생각하고 말하며 실천해야만 가능한 일이다.

제가 바로 무능한 낙하산입니다

3월 1일, 드디어 틈틈이 정리한 원고가 책으로 출판되었다. 지난해 12월 감사혁신포럼의 운영위원으로 참여한 직후 말할 수 없는 무거운 사명감을 통감했다. 과연 함께한 감사들에게 어떤 도움을 줄 수 있을까 고민했다. 수시로 자문을 하고 있는 감사들에게 감사의 덕목과 자세, 법적 지위와 책임, 권한과 의무, 효율적인 예방감사와 성과감사 방법, 집행부 견제요령을 정리한 '감사 표준매뉴얼' 제공의 필요성을 느끼고 있었다.

감사혁신포럼에서도 감사매뉴얼의 필요성을 절감하고 있었다. 나는 감사들의 전문성을 높이고 자질을 향상시킬 수 있는 방법은 감사 스스로 공부하는 방법 말고는 없다고 생각했다. 그래서 작심하고 나의 생각을 정리하기 시작했다. 원고 쓰기를 시작해 한 달여 만에 마칠 수 있었다. 평소 감사 직무와 관련된 문제점을 계속 메모했던 것이 큰 도움이 되었다.

제목을 진부하게 감사 표준매뉴얼로 하자는 의견도 있었다. 그러나 평소 한나라당으로부터 무능한 낙하산이라는 비난을 무수히 받아온 나로서는, 감사가 결코 무능하거나 예산이나 축내는 몰염치한 자리가 아님을 드러나게 보여줘야 했다. 그래서 표제를 "제가 바로 무능한 낙하산입니다", 부제를 "공기업 감사 표준매뉴얼"로 정했다. 반어법으로 표현한 제목이었다.

≪한겨레신문≫을 비롯한 언론사에서 출판 소식과 함께 인터뷰기사가 실렸다. 교보문고에서도 신간소개와 함께 판매에 들어갔다. 일선 지방공무원, 전남 해남, 경북 포항의 독자들도 관심을 표명했다. 한국전력 감사를 비롯한 몇몇 감사들은 감사실 교재로 쓰겠다며 50권씩 구입하기도 했다. 그러나 대부분의 감사는 외면했다. 특히 감사협회의 반응은 냉랭했다. 속된 말로 '잘난 체 말라'는 것이었다. 책을 구입한 감사는 불과 10여 명에 불과했다.

한나라당 김기현 의원, '공기업 감사, 책 강매' 분탕질

감사들에게 메일을 통해 출판 소식과 함께 목차를 소개하면서 구입방법을 알려줬지만 그들의 반응은 거의 없었다. 그런데 문제는 엉뚱하게 터지고 말았다. 한나라당 김기현 의원이 내가 책을 강매하고 있다고 주장했다. 국민의 대표기관이자 헌법기관인 국회의 의원이 배포한 보도자료가 얼마나 허구인지 짐작하고도 남는다.

"국민의 혈세로 운영되는 공공기관으로 하여금 책을 구매하도록 한 것은 책 판매에 있어서 유능한 낙하산임에 틀림없다. 공공기관을 혁신하겠다는 감사혁신포럼이 특정 감사의 책을 국민 혈세로 사실상 대량 구입하도록 한 것은 도저히 이해할 수 없다. 감사원과 기획예산처, 국가청렴위원회의 조사는 물론 국회 차원에서의 엄정 조사가 필요하다"고 주절댔다.

참으로 어처구니없는 정치공세였다. 보도내용을 보고 듣는 국민의 입장에서 나는 영락없이 책을 강매했고 엄청난 국가예산을 축낸 파렴치한 감사로 인식될 수밖에 없었다. 잠잠해지는가 싶었는데 한나라당 심재철 의원 등 몇몇 의원이 감사 강동원의 발간 도서를 제출하라고 요구했다. 나는 "지적 소유권과 판권이 내게 있는데 무슨 근거로 개인의 권리를 침해하느냐. 필요하면 사서 보라"고 통보했다. 그들은 결국 출판사를 통해 책을 구입했다.

이 와중에 국회 담당 직원이 전해온 한나라당 국회의원 보좌관의 말은 대단히 상징적이었다.

"의원 지시로 읽어보았는데 구구절절 감사들이 꼭 알아야 할 지침서였다. 이 책을 읽는다면 우리 보좌관들도 공기업 국정감사에 많은 도움이 될 것으로 보인다."

한나라당 의원이 "국가청렴위원회는 책을 강매한 감사를 조사하라"고 목청을 높였으나, 정작 국가청렴위원회의 위원장을 비롯한 국장급 간부들은 나의 책을 정독하고 있었다. 김 모 국장은 전화로 모든 공기업 감사에게 이 책을 보급할 방법이 없겠느냐며 관심을 보이기도 했다. 또 다른 최 모 담당관은 "공기업 내부 사정을 전혀 알 수 없어 답답했는데 이제야 그 답을 찾을 수 있었다. 우리가 꼭 알아야 할 내용들을 한 줄 한 줄 밑줄 쳐가면서 읽고 있다. 이 책에 담긴 정보를 정책 자료로 소중하게 활용하겠다"고 밝히기도 했다.

전자감사시스템 특허출원 접수

3월 7일 오늘, 특허청에 전자감사시스템의 특허출원을 접수했다. 한 달 넘게 전자감사시스템을 검토하고 준비해왔던 변리사는 전자에 의한 감사 방법은 전례가 없는 시스템으로 특허출원 가치가 충분하다며 '우선심사'를 청구했다. 일반심사는 보통 6개월이 걸리지만, 우선심사는 접수일로부터 2개월 이내에 심사를 마치고 특허 여부를 결정해야 하는 행정절차다.

나는 가급적 하루빨리 특허청의 결과가 나오기를 바랐다. 만약 특허가 나와 세상에 알려지고 모든 공공기관에서 이를 도입한다면, 앞으로 감사들은 적어도 전문성이 없다거나 무능하다는 저평가에서 해방될 것이라 확신했다.

오늘은 내 생일이기도 했다. 직원 중 나와 생일이 같은 사람이 무려 다섯이나 된다. 지난해에 마찬가지로 올해도 어김없이 그들을 점심식사에 초대했다. 같은 날 태어났다는 것은 큰 인연이자 행복이다. 공통적인 주제가 있으니 대화가 즐겁고 서로에게 큰 위안을 준다. 그들은 내가 감사원의 특별조사를 받았던 사실에 대해 위로했다. 못된 간부 몇 사람들의 투서로 공사가 망신을 당했고 감사에게 상처를 주고 있다고 에둘러 말했다. 이럴수록 끊임없이 소임을 다 해달라고 당부하기도 했다.

'중상모략' 투서자를 보호하는 것은 모순

3월 13일, 감사원 특별조사본부에서 홍 감사관이 2차 조사를 나왔다. 이미 조사를 마친 그가 다시 나왔으니 모두 긴장했다. 특히 사장이 그랬다. 나에게 아무것도 건지지 못했던 홍 감사관이 다른 시각으로 이 일에 접근하고 있다는 이야기가 들렸다. 그는 직원들을 또다시 한 명씩 불러들였고 같은 내용을 반복해서 확인했다.

며칠 후 그는 부사장에게 몇 가지 확인서를 받았다. 나를 옭아매지 못하자 부사장이 화살을 맞았다. 계약직을 공개채용하지 않았고 자격요건이 미달되었으며, 다이너스티를 체어맨으로 교체한 사실, 강남·분당·과천 등 회사 인근 부동산을 조사하지 않고 회사와 거리가 먼 강북의 청운동에 사택을 임대한 것은 불합리하다고 주장했다.

조사결과가 이 정도로 경미한 경우는 주의를 주거나 개선을 요구하는 것으로 끝나는 것이 통례였다. 그럼에도 확인서를 징구한 것은 한마디로 실적을 올리려는 수작이었다. 이것이야말로 청산의 대상이 아니고 무엇인가. 스스로 권위주의에 사로잡혀 피감기관 관계자에게 감정적 대응을 하는 것은 구시대적 낡은 태도가 분명하다.

감사원 감사관과 공기업 감사는 전통적으로 동업자라는 인식을 통해 서로 협력하는 관계에 놓여 있다. 때문에 감사원은 공기업 감사들을 지도, 감독할 권한이 있는 한편 상호보완을 하기도 한다. 그럼에도 혁신정책에 집단적으로 저항하는 수구세력의 불순하고도 허무맹랑한 투서만 믿고 감사원이 동업자를 옭아매려 발버둥 쳤다는 사실은 비극이다. 국가 최고의 권력기관이 불순한 범법자들에게 이용당한 셈이다. 이래서야 국가기강이 바로 서겠는가.

이번 투서 사건은 결국 나의 결백성을 감사원이 스스로 입증해준 셈이지만, 뒷맛은 개운치 않았고 참을 수 없는 모욕감에 허탈할 뿐이다. 차제에 진정 무엇이 국가기강을 바로잡을 수 있는지 심각하게 성찰해야 한다. 실명으로 접수되는 투서에 대해 조사를 벌이려 한다면, 사전에 투서자를 먼저 조사해 구체적 증거를 확보해야 한다. 만약 그 내용이 나의 경우처럼 허위사실로 판명되면 그들을 엄중히 문책해야 한다. 명예훼손죄나 공무집행방해죄로 그 책임을 묻고 엄벌에 처해야 한다.

투서 내용이 허위로 밝혀질 경우 이에 상응한 처벌규정이 있어야 한다. 이는 비방 금지와 행정력 낭비를 막기 위한 방안이 된다. 허위로 비겁하게 남을 중상모략한 투서자는 법으로 철저히 신분을 보호하고, 영문도 모른 채 고통 받은 피고발인의 인권은 공권력에 의해 철저하게 말살하거나 유린하는 작금의 현실은 모순이다. 신분과 비밀을 보호하는 '내부고발자보호법'의 입법 취지는 내부고발을 양성화하는 순기능이 있지만, 이를 악용하는 세력이 동시에 존재하는 역기능도 있다. 이처럼 일방적인 중상모략이 판을 친다면 공직기강은 균형을 잃고 말 것이다.

감사를 잘하면 비리가 사라지나?

고위공직자들의 무사안일과 탁상행정

3월 20일, 노무현 대통령이 주재한 2007년도 농림부 업무보고가 우리 공사 5층에서 열렸다. 부총리 겸 기획예산처 장관, 재경부 장관, 행자부 장관, 농림부 장관을 비롯한 정부 각료들과 농업 관련 기관단체, 각계각층의 농민 대표가 배석했다. 우리 공사에서는 사장과 내가 참석했다.

나는 업무보고의 시종을 지켜보면서 가슴이 답답했다. 복지부동의 한계를 분명히 드러내고 있는 고위공직자들의 태도가 안쓰러웠다. 국가경영의 최고 책임자인 각료들과 고위공직자들의 무사안일한 태도에서 한국 농업의 미래를 기대하기에는 무리였다. 중장기 비전이 없는 탁상행정과 현실적 대안이 없는 원론적 업무보고는 한국 농업의 어두운 미래를 보는 것 같았다.

노무현 대통령은 한국농업경영인회 중앙회장 박홍수를 농림부 장관으로 발탁했다. 농업·농민·농촌정책을 입안하고 시행해야 할 장관을 이익집단이자 당사자인 농민 대표에게 맡긴 것이다. 박 장관은 취임 직후 우리에게 '밥값을 하라'는 특강을 하기도 했다. 그는 농업에 대한 남다른 애정으로 농촌 현실을 잘 알고 있었지만 정책을 총괄하는 장관으로서 그 소임을 다하고 있는지는 미지수다.

공직자의 무사안일과 탁상행정은 국민생활에 지대한 영향을 미친다. 그 예로 '논 콩 재배'는 완전히 실패작이다. 정부는 자급률이 높아 골치였던 쌀 생산을 억제하고, 자급률이 떨어지는 콩 생산을 장려하기 위해 논에 콩을 재배하도록 권장했었다. 그러나 농민들은 콩을 외면했다. 쌀보다 소득이 뒤떨어졌기 때문이다. 그러자 정부는 콩을 쌀값 수준으로 전량 수매했다. 그 결과 전남 함평을 비롯한 평야지역, 전북 완주, 임실, 순창을 비롯한 산간지역에서 논에 콩을 심기 시작했다. 그들의 정책은 일단 성공한 것으로 보였다.

그러나 논에 콩을 재배하도록 한 것은 또 다른 문제를 불러왔다. 고령화로 노동력이 부족했던 농민들은 재배하기 손쉬운 논을 선호했고, 밭 재배는 힘들다고 외면했다. 그 결과 1960년대에 야산을 개간해 일군 기름진 밭떼기들이 잡목과 잡초가 무성한 폐농지로 변해버렸다. 노는 땅에 콩 한 포기라도 심어야 한다며 경복궁 돌담길에도 콩을 심었던 과거의 역사를 철저히 외면한 것이다. 막대한 예산과 피땀으로 일궈놓은 옥토를 잡목이 무성한 몹쓸 땅이 되도록 방치했으니 이 얼마나 기막힌 일인가?

그뿐이 아니다. 정부가 논 콩을 비싼 값에 전량 사들이니 제주도 농민들에게 비상이 걸리고 말았다. 제주도 콩의 판로가 막혀버린 것이다. 판로도 판로지만, 논 콩이 창고에 수북이 쌓여 재고가 늘어났다. 두부생산업체가 값비싼 논 콩을 외면한 것이다. 또한 두부생산업체는 값비싼 국산콩을 원료로 만든 일부 유기농 두부를 한 모에 2~3천 원에 육박하는 고가로 출하해 소비자물가 인상을 부채질하기도 했다.

이는 고위공직자들의 무사안일과 탁상행정이 국민생활에 어떤 결과를 초래하는지, 국가발전에 어떠한 영향을 미치는지를 잘 보여주고 있다. 한 치 앞을 내다보지 못하는 농정당국의 복지부동은 한국 농업의 미래를 어둡게 한다.

감사원 사무총장, 투서 조사결과 무고로 밝혀

감사원의 김조원 사무총장을 그의 집무실에서 만났다. 최근 특별조사본부가 나를 조사했던 과정과 그 결과에 대해 이야기하기 위해서였다. 그는 내가 방문한 목적을 이미 알고 있었으며, 내가 도착할 시각에 이미 특별조사본부장에게 조사결과를 상세히 보고 받고 있었다. 본부장은 굳은 표정으로 나에게 묵례를 하고 아무 말 없이 사무총장 방에서 나갔다.

김 총장은 나를 익히 잘 알고 있다며 정중하게 맞이했다. 그러고는 내부 직원들의 투서가 있었으며 그 내용이 허무맹랑하고 모두 사실과 달라 무고로 결론을 내렸다고 밝혔다. 마음고생이 많았을 거라면서 투서가 들어오면 특별조사본부는 조사결과를 반드시 투서자에게 통보해야 하기 때문에 조사가 불가피했다고 설명했다.

나는 투서 직원들을 상대로 명예훼손죄와 무고죄로 형사고발하고, 국가인권위원회에는 감사원 감사관의 인권침해, 헌법재판소에는 고발자의 인권은 보호하면서 피고발자의 인권은 보호하지 않은 데 대한 위헌심판청구를 하겠다고 밝혔다. 또 감사원을 상대로 투서자의 실명을 공개하도록 정보공개청구권을 행사하겠다고 말했다. 그러나 그는 감사원에 정보공개를 청구하는 것보다 투서 내용의 조사결과를 특별조사본부에서 확인 받는 것이 먼저라고 했다. 이를 근거로 고발조치하면 실명확인은 사정기관이 알아서 할 것이라며 감사원에 정식으로 조사결과 통보요청을 하라고 귀띔했다.

김 총장과 한 시간 남짓 만났다. 약간 떨떠름하기도 했지만 그래도 기분은 홀가분했다. 내가 발간한 책과 평소 기록했던 감사일지를 건네자 그는 감사원 주관으로 특강할 수 있는 기회를 만들겠다고 화답했다. 그러나 내 임기 동안 감사원 특강은 하지 못했다.

국가청렴위원회와 정책협의

4월 5일, 국가청렴위원회를 방문했다. 정책담당 국장의 비공식 정책협의 요청이 있었다. 나는 무려 두 시간 동안 공기업 내부의 여러 문제점을 열거하면서 경험을 토대로 개선방안에 대해 의견을 제시했다. 그는 내가 발간한 책을 일부러 보여주면서 밑줄을 쳐가면서 정독하고 있다고 말했다. 책 갈피마다 그의 손때가 묻어나 있었다.

나는 모든 공기업의 공통적인 현안을 풀기 위한 정책적 접근을 주문했다. 그중 예산의 편성과 집행, 결산과정에서 주무 부처가 감독을 빌미로 일일이 개입하고 있어 부패 개연성이 높고 업무의 효율성이 떨어진다는 점을 강조했다.

그 예로 농수산물유통공사는 세입예산의 재원이 이원화되어 있다. 사업 예산은 농림부의 농안기금을 비롯한 각종 기금회계에서 확보하며, 관리예산은 기획예산처가 관리하는 정부 일반회계로 편성된다. 즉, 같은 직장에서 근무하는 직원인데도 보직에 따라 관리부서 직원은 정부예산으로, 사업

부서 직원은 농안기금으로 급여를 받고 있는 것이다.

그러다 보니 예산편성 과정에서 감독기관인 농림부와 기획예산처에 면종복배하고 사시사철 읍소해야 한다. 감독기관 담당공무원들의 우월적 지위는 공기업을 휘어잡는 위력을 발휘한다. 이것은 대단히 부적절한 관계에 의한 먹이사슬의 전형이다. 감독기관 공무원들은 예산편성과 집행·결산 과정에서 매 건마다 따로따로 예산을 전도하고 정산을 받는다. 결과적으로 예산을 받을 때, 자금전도 때, 심지어 결산 때마저도 이들에게 굽실거려야 한다.

어느 직원의 증언에 의하면 참여정부의 강도 높은 공직기강확립과 부패 척결로 많은 변화가 있었지만, 과거에는 금품과 향응제공은 물론 성상납도 흔했다는 것이다. 정부의 위임사무를 집행하는 준정부기관의 특성은 이처럼 부패 개연성이 높고, 비효율적이며, 자율성이 전혀 없다. 때문에 구조적인 먹이사슬이 형성되었는데 이는 반드시 뜯어고쳐야 할 과제다. 예산 편성, 집행, 결산 과정을 중앙 부처의 주사나 사무관이 전담하고 있는 이러한 병폐를 수술하는 것은 빠르면 빠를수록 좋다.

나는 이런 구조적 문제를 단절시킬 방안으로 국가청렴위원회와 청와대 제도개선비서실에 정책건의를 한 바 있다. 예컨대 '공기업 예산결산위원회'의 도입이다. 공기업 예산결산위원회는 중앙 부처, 공기업, 관련 전문가 집단, 학계 등의 인사 10여 명으로 위원회를 구성하고 사업의 확정, 예산편성, 결산을 의결하는 임무를 부여해 상설화하는 것이다.

이 방안의 효과는 첫째 경영진의 도덕적 해이와 방만경영을 막을 수 있고, 둘째 투명한 공개경영으로 자율성 보장과 책임경영을 유도할 수 있으며, 셋째 가장 심각한 관리감독 부처의 먹이사슬을 일거에 단절시켜 부패의 악순환을 단숨에 제거하는 효과가 있다. 그러나 이 방안을 제안한 이후 어느 기관에서도 상응한 검토의견이나 답은 나오지 않았다. 대단히 아쉬운 대목이다.

무능공무원 퇴출은 시대적 요구

4월 20일 오후 3시 매일경제TV의 방송 프로그램에 출연했다. '시골의사' 박경철 씨가 진행하는 생방송 〈이슈를 말 한다〉 코너에서 "공직사회, 개혁은 가능할 것인가"라는 주제로 30분간 단독대담을 했다. 공직사회의 퇴출 바람과 관련해 불신과 비리의 온상으로 여겨졌던 공직사회, 그 이유는 무엇이고 또 개혁은 가능한 것인지, 잘못된 관행과 개선방향에 대해 모색하는 시간이었다.

무능 공무원 퇴출 문제는 국가공무원법 73조의 3항에서 분명하게 규정하고 있다. "직무수행능력이 부족하거나 근무성적이 극히 불량한자, 파면·해임·정직에 해당하는 징계의결 요구 중 인자, 형사사건으로 기소된 자"는 직위해제 할 수 있다. 그럼에도 지금까지 단 한 번도 퇴출시킨 사례가 없다.

공무원들이 국민에게 헌신적인 봉사를 하도록 강제하는 법과 제도가 있다. 그럼에도 그들이 놀고먹는 파렴치한 공직자로 전락한 것은 그들만의 탓이 아니다. 엄정하게 법을 집행해야 할 정부와 지방자치단체가 이를 방기한 책임도 크다. 대충대충 놀고먹고 반칙을 하는 자가 있어도 제 식구 챙기기에 급급해 모르는 척 눈감아 줬던 공직사회의 이기주의는 지금도 큰 문제다.

반부패정책 우수기관, 총리 기관표창 수상

4월 24일, 국가청렴위원회에서 2007년도 반부패정책추진 우수기관에 대한 시상식이 있었다. 우리 공사는 아쉽게 국무총리 표창을 받았다. 공사 창립 40년 만에 감사 분야에서 처음으로 받은 국무총리 기관표창이다. 그동안 동료 직원들에게 따가운 시선을 받아왔던 감사실 직원들도 모처럼 분위기가 좋았다.

나는 즉시 인트라넷에 시상식 사진과 표창장을 게시하도록 지시했다. 그리고 수상의 영광을 모든 직원에게 바친다는 메시지를 보냈다. 묵묵히 그리고 적극적으로 나를 응원하며 협조해준 직원들이 눈물겹도록 고맙다. 그들의 협조가 없었다면 오늘의 결과가 있을 수 없었고, 그들의 지지가 없었다면 나의 의지는 꺾이고 말았을 것이다. 축하의 메일을 보내온 직원이 많았다.

"감사님! 오늘 너무 기쁜 소식을 주셔서 감사합니다. 그리고 축하드립니다. 지난 2월, 어느 몹쓸 간부의 투서로 큰 상처를 받으시고 힘겨워하시던 감사님의 모습이 눈에 선합니다. 그럼에도 이렇게 굵직굵직한 성과를 이뤄내신 감사님을 저희 젊은 직원들은 한없이 존경하고 사랑합니다.

저도 감사님을 본받아 우리 공사가 혈액순환이 잘되는 건강한 공사가 될

수 있도록 역할을 다하겠습니다. 이제 임기도 얼마 남지 않으셨는데 더욱
더 애써주시기 바랍니다. 저희 마음 같으면 감사님이 제발 계속 계셨으면
좋겠는데 저희들이 어떻게 해야 할지 모르겠습니다. 항상 말없는 다수의
직원들만 생각하시고 일부 어리석은 간부들을 용서하시기 바랍니다. 오늘
도 저희는 감사님을 화두로 내일의 꿈과 비전을 그리고 있습니다. 감사님,
파이팅!"

어느 여직원이 보내온 편지를 읽으면서 가슴이 찡했다. 마주치면 부끄러
워 고개를 숙이던 그들이 편지로 속내를 드러내는 데는 주저하지 않는다.
나는 그들의 진심을 알 수 있어 정말 행복했다. 나의 가슴은 용광로처럼 다
시 뜨겁게 달궈졌다. 잠시도 한눈팔지 말고 떠나는 순간까지 열정을 다 바
치자고 다짐한다.

감사가 시스템 갖추면 비리 없어지나?

4월 26일, 2006년 정부경영평가단의 마지막 실사가 있었다. 평가단은 대
학교수, 회계사, 전문직 인사 20여 명으로 구성되었으며 기획예산처가 엄
선했다. 오늘은 최종실사로 경영진과 1급 이상 간부들이 참석한 가운데 최
종 강평도 있었다. 사장의 경영실적을 평가하는 것이기 때문에 감사는 이
평가단의 강평을 직접 들을 수 없다.

경영평가에서 사장과 상임이사의 이해부족과 동문서답은 감점이 되기
도 한다. 그러나 평가위원들의 몰상식도 상상을 초월한다. 평가위원은 기

본적으로 기관의 특성을 잘 이해하고 업무에 대해 해박한 식견이 있어야 한다. 그런데 평가기관의 업무에 대해 본질적으로 접근하지도 못한 채 수준 이하의 질문을 하는 평가위원이 있다.

오늘도 같은 상황이 벌어졌다. 두 시간 넘게 진행된 실사에서 홍 모 교수와 이 모 교수가 나의 실적에 대해 대단히 감정적인 발언을 했다는 소식을 전해 듣고 나는 경악하고 말았다. 나는 그들의 발언 내용에 대해 당장 기획예산처와 평가단장에게 반론을 제기하려 했다. 그러나 그러면 우리만 손해니 참아야 한다는 부사장의 간청을 외면할 수 없었다.

홍 교수는 "감사가 시스템을 갖추고 일을 하면 부조리나 비리가 없어지는 것이냐, 비리가 없었느냐"고 따지듯 말했다. 더 나아가 "시스템이 가동되면 처음에는 개선 효과가 있는 것 같지만 직원들이 피곤해 일을 못 한다"고 궤변을 늘어놓았다. 특히 나를 빗대 "감사가 너무 성급하게 강도 높은 감사를 하고 시스템을 개량화하니까 직원들의 피곤증이 심각하다"는 망발을 서슴없이 자행했다.

이 교수의 발언은 더욱 참담했다. 감사실에서 특허출원한 전자감사시스템에 대해 "뭐 그리 대단한 것도 아닌데 상시감사와 예방감사를 강조하고 있느냐, 돈 한 푼 안 쓰고 개발했다는 것은 지나친 표현이다"라고 힐난했다. "특허를 냈다는데 뭘 특허를 냈다는 것이냐? 특허를 낼 만한 기능이 안 보이는데 괜히 특허를 내 예산만 낭비한 것이 아니냐"라며 자료제출을 요구했다. 이 교수의 발언은 몰상식에 가깝다.

위에 발언 내용은 속기록에 나와 있는 그대로다. 이쯤 되면 평가위원들의 자질이 어떠한지 더 이상 설명이 필요 없을 것 같다. 도대체 평가를 하는

철밥통 공기업 그 모순과 관행의 실체

것인지, 트집을 잡는 것인지, 일을 하지 말라는 것인지 그 의도를 알 수 없다. 자체감사와 혁신성과에 대해, 부패추방과 부조리 척결의지에 대해 격려는커녕 생트집을 잡는 평가위원들, 그들은 대한민국 정부가 엄선한 이 시대 최고 지식인이자 현직 대학교수다.

홍 교수 말의 요지는 '직원들이 피곤하게 생각하는데 왜 혁신을 해서 시끄럽게 하느냐'는 것이다. 그런데 이 교수의 말은 도대체 무슨 뜻인지 헷갈린다. 외부용역을 주면 15억 원이 드는데 우리가 자체개발해 개발비가 한 푼도 안 들었다는 것이 그렇게 불만인가? 무슨 근거로 특허를 낼 만한 기능이 없다며 예산낭비라고 헛소리를 하는가? 변리사에게 지급한 특허출원 대행비는 고작 200만 원인데 그것을 예산낭비라고 추궁한 대목에서는 이 병병할 뿐이다.

이런 황당한 사건을 기획예산처장관은 반드시 모니터하고 제제를 가해야 한다. 무엇보다 평가위원을 선발하는 시스템을 전면 재검토해야 한다. 도덕성과 전문성, 청렴성과 원칙성을 바탕으로 엄중하게 선발해야 한다.

이과수 외유 사건

감사들의 남미 이과수 관광성 외유, 자승자박

지난 5월 15일, 나는 싱가포르에 머물고 있었다. 5월 9일에 서울을 출발, 타이베이와 홍콩을 거쳐 싱가포르에 왔다. 타이베이에서는 대형마트에서 한국산 식품판매 촉진행사가 열렸고, 홍콩에서는 세계식품박람회가 열렸다. 감사실장과 함께 싱가포르의 대형 유통매장을 둘러보면서 시장조사를 하고 있는데 감사실 윤영배 차장에게서 전화가 왔다.

오늘 아침 ≪중앙일보≫ 1면에 "감사 21명이 혁신세미나를 하러 남미 이과수로 관광을 갔다"며 명단과 일정까지 상세히 보도되었다는 것이다. 텔레비전 뉴스에도 보도되어 파장이 엄청 클 것 같다고 했다. 전화를 받는 내내 나는 얼굴이 화끈거렸다. 옆에 있던 감사실장은 안도하는 표정으로 "역시 감사님은 선견지명이 있으십니다. 감사님이 처음부터 우려했던 일이 아닙니까"라고 했다. 윤 차장의 말이 이어졌다.

"그런데 감사님, 기획예산처와 농림부에서 감사님도 가셨느냐고 확인 전화가 왔고요. MBC, KBS 기자가 인터뷰를 하겠다며 감사님을 계속 찾고 있습니다. 출장 중이라고 했더니 전화번호를 알려달랍니다. 알려줄까요?"

나라를 떠들썩하게 했던 이과수 외유 사건은 이렇게 터지고 말았다. 나는 즉시 감사혁신포럼 의장인 한국전력공사 감사에게 전화했지만 연결이 되지 않았다. 상황은 걷잡을 수 없을 정도로 확대되어 그 파장은 예측불허였다. 신문과 방송을 비롯한 인터넷 매체에서 연일 톱뉴스로 이 소식을 다뤘다. ≪중앙일보≫는 1면 머리기사로 "공기업감사 21명, '혁신포럼 세미나' 하러 남미 이과수폭포 간다"는 제목의 기사를 실었다.

> 공기업과 공공기관 경영을 감시하는 감사 21명이 남미로 출장을 떠났다. 남미 3개국을 돌아다니며 '공공기관 감사 혁신포럼'을 열기 위해서다. 방문지는 남미의 대표적인 관광지인 칠레의 산티아고, 브라질의 리우데자네이루와 이과수폭포, 아르헨티나의 부에노스아이레스다. 1인당 1,000만 원 안팎의 여행경비는 모두 소속 공기업과 공공기관이 댔다.

이 사건은 약 열흘간 하루도 거르지 않고 메인뉴스로 보도되었다. 결국 대통령의 사과와 국회운영위원회의 집중추궁으로 사태가 진정되었지만, 참여정부의 가장 핵심과제였으며 상당한 성과를 올렸던 청렴혁신정책에 공기업 감사들이 찬물을 끼얹은 결과를 가져오고 말았다.

어느 감사는 '우리가 뭘 잘못했느냐' 항변
연수를 빙자한 관광성 외유는 어떤 이유로도 변명할 수 없는 중대한 사건이었다. 그런데 몇몇 감사들의 태도는 너무나 당당하고 몰염치했다. 그들은 국민들의 정서를 아예 무시하는 태도를 보였다. 먼저 귀국한 연수 단장은 "재수 없이 걸렸다, 언론이 문제 삼는 것은 납득하기 어렵다"며 반성의 기색이 전혀 없었다. 더욱이 감사들이 로스앤젤레스 현지에서 심야까지 여성 도우미를 불러 술판을 벌여 여흥을 즐겼다는 MBC 보도에 대해, 어느 감사는 "우리가 뭘 잘못했느냐"고 항변하기도 했다.

5월 17일, 인천공항 입국장은 취재진과 경찰, 이를 지켜보는 시민들로 북새통을 이루었다. 시민운동단체인 활빈단이 감사들에게 미꾸라지를 던지며 시위를 벌여 텔레비전 뉴스에 방송되기도 했다. 정말 목불인견이었다. 또한 이들이 국회운영위원회에 불려가서 히득거리며 계속 웃다가 야당의원들의 주의를 받았다며 그 웃는 얼굴이 신문에 대문짝만하게 공개되기도 했다.

제가 죄인인데 무슨 변명이 필요하나요?

5월 15일 오후 5시, 서울에 도착하자마자 MBC로부터 이번 외유 사건에 대한 전화인터뷰 요청이 왔다. 나는 솔직히 인터뷰가 부담스럽고 참담했다. 그렇지만 냉정하게 대응했다.

"제 스스로 죄인의 심정인데 무슨 변명이 필요하겠습니까. 남미연수에 동참하지 않았지만 결국 국민 여러분께 심려를 끼쳐드렸습니다. 정말 죄송합니다. 진심으로 사죄드립니다."

몇 시간 뒤 9시 뉴스에서 인터뷰가 방송되었다. 이 사건과 관련해 방송사와 신문사에서 계속해서 인터뷰 요청이 들어왔다. KBS 라디오에서 10분간 생방송 인터뷰를 했고, ≪경향신문≫에서도 인터뷰를 했는데 5월 19일자 1면에 머리기사로 보도되었다.

강감사는 18일 ≪경향신문≫과의 인터뷰에서 "과거 낙하산을 타고 내려온 감사들은 공공기관의 점령군 노릇을 하며 말 그대로 하는 일 없이 놀고먹는 자리를 유지했지만 지금은 바뀌어야 한다"고 강조했다. '남미 외유성 출장'으로 물의를 빚은 공공기관 감사들의 모임인 '혁신포럼'의 멤버이기도 한 그는 혁신세미나 명목의 남미 출장을 권유받았지만 동행하지 않았다. 강 감사는 "공공기관 감사의 평가제를 도입하고 역할이 미달하거나 잘못하면 임기와 무관하게 해임해야 한다"고 밝혔다. (중략)
― 이번 혁신포럼의 남미 외유성 출장 파문을 어떻게 보나?
"국민 정서와 사회적 분위기를 감안했어야 했다. 공공기관을 바라보는 국민들의 시선이 예사롭지 않다는 것을 느낀다. '혁신포럼' 멤버의 입장에서 언급하기 조심스럽지만 (남미 출장은) 국민의 기대에 부응하지 못한 셈이 되었다. 잘못된 일임에 분명하다."

보도가 나가자 몇몇 남미연수팀 감사가 노골적으로 나를 험담했다. '혼자 잘난 체한다, 불난 집에 부채질하느냐'며 온갖 비난을 다했다. 나는 착잡했다. 그들의 시선이 두렵진 않았지만 분위기는 무거웠다. 이 사건과 관련해 감사들은 언론 기피증에 걸려 있었다. 언론이 누구에게 인터뷰를 요청했는지 알 수 없지만 내게 요청한 인터뷰를 마냥 거부할 수는 없었다.

감사원 산하 감사협회와 감사혁신포럼은 설립목적이 달라

감사원은 문제가 되었던 남미연수 참가자 20명을 경고조치하고 여행경비를 전액 반납하라고 명령했다. 그러나 감사원도 해외연수 과정에서 결코 자유로울 수 없다. 감사원 산하 감사협회가 2006년도에 1인당 1천만 원이 넘는 여행경비를 모두 공기업 예산으로 부담해 남미연수를 갔을 때 그들은 아무 말이 없었다. 그러다 감사혁신포럼의 남미연수 사건이 터지자 야단법석이다.

사실 감사혁신포럼 회원 대부분이 감사협회 회원이다. 감사원은 감사협회가 매년 공식적으로 시행하는 서너 차례의 해외연수는 물론, 회비와 해외여행경비를 모두 공공기관의 예산으로 부담한다는 사실을 알면서도 묵인해왔다.

'한국감사협회'와 '공공기관 감사혁신포럼'은 이렇게 다르다. 감사협회는 감사인의 자질향상과 경영합리화를 목적으로 1977년 설립된, 감사원 소관 사단법인으로 400여 명의 회원이 있다. 연회비 1백만 원은 전액 공기업 예산으로 낸다. 그러나 감사혁신포럼은 80여 명의 감사들이 감사의 기능과 역량강화, 전문지식에 대해 스스로 공부하자는 취지로 세워졌으며, 기획예산처 장관의 도움을 받아 설립한 지 불과 6개월도 되지 않았다. 회비 10만 원도 자비로 부담한다.

공직자윤리위, 재산감소 사유를 밝혀라

정부공직자윤리위원회에서 내게 재산감소 사유와 해명서 제출을 요구했다. 내가 신고한 재산은 부채 2억 4,800만 원인데, 주소지 건물을 신고하지 않은 사유와 증빙서류, 연봉이 1억 5천만 원인데도 재산이 전년보다 6천만 원이나 감소한 사유, 자금사용처, 증빙서류를 제출하라는 것이다.

나는 솔직히 유쾌하지 않았다. 공직자재산등록의 입법 취지는 공직을 이용해 부당한 이권개입이나 부정축재를 막자는 목적일 것이다. 평생 집 없는 설움을 톡톡히 당하고 있는데, 왜 재산이 줄었느냐며 그 사유를 밝히라고 하니 정말 할 말이 없었다. 가난은 이래저래 서럽다.

내가 살고 있는 종로구 청운동 청운연립 202호는 2005년 8월 26일 임대전세권을 설정한 유통공사 사택이다. 당연히 재산등록 대상이 아니다. 남의 보증을 섰다가 월급을 차압당해 2006년 1월에 원금과 이자 2,760만 원을 변제했다. 2006년도 한 해 동안 사회복지시설, 불우이웃, 북한 어린이 구호, 월드비전 구호기금으로 모두 3,500만 원을 기부했다.

객관적 근거였던 공사의 전세권 등기필증 사본과 임대계약서 사본, 서울중앙지법의 채권압류와 추심명령서 사본, 국세청 발행의 기부금명세서 사본을 제출했다. 또 타인에게 빌려 쓴 사채에 대해 차용증과 이자계산 내역서, 온라인 송금확인서까지 제출했다.

공직자윤리위원회가 회사로 공문을 보내 재산 상태를 공개한 것은 분명한 인권침해다. 나는 공직자윤리위 담당자에게 전화를 했다. 재산등록 첫해부터 마이너스였는데 왜 재산이 감소했는지 해명하라는 것은 지나친 권한남용이 아니냐고 물었다. 담당자는 의례적인 일이라면서도 엉뚱하게 "정말 그 많은 돈을 기부했느냐"고 물었다. 가난뱅이 주제에 무슨 기부냐는 투였다. "그게 의심스러우면 사실 여부를 그쪽에서 직접 확인하라"고 대꾸하자 전화가 끊겼다. 하루 종일 마음이 편치 않았다.

'전자감사시스템' 특허를 받다

특허출원번호 "10-2007-0021919"

6월 11일, 드디어 전자감사시스템 특허가 나왔다. 특허출원한 지 두 달 만에 특허결정 통보를 받아 오늘 정식으로 특허등록을 마쳤다. 이로써 그 토록 비판 받았던 공기업 감사 역사에 커다란 족적을 남기게 되었고 눈부신 진보를 일궈냈다. 무엇보다 정부와 공공기관 통틀어 건국 이래 최초의 특 허취득이라는 쾌거를 이루었다. 이것은 공공기관과 공기업의 혁신과 변화 를 알리는 신호탄이 분명했다.

> 특허출원번호 : 10-2007-0021919
>
> 발명의 명칭 : 전자감사시스템, 전자감사 방법 및 프로그램을 기록한 저장매체
>
> 출원인 : 농수산물유통공사
>
> 발명자 : 강동원, 유충식, 이영철, 이은석, 남상희, 김계수, 오영수, 이정석

나는 시스템 개발에 헌신했던 이은석, 남상희, 김계수, 이정석 4인방에게 그 영광을 돌렸다. 처음 그들은 나의 개발의지를 이해하지 못하고 어리둥 절해했다. 그러나 구체적으로 작업을 시작하자 오히려 능동적으로 획기적

인 방안을 제시하는 등 훌륭한 시스템을 설계하고 제작하는 데 헌신했다.

특허등록증은 즉시 모든 임직원에게 공개되었다. 임직원들이 놀라워했다. 공사 창립 40년 만에 처음으로 7명의 발명자가 탄생했다. 축하의 메일을 보내며 격려해준 직원도 많았는데, 부임 첫날부터 나와 충돌하면서 마음고생이 심했던 전 감사실장의 진솔한 축하메일이 특히 반가웠다.

"감사님! 전자감사시스템 특허취득을 진심으로 축하드립니다. 공사 발전을 위해 항상 애쓰시는 모습이 아름답습니다. 그 결과가 하나하나 결실을 맺으시기 기원합니다. 꼭 승리하시기 바랍니다." (6월11일 조규식)

"감사님! 특허등록을 축하드립니다. 지난 3월 7일 특허청서울사무소를 방문, 특허를 신청할 때에도 반신반의했던 부끄러운 기억이 납니다. 어느 누구도 감히 생각하지 못했고 불가능한 일을 왜 하느냐고 불평했던 전자감사시스템의 개발과 특허, 청렴도 2년 연속 1위, 국무총리 표창 수상은 감사님의 독수리 같은 삶과 긍정적 사고, 열정의 결실입니다. '마음으로 믿지 않으면 좋은 일은 결코 일어나지 않는다'는 조엘 오스틴 목사님의 말씀을 기억하면서 저도 긍정적인 사고로 살겠습니다." (6월11일 이정석)

대통령, 행자부 장관에게 정부 도입 검토 지시

전자감사시스템의 특허등록 소식은 순식간에 퍼졌고 대부분의 언론은 이를 박스기사로 다루었다. 특허에 대한 관심과 반응은 대단했다. 기관마다 앞다퉈 공사를 방문해 시연을 요청했고 시스템 개발문의가 빗발쳤다. 노무현 대통령께서도 각료회의와 수석회의에서 감사시스템의 특허와 관련, 특별한 관심을 표명하시면서 행정자치부 장관에게 중앙정부와 지방자치단체에 도입을 검토하라고 지시했다.

전자감사시스템은 ① 사후감사 체계를 예방감사로 전환하고 ② 무책임한 감사를 유한책임 감사로 전환하며 ③ 방만경영의 견제와 감독 강화하고 ④ 강력한 부패추방과 도덕적 해이를 방지할 목적으로 개발했다.

국가청렴위원회도 전자감사시스템을 적극 검토했다. 국가청렴위원회 요청으로 두 차례나 시스템을 브리핑했다. 결국 공공기관 감사혁신정책의 일환으로 2008년도에 모든 공공기관이 전자감사시스템 도입을 의무화했다.

나는 감사원이 앞장서서 이 시스템을 각급 기관에 도입시키고 감사들을 교육해야 한다고 믿었다. 그러나 감사원은 의외였다. 수많은 기관에서 관심을 보이고 있는데도 유별나게 감사원만 무관심했다. 시스템을 직접 설명할 기회를 달라고 사무총장께 요청했는데도 아무런 연락이 없었다.

나는 전윤철 감사원장 비서실장에게 전화를 걸어 감사원장 면담을 요청했다. 면담요청 취지를 파악한 비서관은 사전에 검토가 필요하니 자료를 보내달라고 했다. 자료를 보냈지만 말이 달라졌다. 비서관은 "감사원장이 보고서를 보시면 담당국장을 불러 확인할 텐데 국장이 보고하도록 하면 어떻겠느냐'고 했다. 계통을 밟자는 것이다. 나는 산업환경 국장께 보고서를 다시 보냈고 그 취지를 설명했다.

그러나 이것으로 나의 역할은 끝나고 말았다. 감사원장 비서관도, 담당국장도 일절 나서질 않았고 감사원 어느 누구도 전자감사시스템에 대해 관심을 보이지 않았다. 결국 전윤철 감사원장이 평소 그토록 주장했던 정부와 지방자치단체, 공공기관 감사업무의 획기적인 혁신 기회를 그들은 스스로 외면하고 말았다.

그럼에도 불과 며칠 사이 120여 기관단체에서 설명회를 개최했고, 일부 중앙 부처와 공공기관 등 48개 기관은 발 빠르게 전자감사시스템 도입을 검토하거나 착수했다. 기획예산처와 행정자치부 등 10개 중앙 부처와 한국전력공사 등 37개 공기업, 그리고 서울시 강남구청이 지방자치단체로는 처음으로 전자감사시스템 도입을 착수했다.

건국 이래 최초의 한국 쌀 수출 쾌거

전북 옥구 '철새도래지쌀' 쌀 수출 1호

6월 13일 9시. 상반기 청렴혁신교육과 함께 박석무 다산연구소장의 초청 특강이 있었다. 특강에 앞서 청렴혁신업무에 능동적으로 참여해 획기적인 성과를 창출했던 우수부서와 사원들에게 문화상품권으로 격려하면서 더욱 분발을 촉구했다.

오후 2시. '건국 이래 최초의 한국 쌀 수출' 기념식이 전라북도청 광장에서 열렸다. 전라북도 옥구의 '철새도래지쌀'을 미국에 최초로 수출하게 된 것이다. 군산 '제희RPC'가 생산한 쌀을 재미동포 수입 바이어 '해태글로벌'이 1차 물량 1,050톤(미화 273만 달러)을 항공화물로 미국 로스앤젤레스에 공수했고, 현지 시식회를 개최하는 등 본격적인 마케팅을 시작했다.

기념식에는 농림부 차관보, 전북지사, 군산시장, 대한주부클럽 회장을 비롯한 소비자단체, 농민단체와 전북도민들이 참석했다. 나는 한국산 쌀 수출을 이끌어낸 농수산물유통공사 사장을 대신해 참석했다. 쌀 수출을 성사시켰던 농수산물유통공사 홍주식 전북지사장이 전북지사에게 공로패를 받았다. 평소 우리 쌀 소비운동에 앞장섰던 대한주부클럽 김천주 회장이 "농수산물유통공사가 모처럼 할 일을 했다"고 나를 치켜세워 큰 박수도 받았다. 쌀 수출 과정에서는 재미있는 일이 많았다.

철밥통 공기업 그 모순과 관행의 실체

전라북도의 철새도래지쌀은 2007년 6월 5일 농림부로부터 쌀 수출 승인 1호를 획득했다. 이 소식이 알려지자 경기도는 일주일 후에 농림부로부터 경기미 수출 승인 2호를 받아내고 재빠른 행보에 나섰다. 쌀 수출 1호라는 역사적 상징성을 차지하고 싶었던 경기도는 전라북도보다 하루 먼저 부산항에서 쌀을 선적하는 기동성을 보였다. 이에 급보를 접한 전라북도는 항공화물로 공수작전을 폈고, 로스앤젤레스에 자신들의 쌀을 먼저 도착하게 하는 진풍경을 벌였다.

로스앤젤레스에 도착하자마자 교민초청 시식회를 통해 철새도래지쌀의 홍보활동이 시작되었고 결과는 대성공이었다. 교민들은 "고국 쌀밥을 먹을 줄은 상상도 못했다. 정말 꿈같은 일이다"라고 입을 모았다. 판매가격이 10킬로그램당 34.99달러로, 미국산 칼로스의 18.75달러보다 두 배나 비쌌지만 날개 돋치듯 팔려나갔다. 교민들은 "밥맛이 달고 향이 좋아 고국의 향수를 느낄 수 있어 너무 좋다. 가격은 비싸지만 그게 무슨 대수냐"라며 즐거워했다.

미국에 이어 러시아, 스위스, 대만, 홍콩으로 수출 확산

로스앤젤레스 시내의 20여 개 매장과 샌프란시스코, 댈러스, 시애틀 등 서부지역의 주요 도시에서 한국 쌀을 팔기 시작했는데, 동부지역의 뉴욕 교민들도 가만히 있지 않았다. 뉴욕에서의 발주가 쇄도해 긴급수송을 위한 특단의 대책을 세워야만 했다. 결국 뉴욕, 워싱턴 등 동부지역의 주요 도시에서도 한국 쌀은 교민들의 사랑을 받게 되었다. 우리는 한국 쌀의 질을 높이고 신선도를 높이기 위해 선적 직전에 도정하고, 냉장 컨테이너로 운송하도록 방침을 정했다.

고국의 쌀밥을 맛본 교민들은 더욱 욕심을 냈다. 기왕이면 자신들이 태어난 고향의 쌀밥을 먹고 싶다는 것이다. 이를 계기로 지방자치단체의 쌀 수출경쟁은 불이 붙었다. 결국 6~7월 사이에 전북 '철새도래지쌀', 경기 '슈퍼오닝쌀', 경남 '산청메뚜기쌀'과 '하동포구쌀', 경북 '의성황토쌀', 전남 '섬드리쌀', 강원 '철원오대쌀', 충남 '미감쾌청'의 브랜드가 미국 전역에 수출되었다.

미국에서 한국 쌀이 판매된다는 소식을 접한 모스크바의 교민들도 쌀을 보내달라고 요청했다. 글로벌 시대를 체감할 수 있었다. 이로써 불과 두 달 사이에 러시아를 비롯한 스위스, 뉴질랜드, 말레이시아, 타이완, 홍콩에 쌀을 수출하게 되었다. 심지어 미질이 좋기로 유명한 일본에도 현미와 보리 혼합곡을 수출했다. 꿈에도 생각하지 못했던 놀라운 일이 순식간에 벌어진 것이다.

대한민국 역사상 최초로 한국 쌀이 미국 본토에 상륙하게 된 이면에는 숨겨진 의미가 있다. 한국 쌀 수출이 이루어진 것은 미국사람들이 우리 쌀을 좋아해서도, 교민들의 요구가 있어서도 아니다. 미국 본토에 쌀을 팔아야 한다는 강한 집념과 의지가 만들어낸 결실이었다.

틀을 깨는 '발상의 전환'이 낳은 쌀 수출 성공
나는 2005년 11월 미국 캘리포니아 새크라멘토를 방문해 카길, ADM 등

철밥통 공기업 그 모순과 관행의 실체

세계 5대 곡물회사의 쌀 가공시설을 살펴봤다. 도정과정과 현미착색 선별기, 포장방법 등 모든 공정이 자동화시설로 진행되고 있었다. 나는 포장재까지 일일이 수집해 서울로 가져와 담당부서에 제공했다.

새크라멘토 여행에서 만난 홍주식 로스앤젤레스지사장(2007년 전북지사장)은 평생 잊을 수 없는 동지다. 로스앤젤레스를 출발해 5번 국도를 타고 2박 3일간 다녀온 거리는 무려 2,100킬로미터로, 부산과 신의주를 왕복하는 강행군이었다. 우리는 하루 종일 자동차를 타면서 서로 덕담을 나누며 지루함을 달랬다. 첫날 새벽 5시, 아침도 거른 채 새크라멘토를 출발해 로스앤젤레스로 향했다. 산타바바라를 지날 무렵 점심때가 되었다. 배가 무척 고팠다. "점심이나 먹고 가자"는 나의 말에 홍 지사장은 조금만 참자고 했다. 곧 한국인이 경영하는 난(蘭) 농장이 나오니 거기서 얻어먹자고 했다.

약 한 시간쯤 더 달려 고속도로변에 위치한 로스알모스라는 작은 마을에 도착했다. 그곳에는 충청남도 출신인 이홍복 씨 형제가 운영하는 동양란 농장이 있었다. 2004년 2월에 시작한 이 농장은 약 6만 평의 대지에 1차로 조성한 온실면적만 2만 평이었다. 농장에는 심비디움 150만 분이 재배되고 있었는데 종업원은 모두 멕시칸이었다.

이홍복 사장은 농장 입구에 있는 컨테이너하우스로 우리를 안내했다. 임시거처인 컨테이너에서 두 형제가 의식주를 해결하고 있었다. 된장 상추쌈은 정말 꿀맛이었다. 나는 쌈밥을 맛있게 먹으면서 "이 밥이 한국 쌀밥이었으면 얼마나 좋을까" 하고 중얼거렸다. 한국의 동양란은 미국에서 재배되어 팔리고 있는데 왜 한국 쌀 수출은 불가능할까? 스스로 반문했다. 그 순간 '바로 이거다'라는 생각이 번뜩 들었다.

농장을 출발해 고속도로를 달리면서 홍 지사장에게 "한국 쌀을 미국에 수출할 수 있을까" 하고 물었다. 그는 씩 웃으면서 "가격경쟁력이 없는데 가능하겠느냐"고 반문했다. 옳은 말이었다. 나는 농장에서 떠올린 생각을 털어놓았다.

"홍 지사장, 우리 이거 한번 조사해보면 어떨까?"

"뭘 말입니까?"

"로스앤젤레스 교민들에게 모니터를 하는 거야. 설날과 추석날 차례 상을 차리는지, 또 부모님 제사를 모시는지 말이야."

"그야 교민들도 제사 다 지냅니다. 그런데 그건 왜요."

"교민들이 지금까지 미국 쌀밥을 올렸다면, 이제부턴 한국 쌀밥으로 조상님께 올리는 거야."

"하하하, 그거야 두말하면 잔소리지요. 한국 쌀이 있다면 당연히 한국 쌀로 밥을 하겠지요."

"홍 지사장, 바로 그거야 그거. 교민들에게 고국에 대한 향수를 자극시키는 거야."

우리는 신바람이 났다. 가족 생일을 '한국 쌀밥 먹는 날'로 캠페인을 벌이자, 한국 쌀밥만을 제공하는 한국식당을 특성화하자 등등 한국 쌀밥을 먹으면 고국에 대한 향수도 더 강해질 것이라는 이야기로 시간가는 줄 몰랐다.

그러던 중 홍 지사장이 2006년 2월 본사에 복귀해 전북지사장으로 부임했다. 나는 그가 전북지사장에 부임된 것이 반갑고 다행스러웠다. 그는 이미 로스앤젤레스 교민시장을 조사해 가능성이 충분하다는 결론을 내렸고, 교민 출신 바이어인 해태글로벌 워랜 정 사장과 상담까지 마쳤다. 2006년 8월, 해태글로벌은 한국 쌀 수입에 필요한 무역실무 작업을 시작했고 11월에 있을 첫 선적 계획까지 구체적인 준비를 끝냈다.

그러나 예상치 못했던 복병이 기다리고 있었다. 2006년 10월, 한미 FTA 협상이 서서히 수면 위로 올라왔다. 11월에 첫 선적을 하려던 우리의 계획이 뒤로 미뤄지는 순간이었다. 우리가 미국에 쌀을 수출한다면 우리나라는 협상에서 결코 유리할 게 없다. 미국이 한국 쌀 수입을 빌미로 농업 분야를 더 개방하라고 요구한다면 득보다는 손실이 더 클 것이 뻔했다.

2007년 1월, 본격적으로 시작된 한미 FTA협상은 엄청난 파장을 몰고 왔다. 찬반양론의 국민 정서도 만만치 않았다. 결국 우여곡절 끝에 4월 말 한미 FTA협상이 타결되었다. 기다렸다는 듯이 홍 지사장은 즉시 수출 업무에 착수했다. 전라북도 강승구 농림수산국장과 긴밀하게 협의해 철새도래지쌀을 수출 브랜드로 선정하고 농림부에 수출승인을 요청했다. 로스앤젤레스의 해태글로벌도 시식회를 비롯한 판촉이벤트를 차질 없이 준비했다. 이런 과정을 거쳐 6월 28일 철새도래지쌀이 미국 본토에 처음으로 상륙한 것이다.

쌀 수출은 가슴을 졸이며 추진했던 일이었으나 끝내 역사적인 성과를 일궈냈다. 전자감사시스템 특허에 이은 쌀 수출은 내 일생에 가장 큰 보람이었다. 그까짓 쌀 수출이 뭐 그리 대단하냐고 생각할 수도 있다. 그러나 쌀 수출은 우리 농업의 무한한 가능성과 실의에 빠져 있는 농민에게 꿈과 희망을 주고 자긍심과 자신감을 심어주는 계기가 될 것이다.

지방자치단체가 경쟁하듯 쌀 수출에 나선 것은 결과적으로 쌀의 질과 도정 기술을 한 단계 높이는 계기가 되었고, 볍씨 파종에서부터 가공에 이르기까지 체계적인 생산매뉴얼을 정립하기에 이르렀다. 정부도 경쟁력이 강한 수출용 브랜드를 선정, 집중 육성하는 방향으로 가닥을 잡았다. 한국시장을 공략하는 미국산 칼로스 생산지를 우리가 역수출로 공략한 사실은 한국 농업사에 영원히 기록될 것이다.

흔히 전혀 불가능할 것 같은 일들이 실현가능한 결과로 나타났을 때 '기적 같은 일'이라고 말한다. 지나친 부정이나 편견을 버려야 기적이 일어난다. 하찮은 일도 뜨거운 열정과 열린 자세로 생각하면 길이 열린다. 쌀 수출은 부정적 사고를 긍정적 사고로 바꾸는 것과 틀을 깨는 발상의 전환이 얼마나 중요한지 새삼 절실하게 일깨워준 사건이었다.

부실하기 그지없는 출장보고서

감사원, 우체국 내용증명 민원도 무소식

감사원 공직자들의 태도는 정말 문제다. 감사원의 높은 문턱, 일부 감사관들의 고압적 자세와 교만한 태도 그리고 권위주의는 지금도 변함이 없다. 대한민국 감사원도 개혁 대상에서 예외일 수 없다. 개혁 대상의 영순위가 어느 기관이냐고 묻는다면 나는 서슴없이 감사원이라고 말할 것이다.

내가 감사매뉴얼을 정리해 책을 발간했을 때, 전자감사시스템을 특허 등록했을 때, 이때마다 지난 2월 투서 사건으로 나를 조사했던 특별조사본부의 홍 사무관은 내 직속부하인 감사실장에게 전화를 걸어 "허허, 감사님이 또 한 건 했네요"라고 비아냥거렸다. 이렇듯 건방지기 짝이 없는 일개 사무관의 언행은 오늘날 감사원의 실상을 여실히 보여주고 있는 것이 아닌가.

나는 농업 관련 기관단체와 고객들에게 비리에 연루된 부패한 감사로 오해받고 있다. 심지어 정기국회 국정감사를 앞두고 한나라당 의원들은 "강동원 감사의 비리 관련 감사원 특감결과"를 제출하라고 요구하기도 했다. 이에 나를 대신해 감사부장이 국회의 의원회관을 방문해 사전 설명하는 곤혹을 치루기도 했다. 이것은 분명 무고에 의한 중대한 명예훼손이자 회복할 수 없는 인권침해였다.

나는 감사원 특별조사본부에 조사결과를 정식으로 요청했다. 그러나 감사원은 모르쇠로 일관했고 아예 무시하는 태도를 보였다. 참다못한 나는 서초우체국에서 내용증명으로 민원서류를 접수시켰다. 그래도 소용없었다. 담당자가 장기출장이라는 등 이 핑계 저 핑계를 대면서 회신을 거부했다. 이러한 감사원의 불편부당한 반칙은 국민에 대한 도전이자, 기만이며, 횡포가 아니고 무엇인가.

감사원이 내게 조사결과를 통보하면 이를 근거로 국가인권위원회에 무고에 의한 인권침해에 대해 구제신청을 하고, 명예훼손죄와 무고죄로 얼굴 없는 투서자를 형사고발할 생각이었다. 투서자에게 허위에 의한 무고죄와 명예훼손죄가 얼마나 큰 죄질인지 확실하게 알려주고 싶었다. 그래야만 중상모략과 허위유포가 근절된다고 믿었다.

감사원은 중상모략한 자를 내부고발자라는 이유로 보호한다. 열심히 직무를 수행하다가 영문도 모른 채 죄인으로 몰려 고통을 겪은 나의 입장은 아랑곳하지 않는다. 이것은 악마가 천사를 농락하는 것과 다름없다. 이처럼 참담하게 유린당한 피해자의 인권과 명예는 누가 회복시켜줄 것인가.

내부고발의 활성화를 위해 고발자의 신분과 비밀을 보장하는 법도 필요하지만, 내부고발 내용이 허위로 밝혀지면 명예훼손, 무고, 공무집행 방해죄로 처벌받도록 법을 개정해야 한다. 이것은 지극히 기본적인 법치주의이자 민주질서 아니겠는가. 감사원은 각성해야 한다.

감사의 질 높은 보고서, 정말 놀라워

해외출장 실태에 대한 감사원의 특별감사가 한창 진행 중이다. 지난 5월에 있었던 공기업 감사들의 남미연수 사건이 계기였다. 우리 공사는 감사원 행정안보국 소속 감사관 3명이 6월 25일부터 7월 19일까지 무려 25일간 특별감사를 한다.

첫날부터 나의 해외출장에 대한 집중 조사가 시작되었다. 감사관은 뭔가를 잡아내기 위해 잔뜩 벼르며 고압적인 태도로 직원들을 긴장시켰지만 닷새 만에 일은 쉽게 그리고 싱겁게 끝났다. 그들은 내가 해외출장 때마다 어김없이 제출했던 출장보고서를 집중 검토했다. 출장보고서를 거의 정독하하더니 "이것 말고 없느냐. 정말 해외연수를 가지 않았느냐"고 되물었다. 78쪽짜리 미국 출장보고서를 분석한 그들은 "더 이상 볼 것이 없다"며 결론을 내렸다.

감사관도 긴장한 모습이 역력했다. 그들은 나를 만만하게 보지 못했다. 내가 '고약한 감사'로 소문나 있는 터라 부담감이 상당했을 것이다. 해외출장 검증을 끝낸 감사관은 "감사 강동원의 해외출장은 더 볼 것이 없다. 감사 방향을 바꾸겠다"라고 감사원에 중간보고했다. 나에 대한 조사가 끝난 후에야 감사관의 표정이 부드러워졌다고 배석했던 감사실 최주환 차장이 전했다. 또한 출장보고서를 보고 감사반장은 최 차장에게 이렇게 평가했다.

"이 보고서를 정말 감사님이 직접 작성했습니까? 이렇게 질 높은 보고서를 감사가 직접 작성하고 공개했다니 참 놀랍습니다. 대한민국 감사들이 모두 다 이런 출장을 했다면 무슨 문제가 있겠습니까. 오히려 출장을 권장해야겠구먼!"

"예, 저희 직원들도 감사님 수행을 기피할 정도입니다. 새벽부터 늦은 밤까지 강행군을 하는데 쉴 틈이 없습니다. 특히 외국 농촌지역의 생산, 가공 현장과 물류시장을 돌아보면서 자료수집, 사진채증, 현장기록을 어쩌나 꼼꼼히 챙기는지 젊은 직원들이 녹초가 되기 일쑤입니다."

감사관들은 나의 해외출장을 타깃으로 삼았지만 아무런 소득 없이 일주일을 넘겼고 끝내 방향을 바꿔 다른 임직원들의 해외출장을 조사했다. 재원별·예산별 해외출장과 외부위탁교육 과정에서의 해외출장, 그리고 직원별 해외출장을 집중 감사했다. 이 과정에서 나도 몰랐던 새로운 사실이 밝혀졌다. 임기 한 달을 남긴 정진권 수출이사의 해외출장은 분명한 외유성이었고, 해외식품박람회에 행사진행과 무관한 인사부서와 회계직원들이 출장을 간 것도 대단히 잘못된 일이었다.

직원 한 사람이 연 28회, 252일간 해외출장

2006년의 경우 연 출장인원이 443명, 출장일수가 2,840일이나 되었다. 특히 국영무역을 담당하는 품질관리부 직원들은 외국 선적항을 중심으로 현지 품질관리를 위한 출장이 빈번했는데, 2005년부터 2007년 6월까지 10회 이상 출장자는 17명, 100일 이상 출장자가 10명으로 나타났다.

2년 6개월 동안 28회, 252일간 해외출장을 다녀온 직원도 있었다. 월평균 1회씩 해외출장을 갔었다는 말인데 도대체 그 직원의 가정생활은 어떠했는지 궁금했다. 바로 이런 문제들이 일상적으로 벌어지고 있었는데도 감사인 나는 전혀 모르고 있었다. 해외출장에 대한 자체통제장치도 없었고 감사실 일상감사 대상에도 제외되어 나를 당혹스럽게 했다.

　이들의 출장 지역은 주로 중국, 인도, 파키스탄, 수단, 인도에 집중되어 있었고, 입사 3년 차 이상 직원 중 해외출장을 한 번도 가지 않은 직원은 운전직과 계약직원 20여 명에 불과했다. 해외출장 대상자 선발과정도 문제였지만 직무와 무관한 해외출장도 상당수 있었다. 연평균 출장비만 해도 4억 8천만 원으로 집계되었다.

　물론 직원들의 출장 빈도가 과다했던 데는 이유는 있었다. 담당자가 출장을 가야만 해결되는 시스템이 문제였다. 특히 공무출장이라 해도 해외지사가 있는 지역의 출장은 문제가 있었다. 그러니 예를 들면 콩 수입국인 미국에는 뉴욕지사에, 마늘과 고추 수입국인 중국은 칭다오나 베이징지사에 품질관리 직원을 고정 배치해 품질과 품위검사를 수행하면 본사 직원의 출장이 불필요하다. 나는 전문성이 있는 품질관리부 직원을 해외지사에 고정 배치하는 방안과, 장기근속자나 퇴직예정자들의 가족 동반 관광성 외유를 관례화한 것을 시정하도록 집행부에 요구했다.

전임자 출장보고서를 그대로 베끼고 놀기에 바빠

　출장자들이 제출한 출장보고서는 더욱 충격적이다. 보고서가 얼마나 부실한지 내가 직접 체험한 일을 생각해보면 잘 알 수 있었다.

　2005년 11월, 미국 콩의 수입 과정을 현장감사하기 위해 시카고 출장을 준비하던 나는 이곳을 다녀왔던 본부장급 간부의 출장보고서를 읽다가 놀라운 사실을 발견했다.

주정부가 시카고에 있는 일리노이 주는 콩과 옥수수의 집단 생산지다. 이곳 농민들은 생산한 콩은 미시시피 강의 리버엘리베이터(river-elevator)를 이용, 바지선에 싣고 뉴올리언스항까지 운송한다. 보고서에는 이 과정에 대해 농가에서 리버엘리베이터까지 콩을 철도로 운송한다고 기록되어 있었다. 나는 이 대목이 의심스러웠다. 강의 형태는 유속이나 흐름의 특성상 직선이 아닌 지그재그였을 것이 뻔하고, 강변은 지반이 약해 철도시설을 들이기 불가능할 거라는 생각이 들었다.

아니나 다를까 내가 미시시피 강 상류지역인 데카터의 리버엘리베이터에서 현장시스템을 점검한 결과 철도시설은 없었다. 일행이었던 김진석 차장에게 '철도운송' 운운했던 출장보고서를 보여줬더니 그도 혀를 내두르면서 허위보고서를 개탄했다. 더욱 놀라운 사실은 그 간부도 전임자들의 출장보고서를 그대로 보고 베꼈다는 사실이다.

해외출장의 경우 현지 활동을 확인하는 사람도 없고, 제출된 출장보고서를 검토하는 시스템이 없으니 허위보고서를 작성, 제출해도 무사통과다. 그러니 현장에서 마음 놓고 즐기는 데 열중했을 것이다. 이것은 모든 공기업에서 벌어지고 있는 실제 상황이다. 이렇듯 허위보고서는 필연적으로 너무 쉽게 작성된다. 나는 정년대기자였던 그 간부에게 허위출장보고서를 작성한 경위서를 제출 받아 엄중 경고조치했다.

'엘리베이터(elevator)'는 농장에서 생산된 곡물을 중간집하장에 수집해 수출항에 운송 후 수출선박에 선적하는 운송시스템을 말하며, 이 중 한 부분만 연결되지 않아도 제 구실을 하지 못한다. 강 유역에서 바지선에 싣는 시스템을 리버엘리베이터라 하며, 미시시피강 유역의 리버엘리베이터는

철밥통 공기업 그 모순과 관행의 실체

미국계 카길과 ADM, 남미의 붕게, 스위스의 앙드레, 프랑스의 드레프스 등 세계 5대 곡물회사가 80% 이상을 차지하고 있고 일본기업도 17%를 점유하고 있다. 이들은 세계 곡물거래량의 80%, 미국 내 곡물거래량의 85%를 차지하고 있다.

미시시피 강 리버엘리베이터에서 바지선에 선적한 콩은 26일 동안 강을 타고 뉴올리언스항에 도착한다. 바지선의 콩은 육지의 엘리베이터로 이동된 후 다시 벌크 방식으로 선적된다. 뉴올리언스항을 출발한 벌크 화물선은 파나마 운하와 태평양 1만 1,000킬로미터를 건너 약 40일 후에 인천항에 도착한다. 도착한 콩은 검역과 통관을 거치고 농수산물유통공사가 정선한 후 두부생산업체에 공급한다. 미국에서 생산된 콩이 두부가 되어 우리 식탁에 오르기까지는 이처럼 여러 과정과 오랜 시일이 걸린다.

연해주를 돌아보며

강원도 수해복구 봉사활동과 강냉이 아주머니

감사원 감사는 휴가철로 접어들면서 끝이 났다. 때마침 강원도를 중심으로 집중호우가 쏟아져 영월의 동강이 범람하는 등 긴급재난상태가 발생했다. 이처럼 재난이 발생하면 온 국민들은 자원봉사를 자청해 이재민을 돕거나 수해복구 작업을 나선다. 공직자들은 앞장서서 휴가를 반납하고 비지땀을 흘린다. 우리 공사도 예외는 아니다. 수해복구 자원봉사대를 구성하고 온 임직원이 찾아가 구슬땀을 흘린다. 단체활동을 하다 보면 뜻밖의 일이 활력소가 되기도 한다. 연약해 보이는 이십 대 여직원은 힘깨나 쓴다던 남자 직원들보다도 더 열심히 일해 칭송이 자자했다. 슬슬 요령이나 피우면서 농땡이 치던 남자 직원들을 머쓱하게 만든 이 일은 두고두고 화젯거리였다.

7월 30일, 나는 가족과 함께 강원도에 달려갔다. 특별한 연고지가 없으므로 피해가 극심했던 영월로 무작정 향했다. 재해 농가를 찾아 일손을 거들 생각이었지만 한편으로는 민폐를 끼칠까 두려웠다. 걸음을 멈춘 곳은 영월군 주천면 도원마을이었다. 인근 마을 앞 강물은 넘치듯 탁류가 범람하고 있었고, 흙탕물이 할퀴고 간 밭뙈기에서는 땡볕에도 아랑곳하지 않고 주민들이 강냉이를 수확하고 있었다.

강냉이 수확시기에 폭우가 쏟아졌으니 제때 수확하지 못한 농민들의 속은 타들어갈 것이 뻔했다. 우리 가족은 옥수수를 따고 날라주는 일을 도왔다. 이틀간의 봉사활동을 끝내고 돌아오려니 미안했다. 잔뜩 쌓여 있는 옥수수를 바라보니 언제 팔릴까 걱정스러운 마음이 들었다. 괜찮다며 잘 가라고 등을 떠미는 아주머니의 주름진 얼굴이 유난히 허전해 보였다. 생각다 못해 택배를 불러 강냉이 스무 포대를 본사 감사실로 보냈다. 감사실 직원들에게 나누어 줄 생각이었다. 고마워하며 해맑게 웃던 아주머니의 얼굴이 뜨거운 여름 햇빛만큼이나 강렬하게 느껴졌다. 이래저래 귀경길은 한결 가벼웠다.

하계휴가로 텅텅 비어버린 사무실은 한가롭다 못해 적막감이 깃들어 있었다. 지치지도 않은지 목이 찢어져라 맴맴 울어대는 양재천의 매미 울음소리는 무더운 복더위를 실감하게 했다. 복도에서 마주친 직원들의 싱거운 인사가 고맙다. 승강기를 기다리던 직원들은 먼저 타고 있던 나를 발견하고 마치 약속이나 하듯 뒷걸음질을 했다. "어서 타라" 하며 문을 잡아도 선뜻 오르지 않았다. 이럴 때마다 무안한 것은 바로 나다.

감사와 직원들의 관계가 바로 이런 것일까. 그들에게 나의 존재는 무엇일까. 그들과 나 사이에는 넘을 수 없는 높은 장벽, 거둬낼 수 없는 두터운 장막이 분명히 있다. 아무리 가까이 가려 해도 그들은 거리를 좁혀주지 않는다. 감사는 두려움과 경계의 대상이자 무관심의 대상인가. 그들의 입장에서 생각하면 이해할 수 있다. 임기 2~3년인 감사는 잠시 머물렀다가 때가 되면 떠나는 사람이다. 지난 40년간 연임된 감사는 없었다. 그래서 물과 기름과 같은 역학구도가 형성된 것일까.

그러나 사장은 다르다. 임금협상 파트너로써 적당히 잘만 하면 '누이 좋고 매부 좋은' 관계로 발전한다. 이제 윤 사장도 10월이면 임기가 끝난다. 노동조합은 사장 퇴임 전에 임금협상을 하자고 압박했다. 그러나 사장은 모든 안테나와 주파수를 권력층에 맞춰놓고 극비에 연임운동에 돌입했다. 이것은 힘겨운 샅바싸움이 벌어지는 씨름판이 아니라 동상이몽을 통해 밥상의 생선을 누가 먼저 먹느냐 하는 투전판과 흡사하다. 올 여름은 이래저래 볼거리가 많아 더위를 잊게 한다.

연해주는 우리에게 마지막 희망의 땅

9월 12일부터 5일간 정기휴가를 내고 사비로 러시아 연해주를 방문했다. 머리도 식힐 겸 연해주의 식량생산기지, 특히 연해주에 진출한 한국기업의 농장을 방문해 그 실태를 확인하고 해외농업의 가능성을 알아보고 싶었다.

나는 1990년부터 미국 일리노이의 콩과 옥수수 생산단지, 캘리포니아 새크라멘토의 쌀 생산단지, 캐나다와 중국 칭다오의 마늘생산단지, 둥베이삼성의 광활한 농촌을 체험하며 대규모 식량생산기지를 살펴왔다. 자국의 농토가 엄청나게 넓은 강대국들이 앞다투어 미개발국가의 농지를 경쟁적으로 확보하는 것은 새삼스러운 일이 아니다.

그러나 국토 대부분이 산지이며 농토가 부족해 식량의 80% 이상을 수입에 의존하는 우리나라는 이러한 선진강대국과 정반대다. 그야말로 풍전등화와 같다. 농림부는 해외농업개발에 관심조차 없고 '우리 농촌도 어려운데 무슨 해외농업개발이냐. 해외농업개발로 성공한 사례가 있느냐'며 이를 철저하게 외면하고 있다. 통일한국 이후의 남북한 식량문제는 아예 생각하

철밥통 공기업 그 모순과 관행의 실체

지도 않는다. 참으로 안타까운 일이다.

1980년의 한국 농촌인구는 1,200만 명이었는데 지금의 인구는 230만 명에 불과하며 그중 70%가 65세 이상 고령층이다. 농업노동력은 상실된 지 오래다. 2000년 6·15 남북공동선언 이후 2007년까지 연평균 50만 톤의 쌀을 북한에 지원하고 있는 남한의 식량사정도 어렵기는 마찬가지다. 남한의 재고미가 없어 태국이나 중국에서 쌀을 수입해 북한에 지원했다는 사실을 아는 국민이 얼마나 될까.

우리는 한국 농업의 현실을 냉정하게 바라보아야 한다. 콩, 밀, 옥수수 등 식량을 안정적으로 확보할 수 있도록 해외농업을 개발하고 최적의 해외식량기지를 확보해야 한다. 그 대상지역은 우리나라와 가까운 러시아 연해주·베트남·캄보디아·말레이시아·인도네시아 등 아시아와 아르헨티나·브라질 등 남아메리카, 카자흐스탄·우크라이나·몽골 등 중앙아시아다.

통일 이후 남북한의 식량문제를 해결할 수 있는 해외식량기지의 최적지는 연해주다. 특히 러시아 횡단철도가 한반도까지 개통되면 하루 만에 연해주에서 한국 전역으로 물류이동이 가능하다. 미국산 곡물이 한국에 도착하는 데 3~4개월이 걸리는 것과 비교하면 연해주가 왜 중요한지 금세 알 수 있다. 이러한 현실은 나의 발길을 연해주로 향하게 했다. 연해주는 내게 새로운 도전의 땅이기도 했다.

서울에서 비행기로 2시간 거리에 위치한 연해주는 역사적으로 우리 민족과 인연이 깊은 땅이다. 중원을 호령했던 고구려와 발해의 영토이자, 1938년 구소련 시절 스탈린이 이곳에 거주하던 우리 민족 70만 명을 중앙아시아로 강제 이주시켜 민족의 한이 서려 있는 땅이다.

안중근, 이상설, 강우규 의사의 항일운동 본거지

연해주는 독립운동을 주도했던 순국열사들의 영혼이 깃들어 있다. 민족의 영웅 안중근 의사는 1909년 연해주 블라디보스토크에서 동의회(同義會)를 조직하고 한인촌에서 의병부대를 창설했으며, 두만강 부근 크라스키노에서 손가락을 절단하고 단지회(斷指會)라는 비밀결사조직을 결성했다. 안중근 의사는 그해 10월 하얼빈 역에서 이토히로부미를 척살했다. 블라디보스토크 아스트라코바 거리에 있는 의과대학교에 안중근 의사 기념비가 세워져 있다.

고종의 특사로 네덜란드 헤이그에 열린 만국평화회의에 파견되었던 이상설 선생은 연해주로 망명해 권업회(勸業會)를 조직해 항일독립운동을 전개했고, 1914년 이동휘 · 이동녕 · 정재관 선생과 함께 을사늑약 후 최초의 망명정부인 대한광복군정부를 세웠다. 국민의 정부가 들어선 이후 연해주 우수리스크 수위폰 강가에 이상설 선생의 유허비가 세워졌다. 또한 1919년 9월 경성의 남대문역(현 서울역)에서 사이토 조선총독에게 수류탄을 투척해 34명을 사상시켰던 강우규 의사는 블라디보스토크 신한촌(新韓村)에서 노인단(老人團)을 결성하고 독립운동을 했다.

연해주는 전체 면적이 약 16만 6천 제곱킬로미터로 남북한 면적보다 약간 작다. 북쪽으로 하바롭스크, 서쪽으로 중국 흑룡강성과 연변 조선족자치주, 남쪽으로 북한의 두만강과 접해 있다. 연해주의 농업생산량은 러시아의 38%를 차지하고 있다. 고르바초프 정권 이전에는 점유율이 25.5%였으나 다른 지역의 농업붕괴로 인해 증가 추세에 있다.

나는 3박 4일간 연해주 내 한국 기업의 농장을 방문했다. 러시아 극동함대 사령부가 소유했던 나제진스키의 자파드니 농장과 미하일로프카의 베

철밥통 공기업 그 모순과 관행의 실체

스찬노예 농장, 우스리스크 노보니콜스크의 꼼무나르 농장, 그리고 한국의 대순진리회가 운영하는 호롤 농장과 항카 호수를 다녔다.

연해주의 가을은 한국의 가을과 흡사했다. 노랗게 핀 들국화를 비롯해 야생화는 크기나 색깔이 한국의 들꽃과 똑같았다. 사방에 펼쳐진 기름진 농토에서 알알이 여물어가고 있는 들녘은 영락없는 한국의 농촌 풍경이었다.

하루 동안 50헥타르를 갈아엎을 수 있는 450마력 트랙터

연해주의 농장 규모와 농기계를 보면 입이 쩍 벌어졌다. 농지 한 구역이 크게는 300헥타르(90만 평)에서 작게는 50헥타르(15만 평), 농장 하나의 규모가 3000~5000헥타르에 달했다. 조방농업의 위력을 실감할 수 있었다. 끝없이 펼쳐진 광활한 농지는 대형 트랙터와 콤바인이 아니면 영농이 불가능했다. 하루 동안 밭뙈기를 50헥타르까지 갈아엎을 수 있는 450마력 뉴-홀란드 트랙터의 위용은 대단했다.

연해주의 농업은 한국과 비교할 때 단위생산량이 부족하고 영농기술이 뒤떨어진다. 그러나 러시아 연방정부나 자치단체로부터 49년간 토지 장기 임대를 할 수 있어 우리나라에게는 마지막 희망의 땅이자 기회의 땅이라 할 수 있다.

블라디보스토크의 대형 매장을 살펴봤다. 연해주의 농산물시장은 세계 각국의 각축장이 된 지 이미 오래다. 러시아인들의 먹을거리는 98%가 수입품이다. 미국 캘리포니아의 포도와 오렌지, 호주의 분말우유, 미국과 중국의 과일 및 냉동통닭, 벨기에의 소시지, 뉴질랜드의 키위, 일본의 쌀과 과일, 한국의 김치와 라면, 중국의 쌀과 채소가 즐비하게 진열되어 있었다. 불과 몇 년 전만 해도 식빵을 제외한 과일즙, 오렌지음료, 콜라, 라면, 과자 등의 55% 이상을 한국산이 점유하고 있었지만 이제는 옛말이 되어버렸다.

나는 서울로 돌아오자마자 꼼꼼히 기록했던 자료를 정리하고 '연해주 식량기지 사업의 타당성' 검토를 끝냈다. 감사실 전체회의를 소집해 내가 보고 듣고 느낀 내용을 사진과 함께 설명했다. 공사 간부들에게도 해외농업개발의 당위성과 기회의 땅 연해주를 설명했다. 또한 농업 관련 기관의 간부로서 미래를 내다보는 진취적인 사고와 능동적인 태도를 지녀야 하며, 소양을 길러야 한다고 역설했다.

나는 청와대 정책기획비서관실에 자료를 보내 해외농업개발정책에 대한 검토요청을 했고, 남북정상회담을 준비 중인 노무현 대통령께도 보고했다. 검토를 지시한 대통령께 박홍수 농림부 장관과 윤장배 농업비서관은 "우리 농촌과 농민도 어려운데 해외농업개발은 어렵다"며 강력 반대했다는 소식이 들렸다. 뜻밖에도 이 무렵 농림부 장관이 전격 교체되었다. 대통령 임기가 불과 3개월밖에 남지 않은 시기에 아주 특이한 상황이 발생한 것이다. 사실 여부를 확인할 수 없지만 문책성 인사였다는 말도 들렸다.

철밥통 공기업 그 모순과 관행의 실체

제 식구 챙기기

인사수석, 사장은 안 된다 감사 연임하라

10월 1일 9시 40분, 월례회의를 막 마치고 나오는데 청와대 인사비서관에게서 전화가 걸려왔다. 그는 조심스럽게 감사 연임을 할 의사가 있는지 물었다. 참여정부 공기업 감사로서 자타가 인정하는 1등 감사이니 연임하면 좋겠다고 권유했다. 나는 감사 연임에 관심이 없다고 했다. 전화는 권유와 거절을 반복하다가 끊겼다.

그런데 전화를 끊자마자 이번에는 박남춘 인사수석에게서 전화가 걸려왔다. 그 역시 명분도 있고 타당하니 연임하라고 했다. 나는 거절했다. 그가 "사장 공모에 응모하지 않은 조건"으로 감사 연임을 말했기 때문이다. 이미 농림부 현직 고위공직자인 청와대 윤장배 농업비서관이 우리 공사 사장으로 내정되었다는 설이 농림부를 중심을 파다했다. 그런데 그가 말한 조건에 의해 그 사전 내정설이 사실로 확인된 셈이었다. 나는 매우 고압적인 인사수석의 언동이 불쾌했다. 그의 언사는 내 자존심을 건드리고 말았다.

"여보시오. 내가 그깟 감사 한 번 더하려고 피 터지게 일한 줄 아시오? 사장추천위원회의에서 심사하면 될 일을 당신이 무슨 권한으로 이래라 저래라 합니까? 지금 농림부에서는 윤장배 농업비서관을 사장으로 내정했다는 소문이 무성한데 그게 당신의 뜻입니까, 어른 뜻입니까?"

사실 지난여름부터 사장 후보로 하마평에 오르내리던 인사들이 많았다.
농림부 차관과 농촌진흥청장이 하마평에 올랐다. 설왕설래 끝에 9월 중순
경 농림부가 사전 교통정리를 했고, 이때 윤장배 농업비서관을 사장으로
낙점했다는 소문이 나돌기 시작했다.

나는 사전 내정설이 믿기지 않았다. 이미 대통령께 내 거취를 밝힌 바 있
어 대통령께서도 충분히 나의 처지와 입장을 이해하고 계셨다. 더구나 인
사위원회의 심사를 거쳐 복수로 추천된 후보를 두고, 최종적으로 대통령이
낙점하기 때문에 사전 내정은 있을 수 없는 일이다. 그렇다면 누가 왜 특정
인의 내정 사실을 흘렸을까?

이것은 농림부가 제 식구를 챙기려는 조직적인 대응이었다. 농림부는 대
통령과 특별한 인연이 있던 나를 가장 경계하고 있었다. 또한 감사혁신포
럼에서도 나의 하마평이 무성했고 우리 직원들의 열망도 있었으니 농림부
에서 경계하는 것은 어찌 보면 당연했다.

나도 내 처지를 잘 안다. 사장 도전이 쉽지 않다는 생각, 실패했을 때의
좌절감, 한나라당이 정권을 잡으면 파리 목숨이나 다름없다는 것을 잘 안
다. 그러나 평소 나를 '강 선배'라 부르며 살갑게 대하던 인사수석이 돌연 아
랫사람에게 명령하듯 강압적인 태도를 보인 것이 내 심기를 매우 불편하게
했다.

철밥통 공기업 그 모순과 관행의 실체

노무현 대통령과의 특별한 인연

나는 노무현 대통령과 특별한 인연이 있다. 첫 번째 인연은 1994년 2월 18일로 거슬러 올라간다. 그날 노무현 민주당 최고위원과 열한 명의 광역의원들은 강남의 반도아카데미에서 오후 7시부터 새벽 2시까지 밤샘토론을 했다. 《시사저널》에서 주최한 토론회였다. 당시 나는 노무현 최고위원이 운영했던 지방자치실무연구소가 서울리서치의 도움을 받아 뽑은 전국 1등 광역의원에 선정되었었다.

이날 노무현 최고위원은 사회를 보며 열정적인 토론을 유도했고 "중앙정치세력의 독주를 견제하려면 지방의원들이 횡적 연대를 강화해야 할 것이며 지방자치법 개정을 서둘러야 한다"고 말씀하셨다. 이날 함께 토론에 참여했던 경북도의원 권오을은 한나라당 3선 의원, 인천시의원 최용규는 민주당으로 2선 국회의원을 지냈다.

두 번째 인연은 1994년 6월 22일 마포 용강동 민주당사에서 열린 중앙위원회에서 당명불복으로 내가 제명당했을 때다. 노무현 최고위원은 제명위기에 처해 있던 나를 적극 변론하셨다. 10여 분 동안 원칙과 신뢰를 주장하면서 제명의 부당성을 제기했던 노무현 최고위원의 감동적인 모습은 지금도 생생하다.

"부끄럽게도 중앙당은 밀실공천을 했습니다. 이것은 반칙입니다. 그 결과 호남에서 민자당에게 유일하게 1석을 뺏겼습니다. 그 책임은 당과 총재에게 있습니다. 이미 총재는 공천 잘못을 시인했습니다. 그런데 엉뚱하게 그 책임을 강동원 의원에게 뒤집어씌우고 있습니다. 당명을 거역했다는 이유입니다. 차세대에 총망 받는 우리 당의 젊은 인재의 싹을 이렇게 잘라버린다면 우리 당의 미래는 없습니다. 인재를 키워야 할 민주당이 원칙과 절차를 무시하고 특정인의 하수인 놀음을 한다면 과연 민주정당이라 말할 수 있습니까?"

1992년 2월 12일 14대 총선에서 민주당은 호남에서 유일하게 1석을 잃었다. 전북 남원에서 민자당의 양창식 후보가 당선된 것이다. 당시 나는 전북도의원 신분으로 김대중 총재께 재공천을 요청했지만 받아들여지지 않았다. 나는 무소속 이형배 후보 선거사무장을 자원해 선거를 진두지휘했다. 바로 이것이 제명사유였던 당명불복과 해당행위였다. 총선 실패의 책임을 묻는 기자들에게 김대중 총재는 잘못된 공천이었다고 시인했다.

그런데 선거가 끝난 지 2년이 지난 후 김대중 총재가 영국에 머물던 1994년 5월, 중앙당 당기위원회는 뜬금없이 중앙위원회에 나의 제명요구를 정식의제로 상정했다. 이기택 의장은 30분 동안의 난상토론 끝에 제명을 의결했다. 그 배후에는 김홍일이 진두지휘하고 있었다.

나는 그때의 노무현 최고위원을 한시도 잊은 적이 없다. 다음날 나는 《전북일보》의 신용철 기자와 함께 여의도 중소기업회관 3층 지방자치실무연구소를 찾아가 노무현 최고위원께 감사인사를 했다. 노무현 최고위원은 "아, 참 아쉽습니다. 민주당이 이래서는 안 되는데. 뭐 나 같은 사람도 있는데 우리 함께 잘해봅시다"라며 나를 위로했다. 이에 나는 "언젠가 최고위원님을 위해 도움을 드릴 수 있는 기회가 온다면 조건 없이 반드시 은혜를 갚겠습니다"라고 화답했다.

노무현 후보 호남담당 조직특보로 호남돌풍의 주역

그런데 그 일이 현실로 다가왔다. 노무현 해양수산부장관은 2001년 3월 민주당 대통령후보 경선출마를 선언하면서 장관직에서 물러났다. 당시 노무현 장관의 당내 지지도는 2~3%에 불과했고, 이인제 후보는 60% 이상의 지지를 받던 소위 대세였다. 당내 분위기도 어설펐고 지지도로 보면 달걀로 바위치기나 다름없었다. 그러나 노 장관의 도전정신과 원칙, 신뢰를 존중했고 무엇보다도 내 스스로 약속했던 의리를 분명히 지켜야만 했다.

나는 망설임 없이 여의도 금강빌딩 경선캠프를 찾아가 노무현 장관을 독대하고 자원봉사를 자청했다. 그분은 나를 기억하며 반갑게 맞았고 내게 자치경영연구소 이사와 호남담당 조직특보를 맡겼다. 나는 이후 호남을 누비며 경선돌풍을 일으켰고, 전북본부장을 맡아 대통령선거를 총괄했다. 이때 조직총괄은 염동연, 영남담당은 이강철, 충청담당은 윤제술이었고, 서울·경기·강원·제주는 17명의 팀장이 지역을 세분해 경선조직을 이끌었다.

나는 대통령 당선 직후 대통령인수위원회나 청와대비서실 인선에서 자리를 요구하지도 연연하지도 않았다. 염동연은 17대 국회로 진출했고 이강철은 청와대 시민사회수석에 임명되었지만, 나는 전북정치개혁포럼을 창설하고 초대이사장을 맡아 당의 혁신을 주도하는 한편, 이광철·임수진과 함께 개혁신당 전북도당 상임공동대표를 맡아 17대 총선을 준비했다. 그러나 나에게 또다시 시련이 찾아왔다.

청천벽력 같은 사기공천, 국민사기극

전북에서 가장 유력한 신인으로 각광받던 나는 열린우리당 남원·순창지

구당에 후보 등록을 마치고 경선을 준비하던 중 청천벽력 같은 사기를 당했다. 2004년 2월 24일 23시 59분 중앙당 홈페이지에 '남원·순창지구당 공천은 후보가 단수이므로 현역의원을 후보로 결정한다'라는 글이 덜렁 올라온 것이다. 남원지구 당사에 후보등록을 하러 간 사람은 나의 핵심참모였던 박철순 동지였다. 등록금 300만 원 영수증도, 경선후보서류 접수증도 있다.

당시 지방언론은 물론 중앙언론조차 나와 이강래의 경선을 주목하고 있었다. 분명 후보가 둘인 것을 알고 있는데도 중앙당은 '단수'라고 사기를 쳤다. 흔하게 써먹던 정략공천도 아니었다. 정동영 당의장을 비롯한 실력자들의 자파의원 챙기기였고, 현역들이 불리하면 경선을 거부하는 일종의 파쇼였다. 이는 국민을 기만하고 속이는 사기극이다. 이 사실은 언론에서 집중적으로 보도되었다.

민심을 외면한 현역 중심의 공천파동은 거셌다. 나는 강력한 항의표시로 삭발을 감행하고 경선 실시를 주장했다. 법원에 '단수후보무효 가처분신청'을 내려고 준비했지만 시간이 촉박했고, 이 무렵 충격을 받은 어머니는 병원에 입원하셨다. 결국 어머니는 후보등록 이틀 전인 2004년 3월 29일 84세의 일기로 세상을 떠나셨다.

노무현 대통령은 이런 나의 처지를 너무나 잘 알고 계셨다. 공천 과정에 일절 개입하지 않으셨던 대통령은 정찬용 인사수석을 통해 나를 위로했다. 나는 이런 과정을 거쳐 농수산물유통공사 감사로 왔다. 주위에서는 좋은 자리가 많은데 그까짓 감사가 뭐냐, 호남을 너무 푸대접하는 것 아니냐며 충동질했지만 나는 조금도 개의치 않았다. 대통령이 주신 '작은 자리'였지만 그 작은 자리를 '큰 자리'로 알고 최선을 다해왔다.

미운털 박힌 감사의 이임식

애증의 사장과 마지막 이별의 오찬

10월 25일 공식적으로는 윤 사장의 임기가 오늘로 끝이다. 2004년 10월 26일 부임했으니 오늘이 3년째 되는 마지막 날이다. 후임 사장은 이미 결정되었으나 취임 날짜가 정해지지 않아 언제 떠날지 모를 처지였다. 회자정리(會者定離)라는 말이 생각났다. 생각해보니 나의 파트너였던 사장은 마음고생이 많았다. 농업에 문외한이었던 그에게 지난 3년의 시간은 나에 대한 좋은 기억보다 불쾌하고 모진 기억이 더 많을 것이다.

나는 그를 점심식사에 초대했다. 내곡동 산자락의 한적한 고급 한식집에서 단둘이 만났다. 나보다 먼저 떠나는 그에게 마지막 도리를 하고 싶었다. 그의 얼굴은 회한이 서려 있는 듯했다. 와인 한 잔에 아쉬움과 섭섭함, 착잡한 기색이 역력히 드러났다. 단둘이 만난 것이 처음이자 마지막이라 어색했다. 부사장의 말대로 우리는 부르주아와 프롤레타리아라는 극과 극의 태생적 한계가 분명했다. 그래서 지난 3년간 경영철학과 리더십에서 예외 없이 충돌했다.

나는 헤어지기 전에 마음을 열고 무거운 짐을 내려놓고 싶었다. 그동안 마음에 담아뒀던 일을 조심스럽게 털어놓으면서 성격이 강하고 원칙을 고집했던 나의 허물을 탓해달라고 말했다. 나보다 열 살 연상이었던 그는 내

덕택에 공사가 좋은 평가를 받을 수 있었다며 덕담을 했다. 특히 어렵고 민감할 때마다 적극 도와준 데 대해 고맙다고 했다. 그러면서 감사가 원래 욕을 먹는 사람이지만 내가 덕이 좀 부족한 것 같다는 충고도 잊지 않았다. 모처럼 인간적인 말을 들었다. 이렇게 우리는 마지막 인사를 나눴다. 그는 11월 5일 퇴임했고 같은 날 후임 사장이 취임했다.

신임사장, 파면당한 직원에게 첫 선물 주자고?

11월 12일, 부사장이 매우 난처한 표정으로 나를 찾아왔다. 1심에서 공사가 패소한 징계무효소송 건에 대해 항소하지 말았으면 좋겠다고 했다. 그 이유를 묻자 고문변호사의 의견이 항소해도 패소할 가능성이 많아 실익이 없다는 것이다. 나는 부사장에게 논리의 모순점을 지적하면서 항소방침을 굽히지 않았다.

금품수수로 중징계를 받았던 간부 두 사람이 각각 민사소송을 제기했는데 지난 10월 18일 1심 선고공판이 있었다. 재판부는 금품수수방임과 관리감독소홀로 파면당한 간부에게 파면무효를, 관리감독소홀로 정직 11개월의 징계를 받은 간부에게는 정직무효를 선고했다. 금품수수 인정에 따른 징계가 부당하며, 소속직원 감독불철저의 징계는 정당하나 정직처분은 재량권 일탈이라는 것이다.

재판부의 판결에 승복하지 못한 나는 이미 한 건을 항소했고, 나머지 한 건은 13일 항소할 예정이었다. 우리가 이긴다는 막연한 확신으로 변호사가 변론에 실패한 탓에 재판부는 사건의 본질을 오해하고 있었다. 특히 징계

사유가 '업무추진비 충당을 위한 관리자의 묵인'이었는데도, 이를 부하직원의 단독 '금품수수'로 왜곡하고 '금품향응수수 관련 중징계양정기준'의 적용을 '일반징계양정기준'으로 적용하라고 판결한 것은 명백한 오류였다.

그뿐만 아니라 이대로 재판부의 판결을 수용한다면 공직자의 부정부패 추방과 비리척결은 요원하게 된다. 앞으로 중징계를 받은 자들의 불복현상이 두드러질 것이며, 무분별한 소송으로 공직기강이 무너지고 말 것이다. 더구나 재판부는 징계무효와는 별도로 내게 정신적 피해보상을 하라며 500만 원 지급을 판결했다. 결국 나는 급여에서 500만 원과 이자까지 압류당하는 수모를 받았다.

세상에 별 희한한 일이 벌어지고 있다. 그것도 사법부에서 말이다. 금품을 수수한 직원들을 조사하고 징계를 요구하는 일은 감사의 당연한 의무다. 그런 나에게 500만 원을 보상하라고 판결하다니, 판사에게 도대체 제정신이냐고 묻고 싶다. 이처럼 코미디 같은 수준이 사법부의 실체인가. 담당 판사의 잣대가 이 지경이라면 도대체 법의 정의는 무엇이고, 국민의 법 감정은 무엇이란 말인가.

그런데도 부사장은 항소하지 말자고 한다. 파면을 의결했던 인사위원장이 바로 부사장 자신이었는데 그가 무슨 이유로 항소불가를 말하고 있는가. 나는 도대체 이유가 뭐냐고 따졌다. 평소 나의 성격을 잘 알고 있는 부사장은 조심스럽게 자신의 처지를 털어놓았다.

"저도 감사님 입장을 이해합니다. 당연히 회사로서는 항소해야 옳습니다. 그러나 신임 윤장배 사장님이 취임한 지 일주일도 안 되었는데 회사가 패소한 사건을 항소해 직원과 다툰다는 것이 부담스럽다고 합니다. 사장님은 중징계를 먹은 직원들에게 줄 첫 선물로 항소하지 말자고 합니다. 납득할 수 없는 일이지만 사장님 뜻이니 감사님이 큰마음 먹고 한번 양보하시지요."

"뭐요, 윤 사장 뜻이란 말입니까? 그럼 사장은 금품수수로 징계 받은 직원들에게 욕을 먹지 않겠다, 생색을 내겠다는 것인데 그럼 나는 뭡니까? 나는 이제 떠날 사람이니 모든 짐을 안고 떠나라 이겁니까? 정당한 공무집행을 하고도 소송을 당해 500만 원을 차압당하는 수모를 겪었는데도 공사 대표인 사장이 그따위 말을 했다는 겁니까? 도대체 당신들 지금 정신이 있습니까, 없습니까?"

나는 일고의 가치도 없는 사장의 항소불가 의견을 일언지하에 거절했다. 사장후보 면접시험 과정에서의 그 참담한 기억이 생생한 나에게 또다시 상처 주려는 것을 용납할 수 없었다. 지난 3년간 줄기차게 일궈놓은 공기업 윤리가 한순간 실종될 위기에 처해 있었다. 기강이 무너지는 소리가 사방에서 들리는 듯했다. 나는 이 문제로 더 이상 왈가왈부할 필요가 없었다. 다음날 즉시 고등법원에 항소했다.

"새 술은 새 부대에"라는 말이 있다. 새로운 지도자가 오면 새롭게 거듭나야 한다는 말일 것이다. 그래서 기관장들은 대부분 취임 일성으로 '기강을 바로잡겠다'는 말을 한다. 그런데 취임한 지 일주일도 안 된 사장이 금품비리로 중징계를 받은 직원들에게 생색낼 궁리부터 하고 있다니 정말 불쾌하다. 그것도 첫 선물 운운했다니 정말 기가 막히지 않는가.

철밥통 공기업 그 모순과 관행의 실체

마지막 월례회의, 감사 인수인계서 작성

12월 1일, 감사실 마지막 월례회의를 주재했다. 1년간 추진해온 모든 정책을 총 결산하고 2008년도의 사업계획(안)을 확정했다. 특히 12월 19일 대통령 선거를 앞두고 연말연시 공직기강확립을 위한 특단의 조치를 내렸다. 2008년도 사업계획 수립, 감사실 실적보고, 자체감사 모범사례 선정, 감사연보 제작, 국가청렴위원회 우수사례 발표 등을 차질 없이 진행하도록 독려했다.

동시에 직원들을 일일이 격려했다. 지난 3년간 그들은 갖은 고생을 하며 찬란한 위업을 달성했다. 그들은 임직원으로부터 온갖 눈총을 다 받으며 흔해빠진 내부포상에서조차 번번이 외면당했다. 나 때문에 사장의 멸시를 받으며 남몰래 눈물 흘렸던 유충식 실장을 비롯해 모든 직원에게 나는 죄인이었다. 그들의 이름을 하나하나 새겨본다. 유충식, 이영철, 김준록, 이은석, 민경후, 최주환, 고혁성, 민경한, 윤영배, 임헌주, 황석윤, 송미현, 유지혜. 나는 그들에게 어떤 존재일까? 그들이 일군 성과에 대한 보상, 개개인에 대한 각별한 정을 어떻게 보답할까 고민했다.

나는 '감사인수인계서'를 작성했다. 우리 공사 40년 역사에서 '감사인수인계서'가 처음 작성되는 순간이었다. 감사실 일반현황, 3년간 추진했던 정책과 성과, 진행 중이거나 추진해야 할 과업들에 대해 일목요연하게 작성했다. 후임자가 모든 현황을 즉시 파악할 수 있도록 인계하는 것이 나의 마지막 책무였다. 세 부를 작성해 서명한 후 후임감사와 감사실에 각 한 부씩 전달하고 한 부는 내가 보관했다.

이와는 별도로 감사실 근무평가를 기록한 '비공개 업무인수인계서'를 작성했다. 근무평가는 감사실 직원들에게 아주 중요한 일로 절대적인 나의 권한이다. 내가 부임하기 전에는 감사실 근무평가를 사장이 했다. 사장이 감사실을 장악하고 좌지우지했던 과거를 생각하면 참으로 격세지감을 느낀다.

2007년 감사실 기관평가와 직원 근무평가는 2008년 1월에 실시한다. 2007년도 근무평가는 당연한 나의 권한이다. 하지만 나는 12월 말에 떠난다. 아무 물정도 모르는 후임 감사가 감사실 직원들을 평가한다는 것은 모순이다. 이럴 경우 감사실 직원들이 피해볼 가능성은 농후하다. 나는 객관적인 원칙에 의해 근무평가를 했다. 그리고 내가 평가한 결과를 후임 감사에게 인계하고 그 권한을 행사하도록 요청하는 문서를 작성해 밀봉했다.

2007년도의 감사실 성과는 대단했다. 전자감사시스템 특허, 국무총리 기관표창 수상, 반부패 정책추진 최우수기관, 국가청렴도 3년 연속 1등으로 공사의 대외 신인도를 높이는 데 감사실은 1등 공신이었다. 정부경영평가에서 전년도 10등에서 6등으로 상향평가 받은 것도 감사실의 역할이 결정이었다. 이러한 감사실의 성과는 모든 임직원이 인정하는 엄연한 사실이다.

나는 직접 평가대상인 간부들은 '최우수'로, 부장 이하 직원들의 인센티브가 직결되는 감사실 기관평가는 'S'로 평가해 최상급으로 평가했다. 이 평가는 너무나 당연하다. 그럼에도 그들을 향한 임직원들의 시기와 질투의 시선은 따가울 것이다. 솔직히 내가 그들의 노고에 보답하는 유일한 방법은 근무평가다. 합법적이고 객관적이며 당연한 감사의 권한을 행사해 마지막 선물을 주고 싶었다. 이것은 너무나 당연한 이치이자 순리이며 인지상정이다.

사택 비워줘야 하는데 갈 곳이 없어
성큼성큼 떠날 날이 다가오니 마음이 바빠진다. 하나하나 업무를 정리하면서 흠결 없이 마무리하려 노력했다. 직원들에게 작별인사 메일도 보냈다. 그러나 나에게 가장 큰 시련이 기다리고 있었다. 퇴임과 동시에 사택을 비워줘야 하는데 갈 곳이 없었다. 무작정 눌러살 수도 없고 대책도 없었다. 가족 모두 갈 곳 없는 방랑자 신세가 되어 자칫 거리에 나앉을 처지였다.

가까운 친구들에게 낯부끄러운 신세타령을 하면서 도움을 요청해보았다. 은행대출도 알아보았고 심지어 컨테이너하우스까지 생각해보았지만 해결의 실마리가 보이지 않았다. 나는 며칠 동안을 고민하면서 기도했다. 기업가 선배 한 분이 생각났다. 그 선배와는 가까운 처지가 아니라 도움을 주고받은 일이 없었다. 그러나 지푸라기라도 잡는 심정으로 연락해 약속을 잡았다.

12월 5일 오후, 안양에 있는 선배 회사로 찾아갔다. 평소 교제가 없던 터라 염치가 없어 차마 입을 열지 못했다. 나는 조심스럽게 내 처지를 털어놓았다. 묵묵히 말을 듣던 선배는 한심하다고 생각했던지 너무 빨리, 너무 쉽게 흔쾌히 결론을 내렸다. "나는 너를 잘 안다. 그래서 믿는다. 그러니 아무 걱정 말고 잘 마무리해라." 채 5분도 되지 않았는데 이야기가 마무리되었다. 차용 조건과 변제 방법은 묻지도 않았다.

나는 2억 6천만 원을 연 5%의 이자로 빌려 차용증을 작성하고 공증했다. 이렇게 나의 집 문제는 해결되었다. "쥐구멍에도 볕 들 날 있고, 하늘이 무너져도 솟아날 구멍이 있다"는 말이 바로 이런 경우라 믿었다. 나에게는 기적 같은 일이 자주 일어난다. 이 각박한 세상에서 인간의 힘으로 도저히 해결할 수 없는 일들이 너무 쉽게 해결된다. 그때마다 벅찬 감동과 희열을 느낀다. 특히 집 문제는 기적 같았다. 감사 부임 초기에 10개월을 월세 한 푼 받지 않고 거저 살게 하신 강 권사님, 그리고 선배의 고마움을 평생 잊지 못할 것이다.

청렴혁신 최우수상, 청렴도 3년 연속 1위

12월 12일, 2007년 청렴혁신 우수사례 경진대회가 국가청렴위원회에서 열렸다. 103개 기관에서 제출한 우수사례를 대상으로 1차 심사하고, 마지막으로 5개 기관이 선정되었는데 그중 우리 공사도 포함되었다. 최종심사는 외부위촉 심사위원 30점, 나머지 70점은 당일 참여한 모든 공공기관 관계자들이 직접 채점했다. 공평하게 각 공공기관 관계자들이 직접 채점하고 집계해 성적을 발표하는 것이 심사원칙이었다.

내가 직접 발표한 우수사례 주제는 "전자감사시스템 구축을 통한 청렴공기업 구현"이었다. 전자감사시스템은 특허로 등록되었으며 80여 개 기관에서 도입한 대표적인 청렴혁신 성공사례였다. 프레젠테이션을 통해 막힘없이 발표를 마친 나는 회의장을 가득 메운 공기업 · 공공기관 감사들과 청렴위원회 간부들로부터 우레와 같은 박수를 받았다. 공직생활을 마감하는 최후의 박수라는 생각에 나는 더욱 감회가 깊었다.

나는 압도적인 점수로 최우수 수상자로 선정되었다. 전자감사시스템은 2008년도 모든 공공기관이 도입해야 할 최우선 과제로 결정되었다. 모처럼 공사는 뜨겁게 달궈졌다. 감사실은 물론 전 직원들은 경사가 났다며 들떠 있었다.

그런데 경사는 계속 이어졌다. 우리 공사가 3년 연속 국가청렴도 1위 기관으로 선정된 것이다. 과거에는 상상할 수 없었던 일들이 현실로 나타났다. 여기저기서 직원들끼리 축하를 주고받는 모습이 너무나 아름다웠다. 감사실 직원들의 어깨가 으쓱으쓱 덩실거렸다. 가슴이 뿌듯하다 못해 벅차오르는 감동으로 눈시울을 붉히기도 했다. 이제 떠날 시간만을 기다리고

철밥통 공기업 그 모순과 관행의 실체

있는 나에게 직원들은 뜨거운 축하 메시지를 보내왔다.

"축하합니다. 감사님께서 이렇게 큰 선물을 주시고 가시니 정말 감사합니다. 103개 과제 중 최우수 과제 선정은 정말 획기적인 성과입니다. 내년 경영평가에서 최우수 베스트 프랙티스로 활용합시다."

마지막 작별의 편지, 아쉬움만 남기고

전 직원에게 마지막 편지를 보냈다. 본사, 지방, 사업소, 해외에서 근무하는 직원들에게 보내는 마지막 작별인사였다. 그리고 본사의 각 사무실을 빠짐없이 찾아가 직원들과 일일이 악수를 하면서 인사를 나눴다. 이로써 나의 사명은 끝났다.

"벌써 또 한 해가 저물고 있습니다. 언제나 변함없이 헌신하시는 임직원 여러분을 사랑합니다. 저는 이제 3년 임기를 모두 마치고 떠날 준비를 마쳤습니다. 그동안 저에게 많은 성원과 사랑을 주신 여러분께 진심으로 감사드립니다. 저는 어떻게 여러분께 보답해야할지 고민하면서 3년을 보냈습니다. 모든 역량을 다해 최선을 다했지만 부족함이 너무 많았음을 고백합니다. 적잖은 변화와 많은 성과도 있었지만 상처도 많았습니다. 원칙과 도덕성을 앞세웠지만 저의 부덕함이 많았음을 시인합니다.

그러나 도도히 흐르는 강물은 바람에 따라 길을 바꾸지 않습니다. 우리는 가야 할 방향과 목표를 향해 흔들리지 말고 진보해야 합니다. 지난 3년간 경영자의 도덕성과 철학이 얼마나 중요한지 절절히 느꼈습니다. 조직의 근본이 무엇인지, 애국의 길이 무엇인지도 체험했습니다. 후배는 좋은 선배 본받고, 선배는 후배에게 떳떳하고 당당해야 합니다. 그 전통을 잘 살려서 훌륭한 지도자들이 되시기 바랍니다. 여러분 가정에 건강과 행복이 가득하시길 기도하겠습니다. 새해에도 뜻하시는 모든 일들이 다 이뤄지시길 빕니다."

이임식은 지하식당, 취임식은 5층 대회의실

12월 19일 수요일 대통령 선거일. 평생 선거판을 떠나지 못했지만 이번 선거는 별 느낌이 없다. 3년간 온몸을 던졌던 곳을 정리하고 떠나는 일에 열중했던 탓이리라. 투표를 마치고 온종일 집에 있었다. 오후 6시 감사실장에게서 전화가 왔다. 내일 오전 9시 30분에 퇴임식이 있다고 한다. 임기가 끝났으니 떠나는 것이 당연하지만 그래도 허전했다.

12월 20일, 간밤에 잠을 설치다 이른 새벽에 일어났다. 이임식에서 뭐라 말해야 할까 뒤숭숭했다. 아침 7시에 사무실에 도착했다. 이른 시간이어서 차가 막히지 않았다. 썰렁한 책상에 앉아 오늘이 생일인 직원들에게 마지막 축하메시지를 보냈다. 그것이 매일 반복되던 나의 아침 일과였다. 그리고 마지막으로 감사실 직원들과 작별인사를 했다.

오전 9시, 감사 이임식을 알리는 사내방송이 들렸고 곧바로 부사장이 찾아왔다. 차를 마시며 우리는 서로 말없이 눈으로 작별을 고했다. 적어도 사장실에서 임원들과 차 한잔 나누고 헤어지겠거니 생각했지만 그런 일은 없었다. 내가 사장에게 자리를 자청하는 것도 우습다는 생각이 들었다. 아무리 밉더라도 헤어지는 마당에 서로 인사를 나누는 것은 인지상정 아닌가. 차 한잔도 나누지 못하는 현실을 이해할 수 없었다.

오전 9시 30분, 이임식장으로 들어서는 순간 나는 온몸이 떨렸다. 전율이 흐르다 못해 강한 분노를 느꼈다. 지금까지 이임식과 취임식은 모두 5층 대회의실에서 열렸고, 두 시간 반 뒤에 열린 신임 감사 취임식도 5층에서 진행되었다. 그러나 나의 이임식 장소는 지하1층 식당이었다. 식당홀에 들어서는 순간 신음이 터지고 말았다. 내가 그토록 미운털이 박혔단 말인가. 마치 소박맞은 며느리가 집에서 쫓겨나는 듯했다.

사장은 할 말 없다 손사래를 치고

사장도 이임식장에 나타났다. 정말 졸렬한 위인이었다. 가는 사람에게 덕담 한마디 나눌 줄 모르는 사람이었다. 마치 무엇에 쫓기듯 이임식은 속전속결로 진행되었다. 박수 받으며 떠나겠다고 열심히 일한 나에게 이럴 수가 있을까 생각하는 순간, 혹시 내 모습이 초라하게 보일까 봐 겁이 났다. 나는 애써 억지웃음을 머금었다. 사장의 격려사가 있겠다는 사회자의 말에 사장은 손사래를 치면서 할 말이 없다며 생략하라고 했다. 나는 그렇게 마지막 순간까지 망신을 당했다. 이 광경을 바라보는 직원들도 어리둥절한 표정이었다.

어디 그뿐이랴. 사장은 사외이사를 포함한 모든 임원이 퇴임할 때마다 재직임원 모두의 이름으로 감사패와 기념품인 순금열쇠를 지급해왔었다.

불과 한 달 전에 퇴임한 사장에게도 지급했다. 그러나 나에게는 그것마저도 없었다. 그까짓 감사패가 무슨 대수겠는가? 그들은 안면몰수하고 나의 잔영을 씻어내고 있는 것이었다. 이런 생각을 하는 내 자신이 무척 자존심 상하고 화가 났다.

나의 이임사 순서가 되었다. 추운 새벽에 일어난 데다 아침밥도 먹지 못해 빈속이다 보니 몸이 으스스 떨렸다. 분위기조차 썰렁해 좀처럼 마음이 열리지 않았다. 그래도 마지막까지 최선을 다하려 발버둥 쳤다. 나는 엷은 미소를 머금고 단상에 올랐다. 한 사람 한 사람 눈빛이 마주치자 그동안 내게 힘이 되었던 직원들의 환한 미소와 아쉬운 표정이 보이기 시작했다. 더러는 고개를 기웃거리며 나와 눈을 마주치려고 애쓰는 직원도 보였다. 그들을 모습을 보는 순간 힘이 솟았다. 물론 갖은 중상모략으로 나를 괴롭히던 파렴치한 간부들도 보였다. 나는 가볍게 이야기를 시작했다.

존경하고 사랑하는 임직원 여러분!

드디어 오늘 제가 여러분 곁을 떠납니다. 그동안 저를 열심히 응원하시고 도와주신 여러분께 진심으로 감사드립니다. 저는 지난 3년간 할 수 있는 모든 역량을 다해 일했습니다. 그 성과는 이미 여러분이 다 아시고 계십니다. 제가 여러분과 처음 만나던 날 했던 소중한 약속을 확실하게 지키고 떠날 수 있어서 저는 오늘 무척 감사하고 행복합니다.

지난 3년간을 돌이켜보니 여러분의 고생이 참 많았습니다. 저를 만난 순간부터 더러는 피곤하고 원망스러웠을 것입니다. 또 제가 이유 없이 미웠을 것입니다. 여러분 중에는 수단과 방법을 가리지 않고 저를 굴비 엮듯 엮어서

빨리 쫓아내려고 애쓴 사람도 있습니다. 그럼에도 저를 격려하고 저에게 힘을 실어준 분들이 훨씬 많았습니다. 그래서 저는 행복했습니다. 목적했던 그 모든 일을 차질 없이 추진했습니다. 때문에 저는 다수의 원군이었던, 이 자리에 계신 거의 모든 분께 진심으로 거듭 감사의 말씀을 드립니다.

(나를 괴롭혔던 간부를 바라보며) 아하! 이제 속이 시원하시겠습니다. 꼴도 보기 싫던 이 사람은 드디어 오늘 떠납니다. 어떻습니까? 기분이 좋습니까? 저는 여러분이 '권불삼년' 운운하면서 선동했던 그 말을 매일매일 새기면서 이를 악물었습니다. 여러분의 끊임없는 도전에 저는 대응했습니다. 그 과정과 결과는 오로지 당신들만이 알고 있습니다.

엄밀하게 말하면 그동안 저를 몰아내기 위해 온갖 음해를 일삼았던 간부들은 제가 일한 성과에 대한 인센티브를 받을 자격이 없습니다. 그런데도 그들은 염치없이 모두 다 받아먹었어요. 그러고도 고맙다는 말 한마디 없습니다. 결과적으로 여러분은 싫든 좋든 제가 드린 선물을 모두 다 받아먹었습니다. (일동 박수)

솔직히 저는 오늘 여러분 곁을 떠나면서 그동안 참아왔던 말들을 다 할까 생각했습니다. 아마 한두 시간 정도면 다 할 수 있을 것입니다. 그러나 오늘 이 자리에 들어서는 순간 생각을 접었습니다. 쇠귀에 경 읽는 것은 아닐까, 부질없는 짓은 아닐까 하는 생각도 있었지만 이 자리에 들어서는 순간 말할 힘조차 쭉 빠져버렸기 때문입니다. 그래서 적당히 덕담이나 하면서 조용히 떠나려고 합니다. 그러나 이 말만은 꼭 하고 가겠습니다.

재임 3년 동안 다섯 번 눈물 흘려

저는 지난 3년간 여러분과 생활하면서 다섯 차례나 눈물을 흘렸습니다. 먼저 집 없는 서러움 때문에 눈물을 흘렸습니다. 저는 집이 없어서 공사가 얻어준 집에서 살았습니다. 그러나 시뻘겋게 쏟아지는 수돗물로 얼굴도 못 씻었습니다. 비가 오는 날이면 앞뒤 베란다에서 새는 빗물을 퍼내기 일쑤였고, 심지어 지하창고는 양수기로 물을 품어내기도 했습니다.

여러분! 대한민국 정부투자기관 감사가 비새는 집에서 살고 있다면 이걸 누가 믿겠습니까? 유통공사는 그래서 욕을 먹고 있습니다. 이 사실을 다른 기관에서 알고 깜짝 놀라더라고요. 그런데 여러분은 제가 압력을 넣었다며 감사원에 투서했습니다. 무슨 드라마에서나 나올 법한 일들이, 상상할 수도 없는 일들이 바로 여러분에 의해 벌어졌습니다.

여러분, 감사원에 투서는 왜 했습니까? 우리 솔직히 이야기합시다. 터무니없는 중상모략으로 나를 아내면 여러분에게 무슨 이득이 있습니까? 투서했던 간부들의 심보가 무엇인지 물어보고 싶었습니다. 도대체 우리 조직에 무슨 도움이 되겠느냐는 것입니다. 여러분, 제가 그렇게 미웠습니까? 여러분의 구태의연한 도덕불감증을 청산하고 새로운 비전으로 새롭게 거듭나자는 사람, 바로 이 사람이 여러분이 쫓아내야 할 대상이었습니까?

심지어 이런 일도 있어요. 생일축하 메시지를 보냈는데도 2년이 지난 오늘 아침까지도 의도적으로 열어보지 않는 1급 전 아무개 간부가 있어요. 내가 오늘 아침에도 확인했어요. 그 사람이 평소에 나를 얼마나 증오했는지, 그리고 끼리끼리 모여서 무슨 작당을 해왔는지 내가 잘 압니다. 그런데 정작 그 간부는 출신 지역이 다르다는 이유만으로 저를 거세하기 위해 앞장서

철밥통 공기업 그 모순과 관행의 실체

서 부화뇌동했어요.

그리고 또 있어요. 여러분! 제가 여러분더러 이권에 개입하고 돈 받아 챙기라고 했습니까? 돈을 받아먹은 직원은 파면시키자, 공사의 명예를 더럽힌 직원은 엄하게 징계하자고 규정을 만든 사람들은 바로 여러분입니다. 저는 뼈를 깎는 아픔으로 규정에 의해 일벌백계했습니다. 파면시켰습니다. 해임도 시켰습니다.

그런데 적반하장도 유분수지, 바로 그 간부에게 저는 징계무효소송과 함께 5천만 원 배상청구소송을 당했습니다. 이미 저의 봉급과 퇴직금을 차압당했습니다. 여러분, 이게 말이나 됩니까? 이처럼 나를 무참하게 매장시키려고 혈안이 되었던 사람들은 바로 여러분의 선배요, 동료였습니다. 정말 부끄럽고 창피해서 얼굴을 들고 다닐 수가 없어요.

더 참을 수 없었던 것은 공사가 제대로 변론조차 못하고 1심에서 졌어요. 나더러 500만 원을 배상하래요. 당연히 고등법원에 항소해야 하지 않습니까? 법원의 판결도 웃기는 일이지만 이 자리에 계신 신임 윤 사장님은 징계당한 직원들에게 선물을 주자며 항소를 포기하자고 합니다. 정말 울화통이 터집니다. 이게 무슨 코미디입니까?

그런가 하면 감동과 기쁨의 눈물도 흘렸습니다. 불과 두 달 전에 여러분의 동료 여직원 이순영 대리가 병환 중인 자기 아버지께 간을 이식했습니다. 아무리 피를 나눈 부녀지간이라도 나이도 어리고 마음도 여린, 아직 시집도 가지 않은 처녀가 자신의 간을 떼어 준다는 것은 정말 어려운 일입니다. 그래서 놀라웠고 자랑스러웠습니다.

저는 이순영 대리가 그 누구도 쉽게 실행하지 못할 아름다운 마음과 진정으로 사랑을 나눌 줄 아는 박애정신을 가지고 있다고 생각합니다. 각박한 세상에 이처럼 아름답고 착한 심성을 가진 사람이 우리와 함께 있었다는 사실이 무척 행복했습니다. 살벌하고 인정이 메마른 세상에 고귀하고 소중한 사람이 존재하고 있음이 너무나 자랑스러웠습니다. 순간 제가 얼마나 부끄러운 존재이며 사랑의 나눔이 얼마나 소중하고 고귀한가를 깨달았습니다. 저는 두 부녀의 건강이 하루빨리 회복되어 행복하고 건강한 가정을 이루도록 날마다 기도하고 있습니다.

정조의 24년 개혁성과, 단 5년에 모두 무너져

여러분! 저는 마지막으로 간부 여러분께 꼭 당부하고 싶은 말이 있습니다. 지금은 위기입니다. 그러나 위기는 곧 기회입니다. 여러분에게 기회는 자주 오지 않습니다. 간부 여러분도 머지않아 이곳을 떠나야 합니다. 지금 이 순간 후배들을 위해서, 우리 공사를 위해서 마지막으로 헌신하고 봉사할 일이 무엇인지, 그리고 여러분이 남길 족적이 무엇인지를 냉정하게 판단하시기 바랍니다.

지난 3년간 우리 공사는 많은 변화와 혁신을 통해 자타가 공인하는 청렴혁신 1등 공기업으로 다시 태어났습니다. 편법과 탈법, 반칙의 관행은 물론 도덕불감증이 사라지고 있습니다. 특권을 누려왔던 일부 간부들이 끝까지 저항했지만 그들은 성공하지 못했습니다.

때문에 과거로 회귀해서는 절대 안 됩니다. 여러분이 싫든 좋든 이 사람이 떠나면 그만이라는 생각을 버리시기 바랍니다. 옛날로 다시 돌아가자,

철밥통 공기업 그 모순과 관행의 실체

예전처럼 특권을 누리고 호위호식하자는 생각을 하고 있다면 반드시 버리시기 바랍니다. 제 후임으로 어느 분이 오시더라도, 혹시 저보다도 더 지독하게 여러분을 훈련시키더라도 절대 무고하지 말고 협조하시기 바랍니다. 터무니없이 생사람 잡지 말라 이 말입니다.

저는 요즘 이산 정조를 생각합니다. 정조가 임금이 되기까지는 물론 임금이 된 이후에도 얼마나 많은 세월을 노론세력에게 당했습니까. 여러 차례 죽을 고비를 넘겼습니다. 이것은 역사가 입증하고 있는 엄연한 사실입니다. 정조는 자신의 통치 기간 동안 조선 500년 역사에서 그 유래를 찾기 힘들 정도로 세상을 바꿨습니다. 그러나 그 성과는 그리 오래가지 않았습니다. 정조가 죽고 나자 24년간 힘겹게 쌓았던 개혁의 성과는 단 5년 만에 모두 무너져 버렸습니다. 과거로 완전히 회귀하고 말았습니다. 오늘날 그 결과는 무엇입니까? 여러분이 판단하시기 바랍니다.

이제 저는 물러갑니다. 저는 지난 3년간 최선을 다했습니다. 그 결과 대내외적으로 많은 성과 냈으며 근래에 보기 힘든 금자탑을 쌓았습니다. 그럼에도 이 금자탑이 오늘 이 순간, 이 장소에서 여러분에 의해 무너지려는 지각변동이 있음을 저는 감지하고 있습니다. 소름 끼칠 정도로 엄습해오는 저의 이 느낌은 피할 수 없는 현실입니다.

여러분! 제발 후퇴하지 마십시오. 절대 물러서지 마십시오. 전진하십시오. 도저히 전진하기가 어렵다면 차라리 오늘 이 자리, 여기까지만이라도 확실하게 지키시기 바랍니다. 간절한 저의 마지막 청을 거절하지 마시기 바랍니다. 저는 이제 조용히 물러나 밖에서 여러분을 지켜보겠습니다. 안녕히 계십시오. 여러분! 사랑합니다.

최초의 감사직무실적평가 결과 '전체 수석'

6월 25일, 공사를 떠난 지 6개월이 되었다. 러시아 연해주 우수리스크에서 농사꾼으로 변신한 나에게 감사실 이은석 차장이 반갑게 국제전화를 걸어왔다. 2007년도 감사직무실적평가의 결과가 발표되었는데 내가 1등을 했다는 것이다. 전체 54개 공기업 감사 직무평가에서 80.72점을 받아 나는 전체 수석을 차지했다. 2위가 76점, 3위가 74점이었다. 꼴찌는 42.5점, 평균 점수가 60점대였으니 나의 점수는 월등했다. 이 결과는 내가 노력하고 헌신했던 직무성과에 대해 정부가 공정하고 객관적으로 평가했음을 말해준다.

감사직무실적평가는 사상 처음으로 도입된 제도로 2007년에 첫 평가를 했다. 이 평가제도는 지난 3년간 내가 줄기차게 제도개선을 주장한 결과였다. 이로써 모든 공기업 사장은 정부경영평가를, 감사는 직무실적평가를 받게 되었다. 공기업의 경영자나 이를 감시하는 감사는 이제 국민의 부릅뜬 두 눈을 의식해야 한다. 공직자로서 그 사명을 다하고 국민에게 진정으로 봉사해야 한다.

철밥통 공기업 그 모순과 관행의 실체

▌지은이

강 동 원

1953년 전북 남원에서 태어났다. 경기대학교를 졸업하고, 경기대학교 정치전문대학원에서 정치학 박사 학위를 받았다. 1981년 국회의원 보좌관을 시작으로 민주화추진협의회 김대중 공동의장 비서, 평화민주당 재정국장, 전북도의원, 새정치국민회의 후원회 사무총장, 노무현 대통령후보 호남담당 조직특보 겸 전북본부장, 개혁신당 전북 상임대표, 국민참여당 종로지역 위원장 등을 지냈다.

노무현 정부 시절 농수산물유통공사 감사로 재직하면서 발명특허를 취득한 '전자감사시스템'을 정부의 모든 기관에 도입시켜 공공기관혁신에 크게 이바지했다. 2007년 5월에는 건국 이래 최초로 전북의 '철새도래지쌀'을 미국에 수출하는 성과를 거두었다. 또한 2005년 평양을 다녀온 이후 2008년부터 2년 동안 러시아 연해주 우수리스크에서 콩과 밀을 생산하면서 '통일한국의 식량문제 해결방안'을 연구하여 정부에 제시했다. 현재 상지대학교 북방농업연구소 책임연구원으로 있으며, 통일부가 선정한 신진학자로서 민족통일에 대비한 남북문제 연구에 몰두하고 있다.

지은 책으로는 『공기업감사 표준 매뉴얼: 제가 바로 무능한 낙하산입니다』(2007), 『통일농업 해법 찾기』(2008, 공저), 『공기업 판도라의 상자 1, 2』(2009)가 있고, 「통일한국의 식량문제 해결을 위한 연해주에서의 남·북·러 협력방안 연구」(2011) 등의 논문을 발표했다.

철밥통 공기업 그 모순과 관행의 실체

전직 감사가 손으로 눌러쓴 3년간의 감사일지

ⓒ 강동원, 2011

지은이 ㅣ 강동원
펴낸이 ㅣ 김종수
펴낸곳 ㅣ 도서출판 한울
편집 ㅣ 원경은
표지디자인 ㅣ 김현철

초판 1쇄 인쇄 ㅣ 2011년 12월 19일
초판 1쇄 발행 ㅣ 2011년 12월 30일

주소 ㅣ 413-756 파주시 문발동 535-7 302 (본사)
          121-801 서울시 마포구 공덕동 105-90 서울빌딩 1층 (서울 사무소)
전화 ㅣ 영업 02-326-0095, 편집 031-955-0606, 02-336-6183
팩스 ㅣ 02-333-7543
홈페이지 ㅣ www.hanulbooks.co.kr
등록 ㅣ 1980년 3월 13일, 제406-2003-051호

Printed in Korea.
ISBN 978-89-460-4548-4 03300

* 가격은 겉표지에 표시되어 있습니다.